DX時代の
データマネジメント大全

DX、データドリブン経営、データ利活用から理解する

大川真輝 MASAKI OHKAWA

SE
SHOEISHA

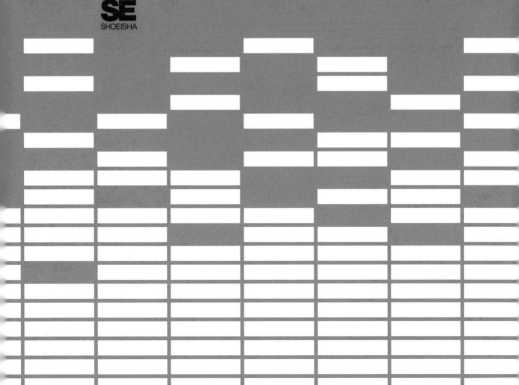

はじめに

　2019年以来、新型コロナウイルス感染症の流行により、全世界で人々の生活や社会のあり方が急激に変化しています。紙をベースにしたアナログな手続きがデジタル化され、対面でのやり取りの代わりにオンラインでのコミュニケーションが主流になるなど、従来デジタルの活用が十分に進んでいなかった分野でも、コロナ禍によって一気に加速しています。その中でも、大きな変化のひとつとして、DX（デジタルトランスフォーメーション）が今までにない勢いで浸透しています。コロナ禍によって非接触、非対面が強いられた環境の中で、様々なデジタルツールがもたらす便利さを理解できたと同時に、日々の暮らしと仕事をよりよくしていくためには、デジタルとデータの利活用が欠かせないことを肌で感じている方が多いはずです。その一方で、2021年9月に公表された最新の世界のデジタル競争力ランキング（国際経営開発研究所IMDが策定・公表しているデジタル競争力に関する国際指標）では、63カ国・地域のうち、日本は前年に比べて更に4位下がり、27位となっています。その遅れを取り戻すべく、デジタル庁の発足、キャッシュレス化の加速、リモートワークの普及、ペーパーレスやハンコレスの促進などがかつてないほどの活況に湧いており、ありとあらゆる企業でDXを進めることが喫緊の課題となっています。

　私は普段の仕事柄、様々な業界で社内のデータ利活用を奮闘している企業の方々と多く接しています。DXの追い風が吹く中、そのDXの礎とも言うべき「データ」を経営資源として、どう活用すれば、競争上での優位性を確立できるのか、現場の方々が日々試行錯誤しつつ、データ利活用の糸口を模索している姿を目の当たりにしています。データ利活用の成否は、その土台となるデータマネジメントが適切になされているかに左右されると言っても過言ではありません。その一方で、企業の現場では「データマネジメントの第一歩をどう踏み出せばよいのか」「データマネジメントを推進する前に押さえるべき予備知識とは何か」「自分の組織にとって、データマネジメントの目的やゴールとは何か」といった論点を飛ばして、いきなり始めたために、スタート時点で挫折してしまった事例は後を絶ちません。それを象徴しているように、巷には「データ利活用」や「データ分析」をテーマとした本は溢れていますが、それらの本の多くがPython、R言語などのプログラミングまたはデータ分析ツールの使

い方の紹介に止まっており、データ利活用において、「どんな目的で何をどう考えればよいのか」がほとんど言及されていません。多くの人が目新しいテクノロジーや画期的な機能に目を奪われてしまい、いざデータ利活用に取り組むとなると、すぐ「何を」「どうやって」に飛び込みますが、本当に最初にやるべきなのは「なぜを問う」ことだと私は思っています。データ利活用もデータマネジメントも決して高度なツールの導入やシステム開発だけではありません。もっと重要なのは、データをどのように活用すれば、自社の製品やサービス、ビジネスモデルなどの変革につながるのか、自ら考えて行動することです。そのための予備知識として押さえるべき範囲はDX、データドリブン経営、データ利活用、データマネジメントの多岐にわたり、そのキャッチアップには相当な覚悟と準備が必要です。

　私はデータコンサルタントとして数多くのデータマネジメント案件に携わっており、データ戦略の構想企画から、業務プロセスとシステムの導入、そして導入後の運用保守までを一貫して経験してきました。普段、社外と社内のトレーニングなどを通して、データマネジメントのお話をしたところ、多くの方々から「データマネジメントの全体像を把握できた」「専門知識の説明が分かりやすく、説明も砕いて表現していて興味深かった」など、多数のポジティブなコメントをいただいています。次第に、自分の中で溜まってきた経験をそのまま秘めていてもよいのかを自問自答した末、データマネジメントの入門書を執筆することに決めました。正直に言うと、データマネジメントの取り組みは決して平坦ではない山道です。だからこそ、これからこの山道を登っていく現場の第一線の方々に対して、遠回りせず、確実に山頂にたどり着けるように、精一杯ガイドしてあげたいです。これが本書の最大の目的です。

　本書は、データマネジメントの知識を体系的に整理した入門書になります。「DX」を起点とし、DXの鍵を握る「データドリブン経営」「データ利活用」と「データマネジメント」の全体像を広く捉えていただいてから、それぞれの構成要素を掘り下げて説明しています。データマネジメントの予備知識なしでもその内容を理解できるように、基礎知識を徹底的に解説した上で、それぞれの本質と、その実践的な進め方、更に留意点も提示しています。

　また、「DX」「データドリブン経営」「データ利活用」「データマネジメント」この4つテーマは別々に独立したものではありません。「DX」を実現するためには、「データドリブン経営」なくして語れず、「データドリブン経営」を実現

するためには、「データ利活用」が欠かせません。更に、「データ利活用」を支える活動基盤として、「データマネジメント」がなくてはならない存在です。つまり、この4つの概念は常に目的と手段の関係であると考えています。こうした考え方に基づいて、本書の内容は次の図の通りに構成しています。

本書の構成

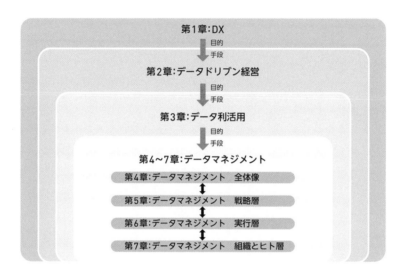

　最後に、テクノロジーの急速な発展とともに、企業が多種多様なデータを保有し、優れた人工知能（AI）やツールが活用できるようになった今では、データマネジメントは決して一部の選ばれた専門家だけのものではありません。特別な知識を持たない方でも、データを自由自在に使って、社会、ビジネス、そして日々の仕事を根底から変革（トランスフォーメーション）する時代は、もう目の前に来ています。DX、データドリブン経営、データ利活用の第一線で奮闘されている全ての皆さんが、データマネジメントの世界に足を踏み入れる助けになれば、これに勝る喜びはありません。
　さあ、ようこそ、データマネジメントの世界へ！

2023年3月
大川真輝

目　次

1

2

3

4

5

6

7

第 6 章 データマネジメント 実行層 ─────── 179

第7章 データマネジメント 組織とヒト層 ・・・・ 277

1

2

3

4

5

6

7

第 1 章

DX の正しい歩み方

昨今のビジネスシーンでは、DX（デジタルトランスフォーメーション）という言葉がよく使われるようになりました。DXへの取り組みは既に多くの企業で始まっており、あらゆる業界でその取り組みが活発化しています。しかし一方で、「DXという言葉はよく聞くけれど、正しく理解できていない」「DXが自社にとって必要かが分からない」「何から着手すればいいかが分からない」といった疑問をお持ちの方もいらっしゃるのではないでしょうか。

　実は、2022年4月にSTRATE（ストラテ）社が「DXに関するアンケート」を行った結果、「DXという言葉は知っていても意味を理解していない人が3割、約2割はDX言葉自体を知らないこと」が分かりました。

20代〜40代正社員の2割がDXという言葉自体を知らないと回答

質問：DXの意味や正式名称を知っていますか？

言葉自体知らない	19%
言葉は知っているが、意味を理解していない	30%
なんとなく理解している	29%
正確に理解していると思う	22% （回答数300）

出典：STRATE社『DXに関するアンケート』（https://strate.biz/news/dx-20-40/）

　DXは言葉が先行していることとは裏腹に、「DXとは何か？」「なぜ、DXが必要なのか？」などといった基本的なところは、企業の現場で実務に関わる方々の間での理解がまだ進んでいません。そのため、企業内のDX推進の担当者が意気込んで、いざ実際にDXを社内で進めようとすると、様々な壁が立ちはだかり、四面楚歌でほかの部門の誰も協力してくれないなど、多くの苦労を経験しているのが実情です。

　本章では、このような問題に直面している方々に向けて、DXの基礎知識、課題認識、具体的な実践方法を解説し、DXの正しい歩み方を提示していきます。

1-1 DXとは何か

そもそもデジタルトランスフォーメーション（DX）とは何でしょうか。経済産業省による『デジタルトランスフォーメーションを推進するためのガイドライン』（2018）では以下のようにDXの定義を示しています。

> 企業がビジネス環境の激しい変化に対応し、データとデジタル技術を活用して、顧客や社会のニーズをもとに、製品やサービス、ビジネスモデルを変革するとともに、業務そのものや、組織、プロセス、企業文化・風土を変革し、競争上の優位性を確立すること。

DXの定義を次の図のように要素分解すると理解しやすくなります。

▶ DXとは

目的（Why）		手段（How）	対象（What、Who）	行動（Do What）
競争上の優位性を確立すること	→	**D**igital **D**ata データとデジタル技術の活用で	企業文化・風土を ビジネスモデルを 製品・サービスを 組織を 業務プロセスを	X Transformation 変革する

つまり、DXとはデータとデジタルという手段（How）を使って、企業文化・風土、ビジネスモデル、製品・サービス、組織、業務プロセス（What、Who）を対象とした変革の行動（Do what）を起こすことによって、自社の競争上の優位性を確立するという目的（Why）を達成することです。DXは組織だけの話でもなければ、ITまたは業務だけの話でもありません。組織、IT、業務の3つを変化させることによって、製品、サービス、ビジネスモデルの変革を目指すことがDX定義の本質です。

デジタイゼーション・デジタライゼーション・DXの違い

デジタルトランスフォーメーション（DX）＝デジタル化という曖昧なイメージを持たされる方が多いため、本来は別の意味であるデジタイゼーション（Digitization）、デジタライゼーション（Digitalization）の概念および、その違いを次の図に示しています。

▶ デジタイゼーション、デジタライゼーション、デジタルトランスフォーメーション(DX)

	現地現物中心	テクノロジー中心		人・組織・社会中心
	アナログ Analog	デジタイゼーション Digitization	デジタライゼーション Digitalization	デジタルトランス フォーメーションDX
概念	紙ベース・口頭ベースでの情報共有、手作業のこと	アナログなものをデジタルに変えること	デジタル技術でプロセス・ビジネスを変えること	デジタルの世界と現実の物理世界の融合により、企業・組織文化、ビジネスモデル、社会の枠組みを変えること
代表例	紙、FAX、手紙、新聞、電話、ラジオ、実店舗等	Eメール、POS、インターネットニュース等	Zoom、YouTube、RPA、EC、Facebook、Google検索等	自動運転、遠隔医療・教育、メタバース、仮想通貨、無人倉庫、宅配ロボットなど

デジタイゼーション（Digitization）

デジタイゼーション（Digitization）とは、"特定"の業務の効率化やコスト削減、アナログの情報をデジタル化するなどの「部分的なデジタル化」を指します。アナログなもの、物理的なデータをデジタルに変換する意味合いで、例えば、「紙をデジタルデータに移行する」「カルテのデジタル化」「社印を電子印鑑へ」「業務の一部をシステム化する」などはデジタイゼーションに該当します。身近な例では、フィルムカメラからデジタルカメラへシフトし、写真をデータで管理できるようになったことや、紙の書籍から電子書籍になったことで、複数の書籍をひとつのデバイスで管理するようになったこともデジタイゼーションのひとつです。

デジタライゼーション（Digitalization）

デジタライゼーション（Digitalization）とは、デジタイゼーションでデジタルに変換したデータを活用し、更にビジネスや業務の"全体"を効率化し、

組織の生産性を向上させる状態を表します。「個別の業務プロセス全体のデジタル化」と定義づけられ、個別の業務プロセスを整理して丸ごとデジタル化し、デジタル技術で新たな価値やビジネスモデルを生み出すことを意味します。例えば、デジタライゼーションを実現した具体例はRPA（Robotic Process Automation）があります。RPAを活用することで、経理の業務プロセスを丸ごと自動化できます。経費処理、データ入力、メール配信などの業務プロセスを、最小限の操作で自動的に処理することが可能になり、場合によっては、他のシステムと連携することでデータ入力を省略することもあります。こうした作業の自動化により、社員の作業時間だけでなく、人的ミスも削減できるため、業務効率化につながります。

▰▰ RPAによるデジタライゼーションの実現

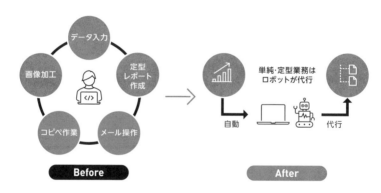

また、DXの実現は一気通貫で到達するものではなく、デジタイゼーション（Digitization）、デジタライゼーション（Digitalization）とデジタルトランスフォーメーション（DX）の3つに分けて段階的に進めることが一般的です。具体的に、デジタイゼーション（Digitization）がその第1段階、デジタライゼーション（Digitalization）が第2段階、デジタルトランスフォーメーション（DX）はデジタル進化の最終段階と言えます。その中では元々日本の製造業に浸透している現地現物中心の発想からテクノロジー中心への転換、更にその先に進むためには、人・組織・社会中心への発想の転換が欠かせません。

全体俯瞰するDXフレームワーク

DXの定義に提示された、DX取り組みの対象領域（Who、What）に焦点を当てて、デジタイゼーション（Digitization）、デジタライゼーション（Digitalization）とデジタルトランスフォーメーション（DX）の3段階に分けて具体的なアクションを整理したものが、「DXフレームワーク」となります。

▶ **DXフレームワーク**

		推進段階			
対象領域		未着手	デジタイゼーション (Digitization)	デジタライゼーション (Digitalization)	DX
DX対象 (What、Who) ・ビジネスモデルを ・製品・サービスを ・業務プロセスを ・企業文化・風土・組織を	ビジネスモデルのデジタル化				ビジネスモデルのデジタル化
	製品・サービスのデジタル化	非デジタル製品・サービス	デジタル製品	製品へのデジタルサービス付加	デジタルサービス
	業務プロセスのデジタル化	紙ベース・人手作業	業務・製造プロセスの電子化	業務・製造プロセスのデジタル化	顧客とのE2Eのデジタル化
	プラットフォームのデジタル化	システムなし	従来型ITプラットフォームの整備		デジタルプラットフォームの整備
	企業文化・風土・組織体制	ジョブ型人事制度 リモートワーク環境整備	CIO/CDOの強化	内製化	リスキリング

出典：経済産業省『DXデジタルトランスフォーメーションレポート 2』（中間取りまとめ）をもとに作成

DXフレームワークでは、DXの取り組みを横軸の「推進段階」と縦軸の「対象領域」で表現しています。推進段階は「未着手」「デジタイゼーション（システム化によりデジタルデータ化された段階）」「デジタライゼーション（個別業務プロセスがデジタル化された段階）」「DX（事業・組織全体がデジタル化された段階）」の4段階で、対象領域は「ビジネスモデル」「製品・サービス」「業務プロセス」「プラットフォーム」「企業文化・風土・組織体制」の5つで整理されたDXの全体像となります。DX定義でも提示された通り、DXが目指すのは、「ビジネスモデル」「製品・サービス」「業務プロセス」のデジタル化です。特に製品やサービスの場合は、単純なモノ売りではなく、デジタルサービスと

して展開するのがDXのポイントとなります。そのデジタル化を実現するためには、システムの土台となるデジタルプラットフォームの整備がもちろん欠かせませんが、それより重要なのはシステムの使い手である人のリスキリング（学び直し）、組織体制の整備、企業文化の変革です。

　DXフレームワークは、領域ごとに自社の取り組みの状況を可視化し、自社の取り組みの中で不十分である部分はどこなのか、今後どの領域を強化していく必要があるのかという現状の整理には有効です。更に、その整理結果を踏まえて、自社の各領域の取り組み状況を俯瞰し、一番右側の段階「DX」をゴールに設定した上で、そのゴールからデジタライゼーションまたはデジタイゼーションまで逆算して具体的なアクションプランを検討する際にも大いに役立つでしょう。

DXの本質

　DXにおける最も重要なポイントは、「業務の効率化」や「コスト削減」「品質向上」などといった従来型の改善活動ではなく、「企業・組織のあり方や、そこで働く人々の意識・マインドセットを変革させること」です。前述した、経済産業省のDX定義の前半にある「製品やサービス、ビジネスモデルを変革」は、一般的に企業内でも認知されやすいようになっていますが、忘れがちなのが後半の「企業文化・風土・組織」の変革です。DXはデジタルとデータを使って、新しいサービスやビジネスモデルだけを生み出せばよいわけではありません。なぜならば、人と組織・企業文化を変革しなければ、情報のデジタルデータ化（デジタイゼーション）やデジタルデータを用いた効率化（デジタライゼーション）の活動が部門や業務領域ごとに、バラバラに行われ、短期的な成果で満足してしまう「場当たり的なデジタル技術の適用」になりかねないからです。持続的なDXを実現するために、組織としてのビジョンと目標を共有し、組織・企業文化を醸成しながら、短期と中長期の成果を両立させていくことが重要です。

　振り返ると、今まで変革できないでいたことが、コロナ禍という外部要因で一気に進んだ例も少なくありません。DXをきっかけに、強い危機感を組織内に醸成し、デジタルとデータを活用しながら、課題解決に本気でチャレンジしていけば、企業文化の変革は確実に実現できるはずです。

1-2 | 日本のDX推進の現在地を知る

　現在、日本国内では新たなビジネスモデル、企業文化を生み出す手段として、DXの重要性が多くの企業で認識され、具体的な施策を進めている企業も多い反面、大きな成果にはまだ結びついていないという状況も見られています。これから日本のDX推進の現状を客観視した上で、その現在地や課題感を正しく認識しておきましょう。

DX推進状況の日米比較

　スイスのビジネススクールIMDが公表した2021年の「世界デジタル競争力ランキング」で、日本の総合順位は64カ国・地域のうち28位です。2017年にこの調査を始めてからの最低を更新して、主要先進7カ国のうち6位に位置し、中国や韓国、台湾などの東アジア諸国・地域との格差もより鮮明になっています。指標別に見てみると、DXに欠かせない「デジタル・技術スキル」（62位）、「ビッグデータやデータ分析の活用」（63位）が特に低評価です。日本のデジタル活用がうまくいっていないことは、世界的な調査でも明らかです。

▶ 世界デジタル競争力ランキング（2017～2021年）

	2017年	18	19	20	21
米国	3位	1	1	1	1
香港	7	11	8	5	2
台湾	12	16	13	11	8
韓国	19	14	10	8	12
中国	31	30	22	16	15
ドイツ	17	18	17	18	18
日本	27	22	23	27	28

参考：IMD公開資料『Digital_Ranking_Report_2021』をもとに抜粋して作成
（https://imd.cld.bz/Digital-Ranking-Report-2021/230/）

　それでは、デジタル競争力ランキング1位の米国と28位の日本におけるDXへの取り組み状況はどういう違いがあるのでしょうか。独立行政法人情報処理推進機構（以下、IPA）の調査では、DXに取り組んでいる企業（全社または

個別の部門）は日本では約56％であるのに対して、米国では約79％、取り組んでいない企業は日本が33.9％、米国が14.1％と、DXへの取り組み状況に大きな差がついています。

▶ DXへの取り組み状況の比較（日本と米国）

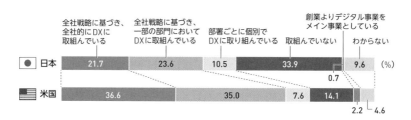

出典：独立行政法人情報処理推進機構（IPA）『DX白書2021』をもとに作成
（https://www.ipa.go.jp/files/000093699.pdf）

また、取り組み状況を業種別に見てみると、情報通信業と金融業、保険業で全社的な取り組みが進んでいるという点で日米の傾向は似ていますが、日本の屋台骨産業の製造業では「全社的にDXに取り組んでいる」企業が日本の20.1％に対して、米国は44.1％。また、流通業、小売業では日本の15.0％に対して米国は34.1％と大きな差がついていることも分かります。

▶ 業種ごとのDXへの取り組み状況の比較（日本と米国）

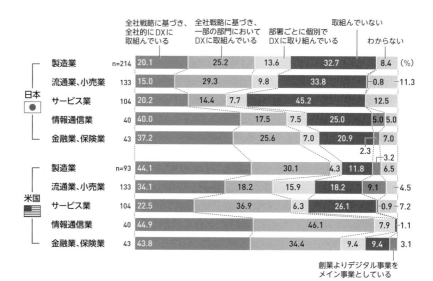

DX推進にあたっての課題についても、日米の違いを見てみましょう。日本では「人材不足」が最も大きな課題として53.1％と突出しています。ほかには「費用対効果が不明」「資金不足」「既存システムとの関係性」「ICTなど技術的な知識不足」といった項目が上位となっています。一方、米国では「費用対効果が不明」が30.8％で1位、次いで「業務の変革等に対する社員等の抵抗」（29.8％）、「資金不足」（27.6％）、「人材不足」（27.2％）が続いています。程度の差があるものの、日米ともに「費用対効果が不明」「人材不足」という共通的な課題を抱えていると言えます。

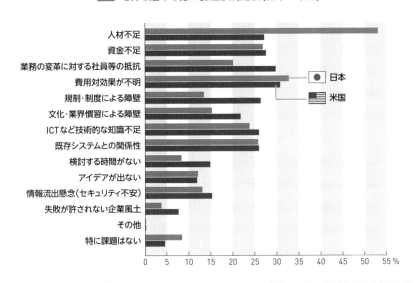

DXを進める際の課題状況比較（日本と米国）

出典：総務省ホームページ『デジタル・トランスフォーメーションによる経済へのインパクトに関する調査研究の請負』をもとに作成（https://www.soumu.go.jp/johotsusintokei/linkdata/r03_02_houkoku.pdf）

DX成功率が1桁台の日本企業

多くの日本企業の実態を見てみると、DXが成功している企業は意外に少ないです。DXの成功率に関しては、次の図のように3つの調査結果が出ています。

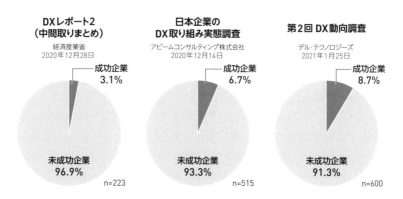

DX成功率が1桁台の日本企業

DXレポート2
（中間取りまとめ）
経済産業省
2020年12月28日

成功企業
3.1%

未成功企業
96.9%

n=223

日本企業の
DX取り組み実態調査
アビームコンサルティング株式会社
2020年12月14日

成功企業
6.7%

未成功企業
93.3%

n=515

第2回 DX動向調査
デル・テクノロジーズ
2021年1月25日

成功企業
8.7%

未成功企業
91.3%

n=600

参考：経済産業省『DXレポート2』
（https://www.meti.go.jp/press/2020/12/20201228004/20201228004-2.pdf）
アビームコンサルティングプレスリリース（2020/12/14）「『日本企業のDX取り組み実態調査』結果発表」
デル・テクノロジーズ調査レポート（2021/01/25）「DX対応企業はわずか10％未満、
2021年最新調査から見えたDX推進の"明と暗"」
以上の調査結果をもとに作成

　この3つの調査結果は、全く同じ評価の基準で判定しているわけではないため、当然ばらつきはあるものの、総じて言えば、成功率はわずか1桁台であることが分かります。言い換えれば、100社がDXに挑戦すれば、その変革に成功する企業は10社にも満たず、日本企業のDXは期待以上に進んでいない実態が浮き彫りとなっています。

　では、日本の企業はなぜ思うようにDXが進んでいないのか、それを阻む壁はどこにあるのかと考えた際に、そこに立ちはだかる3つの"壁"、「①データ利活用の失敗」「②レガシーシステムの呪縛」「③デジタル人材不足」という課題が共通して見られます。これからそれぞれの概要を見ていきましょう。

DXを阻む3つの壁

データ利活用
の失敗

レガシーシステム
の呪縛

デジタル
人材不足

DXを阻む3つの壁① データ利活用の失敗

　データの重要性は広く知られており、具体的な取り組みを進めている企業も多いです。筆者自身も、よくクライアントから「データを活用して新しい製品とサービスを開発したい」「データから新しい洞察を得て、意思決定のプロセスに活かしたい」といった相談を受けています。ところが、現場を見てみると、せっかく苦労してツールを導入し、データを収集・蓄積したとしても、ビジネス側にどのように活かせばいいか、よく分からないといったケースが多く目立ちます。その理由としては、データから直接に課題を見つけようというアプローチをしているからです。具体的に言うと、経営層は「我が社もDXだ」と意気込み、「何でもよいからデータ利活用を早く進めよ」といったデータ利活用自体に目が行ってしまうパターンです。その対応を指示されたIT部門が単独でデータツールの導入を進めた上、とりあえず集められるデータをかき集めて、ツールにデータを流し込んでいるケースが多々あります。データを使う側の業務部門から見ると、IT部門はデータ活用の目的とゴールを理解せず、どういうデータをどう活用すれば、ビジネスに貢献できるのかという本来の目的が置き去りにされています。つまり、目的である「ビジネス価値の創出」と手段である「データ利活用」を区別せずに、手段の目的化という落とし穴にハマっているわけです。せっかくツールが導入できたとしても、事業戦略と無関係だったり、データ利活用の目的が曖昧だったりすると、業務部門のビジネス活動に役立つことが到底できません。にもかかわらず、ツールの導入が無事に終わったら、次に経営層から「データ活用の道具も用意できたから、何とかデータをビジネスに活かしてくれ」と更なる号令がかかります。これでは業務部門の現場は更に混乱していくだけです。「とりあえずデータ、ツールから始める」で進めるアプローチでは、結局のところ、業務部門にも経営層にも何の示唆もフィードバックできません。

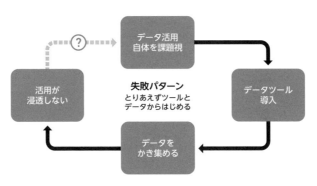

データ利活用の成功パターンはどういうものでしょうか。それは最初から現場起点の課題を設定することです。その課題の解決に向けて、目的に沿ったデータの収集を行い、業務部門の現場でデータ活用の啓蒙活動を行いながら、少しずつデータ利活用の活動を浸透させていきます。それができるようになると、現場の活動から新しい課題を見つけたり、データ分析の活動を広げたりすることで、そこで得た知見を用いて、再び現場起点の課題設定とデータ活用のレベルアップに活かせるようになります。このようなサイクルを回し続けることで、現場でのデータ利活用の好循環につながります。

なぜ現場の課題を重視するのかと言うと、日々のビジネスや業務で顕在化している課題や悩みの種（ペインポイント）は、それぞれの現場でないと分からないものです。そこで、まず現場を起点とした課題を設定し、それを解決するためのツールを導入して、対象となるデータを利活用することで、現場の変革をもたらす好循環が作れます。組織内の好循環が生まれることで、DXの対象領域であるビジネスや業務のデジタル化は徐々に前進することになります。

DXを阻む3つの壁② レガシーシステムの呪縛

経済産業省が『DXレポート ～ITシステム「2025年の崖」克服とDXの本格的な展開～』(以下、2025年の崖DXレポート) において、「レガシーから脱却せよ」と提唱しているように、日本の企業で長く使われ続けている老朽化したITシステムが複雑化したり、ブラックボックス化したりすることにより、技術的負債が生まれており、DX推進の足かせとなっています。

レガシーシステムと言えば、「ドキュメントが整理されておらず内部構造を誰も把握できていない」「他のシステムとのデータ連係が困難」「技術的な制約や性能の限界がある」「既存システムが複雑すぎて、新規機能の追加に期間やコストもかかる」など、様々な問題を生み出します。加えて、事業部単位の最適化を優先したことで社内にいくつものレガシーシステムが乱立し、サイロ化が進んでおり、全社横断でのデータ利活用が困難になっているケースも多く見受けられます。例えば、未だに多くの日本企業は、各部署、海外子会社のシステムとデータを統合できていないため、全社の四半期ごとの連結決算を出そうとすると、四半期に締めたデータを各部署、海外子会社が持ち寄って集計してみないと分からないケースが散見されます。

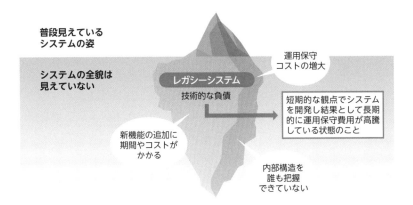

技術的な負債になるレガシーシステム

普段見えている
システムの姿

システムの全貌は
見えていない

レガシーシステム
技術的な負債

運用保守
コストの増大

短期的な観点でシステム
を開発し結果として長期
的に運用保守費用が高騰
している状態のこと

新機能の追加に
期間やコストが
かかる

内部構造を
誰も把握
できていない

1
2
3
4
5
6
7

　その一方で、一部の企業においては、経済産業省のDXレポートから本来の主旨と異なる受け止め方をして、「DX＝レガシーシステムの全面刷新」といった誤解をしてしまった経営者が少なくありません。「DXのためにはまず基幹システムの全面刷新を進めよう」「オンプレミスの基幹システムをクラウドに置き換えよう」などの言葉が経営層から発信されたら、特に要注意です。その場合は、勇み足でDXがIT部門に丸投げされて、老朽化した基幹システムの全面刷新に大きな経営資源を投下され、DXの本筋とも言えるビジネス、企業文化の変革については二の次になっている本末転倒なケースが珍しくありません。

　そもそも数十年かけて構築し、改良を繰り返してきた基幹システムを一気通貫で置き換えようとするのは、費用対効果の面で合理性に欠ける場合が多いです。具体的に、大企業で思い切って既存の基幹システムを全面刷新すると、通常2〜3年、長くて5年以上の期間を要する上、数十億から数百億の費用が投じられて、社内の多くの経営資源（ヒト、モノ、カネ、情報、時間など）がそれにかかりきりになるのは当然です。加えて、そこまで時間と予算をかけて全面刷新できたとしても、経営環境の変化が著しく不確実な時代に素早く対応できなくなるリスクが高いです。もちろん、既存の基幹システムの全面刷新をすることで、業務の効率性や利便性は向上することを全て否定するつもりありません。しかしその一方で、既存のレガシーシステムからの刷新自体を目的化してしまうと、DXの本来の目的であるビジネス変革や新たな価値創造から遠ざかっていきます。従って、費用対効果で上手くペイできない全面刷新に身を投

じる前に、レガシーシステムの呪縛から解放されるために、ほかによいアプローチが本当にないのかをひと呼吸置いて、考え直してみましょう。

　ここでひとつ有効なアプローチを提示します。それは「切り離す➡つながる➡組み合わせる」ということです。具体的に、既存システムをすべて一気通貫で変えようとするのではなく、ビジネス変革に直結するコア領域から段階的に、必要な部分を必要な時に置き換えてモダナイズしていく発想です。まず取りかかるべきなのは、どこから手をつけるかという意思決定です。どの領域のシステムを置き換えてモダナイズすれば、ビジネスで大きな価値を生み出せるかという論点に対して、経営層、業務部門、IT部門が徹底的に議論し、ビジネスにおける優先順位を決める必要があります。

　ビジネス変革に直結する領域を見極めて、ビジネス価値を生み出す源泉となるコア領域が特定できたら、クラウドとSaaSを中心にグローバルスタンダードなビジネスアプリケーションを選び、コア領域だけを既存システムから切り離して➡コア領域のアプリケーションをクラウドとSaaSに置き換えて➡更にAPIで既存システムとつなげて必要なデータを連携させます。ここのポイントは、コア領域のビジネスアプリケーションとレガシーシステムを密結合につなぐのではなく、APIを挟んで疎結合にすることです。こうすることで、ビジネスアプリケーションの機能追加などをする際に、既存システムまでの広範囲の影響分析と確認テスト（レグレッションテスト）が不要になり、開発の効率性が大幅に向上できます。こういう「切り離す➡つながる➡組み合わせる」アプローチをうまく応用できれば、ビジネス変革に必要な部分だけを優先させて、無駄なく効率的に進められるため、レガシーシステムの呪縛から解放されます。

切り離す➡つながる➡組み合わせるというアプローチ

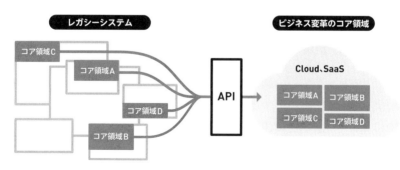

DXを阻む3つの壁③ デジタル人材不足

　前項で紹介した総務省のレポートでは、DX推進の課題について、調査対象企業の53.1％が「人材不足」が最も大きな課題として認識しており、DXが進まない理由のトップに挙げられていました。

　では、具体的に、どれぐらいの人材が不足しているのでしょうか。経済産業省が公表しているIT系人材の推移予想によると、2030年には最大で79万人不足すると予想されています[*1]。こうしたIT人材の絶対数が足りない中で、「IT人材がIT企業に多く配置されている」という日本独特の点も挙げられています。同調査によると、IT企業に所属するIT人材の割合は、2020年時点で日本が72.0％だったのに対して、米国では34.6％、英国では46.1％、ドイツでは38.6％などとなっています[*2]。日本だけはIT企業に所属するIT人材の割合が極めて大きいことが分かります。

　日本のIT人材がIT企業に一極集中するとどういった弊害をもたらすのか、例を挙げて説明します。例えば、ユーザー企業の中で、業務の効率化を図るため、新しいシステムの開発をしようと目論んだとします。しかし、ITエンジニアはその企業の中では足りないため、IT企業にアウトソーシングをして、システム開発を行うのが日本国内ではごく自然な流れになります。その際に、要件定義から請負契約を締結するケースも少なくありません。これではユーザー企業がIT企業に要件定義から丸投げの状態になってしまい、そもそも何を開発するかをIT企業に決めてくれと言っていることと同義です。DXの本質に立ち戻ると、DXはユーザー企業が自ら変革を主導して達成すべきものです。DXを推進するには、ユーザー企業が自ら明確なビジョンを描き、自ら組織をけん引して実行できるような人材がいないと何も始まりません。そのため、DXの推進に必要な人材は、外部のベンダー企業に任せきるのではなく、ユーザー企業が自ら確保するべきです。

　では、ユーザー企業がデジタル人材を確保するためにはどうすればいいのか、その方向性としては、「内部からの育成」と「外部からの確保」の2つがあります。具体的に、採用や外部企業との提携による社外からの「デジタル人材の確保」とともに、従業員に新たなスキルを身につけてもらうリスキリングによる「デジタル人材の育成」が、ユーザー企業が今から取り組むべき重要なことです。「内部からの育成」と「外部からの確保」に関するポイントと実践方法は、第7章

で詳細を論じていきます。

人材確保の2つの方向性

*1：IT人材の推移予想（https://www.meti.go.jp/shingikai/economy/daiyoji_sangyo_skill/pdf/001_s02_00.pdf）

*2：IT人材割合（https://www.meti.go.jp/shingikai/mono_info_service/digital_jinzai/pdf/001_s01_00.pdf）

1-3 | DX実践を進める4つのステップ

　DXは単発的な取り組みではなく、「終わりのない旅」として捉えることが重要です。前節で述べた、ハンコを電子署名にするなど、アナログからデジタルへの移行の第1段階のデジタイゼーションがあってから、その後にデジタルを用いて付加価値を生み出す第2段階のデジタライゼーションがあります。そして、第3段階のDXはその付加価値の創造を永続的に回すために、組織を立ち上げ、企業文化を継続して変革する必要があります。DXの本質である企業文化の変革には終わりがないため、DXも終わりがないのです。

▶ DXとは

1回きりのイベント、
祭り、肝試し…　　　　　　　　　　　終わりのない長旅

　その一方で、経営層の大号令で始まったDXの旅の途中で挫折してしまう企業が驚くほど多いです。そのひとつの原因がDXの進め方に対する理解不足です。DX推進を本格的にスタートさせる前に、DXの進め方を理解し、しかるべき準備運動をしておくことが重要です。具体的に、DXにまつわる5W1H、つまり、「なぜDXが自社に必要なのか」のWhyを起点にし、DXを通じて、「どのような姿を目指すのか」のWhere、そして「どのような体制でどの事業領域を対象にするのか」のWhoとWhat、最終的に「どういう時間軸でどのような手段で実行するのか」のWhenとHow、この5つの問いかけをクリアにしていくのがDXを進める上で重要なことです。

　この5W1Hの問いかけに対して、「DXビジョン」「DX戦略」「DX戦術」の3つの概念を意識しつつ、「①意識・動機づけ」「②方向づけ」「③戦略策定」「④

トライアンドエラー」の4つのステップに分けて答えを出していきます。これ
からそれぞれのステップを見ていきましょう。

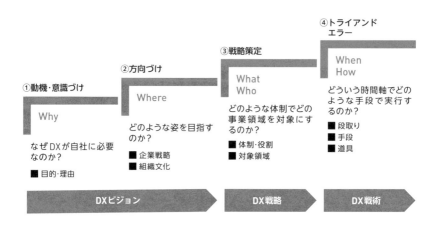

DX実践の4つのステップ

DX実践を進める4つのステップ① 動機・意識づけ

　最初の「動機・意識づけ」のステップ（Why）は、なぜDXを推進しなけれ
ばならないかといった目的を全社社員に共有し、意識・動機づけをさせる段階
です。全社一丸となって、DX変革の旅を歩んでいくためには、明確なビジョ
ンが欠かせません。山登りを例に取ると、ビジョンを描くことは「登る山を決
める」ことであり、自分たちの登りたい山を決めないで歩くのはさまように等
しいです。このステップでは「なぜ、その山を登るのか」という目的を明確に
していくことです。DXの文脈に置き換えると、DXビジョンとは、「なぜ、自
社にとってDXが必要なのか（Why）」の目的・理由を明確にするものです。

　DXは往々にして多くのステークホルダーと組織を巻き込んで推進しなけれ
ばならないので、組織の間の利害関係などが複雑になりがちです。そのため、
企業全体では「なぜ、DXという山を登るのか」というビジョンの策定・共有
がされていなければ、ゴールとする行き先を簡単に見失うことになります。例
えば、「ツールを検証するための実証実験（PoC）が繰り返し実施されている
のに、業務部門では一向に実用化できない」「DXは会社からIT部門や変革推
進の専門組織に丸投げされ、業務部門の誰も協力してくれない四面楚歌の状況

になっている」といったDX実践にまつわる現場の問題の多くは、DXビジョンの不明確および意識・動機づけの不十分さに大きな原因があると考えられます。DXの活動を始める前に、ステークホルダーに意識・動機づけをさせることで、「なぜ、その山を登るのか」を伝わっている状態にするのがDX実践の第一歩です。

DX実践を進める4つのステップ② 方向づけ

次の「方向づけ」のステップ（Where）では、「なぜ、その山を登るのか」という動機をクリアにした後に、DXを通して「どの山を目指すのか」を示して、DXビジョン（ありたい姿）を具体的に描くことになります。その前に、一般的な概念であるビジョンと戦略、戦術の関係と違いを理解しておくことが大事です。次の図で示しているように、「どの山を目指すのか」というビジョン（方向づけ）が定まってなければ、「どのように山頂を目指すか」という戦略（つまり、ビジョンを達成するための道筋）が全く語れません。戦略と戦術も同じような関係で、上位概念である戦略を定めてない戦術が存在しないことと同じです。

動機づけ、ビジョン、戦略、戦術の関係

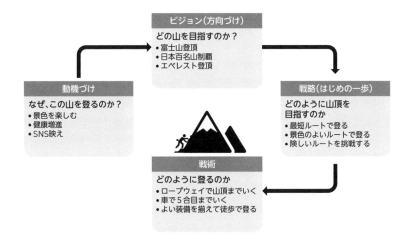

では、具体的に、DXビジョンをどう描いていくのか、そのポイントを押さえておきましょう。まず、DXは企業の経営理念を達成する手段にすぎないと

いう大前提を認識しなければなりません。次の図のように、経営理念を実現するためにDXビジョンがあり、DXビジョンを成し遂げるためにDX戦略があり、DX戦略を実現するためにDX戦術があるという構造の階層関係になります。つまり、DXの推進では、抽象的で定性的な経営理念からDXビジョンを策定し、そしてDXビジョンからDX戦略、DX戦術を導き出していくプロセスが欠かせません。

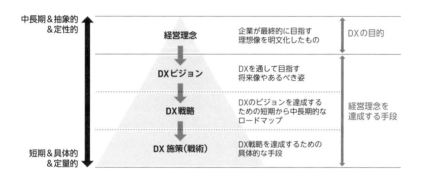

経営理念とDXビジョン、DX戦略、DX施策の階層構造

具体的に、どのように経営理念からDXビジョンに導き出すのか、富士フイルムグループを例にとって紹介しましょう。富士フイルムは、21世紀に入るまでフィルム事業で成長してきた企業です。そのフィルム事業はかつて、同社の売上の6割、利益の3分の2を占める屋台骨になっていたにもかかわらず、写真フィルムの世界需要は2000年をピークに急減し、10年に10分の1以下にまで激減しました。そんな本業を喪失する危機を察知した富士フイルムは、写真フィルムで培った技術を活かして、液晶の偏光板保護フィルムや医療機器、医薬品など事業を多角化し、多分野で世界トップシェアの製品を生み出すことに成功したのです。

こうした大変革に直面した経験が、富士フイルムのDXを推進する原動力にもなっているように見えます。同社が掲げている「経営理念」は、「先進・独自の技術をもって、最高品質の商品とサービスを提供することにより、事業を通じた社会課題の解決に取り組み、サステナブル社会の実現に貢献する」というものです。この経営理念は、同社が最終的に目指す理想像を明文化したもので、次の図のように、経営理念にある「社会課題の解決」という共通言語が

DXビジョンに位置づけられています。

　そのDXビジョンは「デジタルを活用することで、社員の一人一人が飛躍的に生産性を高め、そこから生み出される優れた製品・サービスを通じて、イノベーティブなお客様体験の創出と社会課題の解決に貢献し続けます」と掲げています。つまり、デジタルの技術を使って、社員たちの仕事のやり方を大きく変えていこうという考え方です。社員の生産性が飛躍的に高まれば、新たな価値提供や社会課題の解決に貢献する製品・サービスを創り出す時間が確実に増えてくるわけです。このDXビジョンを具現化するため、「製品・サービス」「業務」「人材」の3本柱を中心としたDX戦略が定められており、更に部門ごとや業務ごとの個別最適化に陥らないように、富士フイルムグループ全体としての共通ITインフラの整備も戦略として策定されています。このDXビジョンは、DXを通して目指す将来像やあるべき姿を定性的な言葉で表現した上で、DXビジョンを支える戦略と戦術をDX基盤という見える形に落とし込み、具体的に示せた好例です。

▶ 富士フイルムグループのDXビジョン（例）

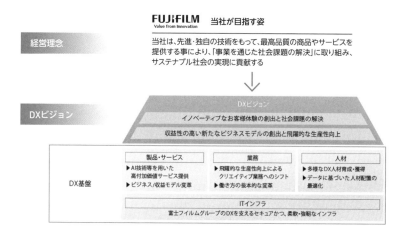

出典：富士フイルムホールディングス（https://holdings.fujifilm.com/ja/about/dx/vision）

DX実践を進める4つのステップ③　戦略策定

　目指すべきDXビジョンが明確になると、後続の「戦略策定」のステップに

入っていきます。ここで、「DX戦略」とは何かについて考えてみましょう。前節で紹介したDX定義を踏まえて、DX戦略は次のように定義できます。

DX戦略とは「企業が競争力を維持・強化するため（Why）に、データとデジタル技術（How）を活用し、製品・サービス、組織、業務プロセス等（What、Who）を変革する（Do what）ための行動計画とアプローチのこと。

つまり、前述したDXビジョンへ到達するために、戦略策定のステップでは、行動計画とアプローチを立案し、「誰がどのような体制で（Who）で、どの事業領域を重点的に取り組むことか（What)」を明確にすることです。DXビジョンとは異なって、DX戦略には具体性が求められるため、一定の精度で将来の予測が可能な3年〜5年の期間を定めて策定することが多いです。また、DXの本質が企業文化の変革であるため、中期経営計画といった企業全体の経営戦略との整合性もとっておかなくてはなりません。それでは、DX戦略の策定は具体的にどのように進めたらよいのかというと、「現状把握」「外部環境分析」「実行方針の策定」「ロードマップの策定」の4つのステップを踏まえて進めていくのが一般的です。これからそれぞれのステップを見ていきましょう。

DX戦略策定のステップ① 現状把握

自社のDX推進状況がどのようなレベルにあるのか、客観的に把握しておくことが重要です。これは戦略で定めた期間内にどのレベルを目指して、どのような施策を行うべきかを決めるために欠かせないステップです。多くの企業では、現状の分析をすることなく、特定のツール導入などを目的としたDXを突き進んで、結果として単なるデジタル化で終わってしまうケースが散見されます。そうならないように、まずは自社の現状分析を行い、現在地を知ることか

ら始めましょう。そして、自社DXの現在地を知るには、「DX推進段階」と「DX推進指標」の2つから現状把握を行うことが有効です。

▶【1】DX推進段階

前節で紹介した、「DXフレームワーク」を踏まえて、自社がデジタイゼーション（Digitization）、デジタライゼーション（Digitalization）、デジタルトランスフォーメーション（DX）のどの段階に位置しているのかをハイレベルで把握します。例えば、「紙からデジタルデータに移行する」「社印を電子印鑑へ」「業務の一部をシステム化する」などはアナログ・物理データの単純なデジタルデータ化のことであり、デジタイゼーションにあたります。自社の社内で、未だに紙で管理している業務が多く残っているのであれば、デジタイゼーションにも到達していない状況となります。そして、デジタライゼーションが個別業務・プロセスのデジタル化であり、DXが全社的な業務・プロセスのデジタル化であることを理解した上で、「DXフレームワーク」を俯瞰し、マクロ的な視点で自社の状況を客観的に捉えます。

▶【2】DX推進指標

「DX推進指標」とは、経済産業省より公表された、企業DXの進捗状況を測定するための指標です。経営層や社内のステークホルダーが、DXに関する自社の課題を把握・共有することで、必要なアクションを見出すことを目的としています。DX推進指標自体は、9つのキークエスチョンとサブクエスチョンから構成されています。これらのクエスチョンに対して、それぞれの項目の達成度に合わせた成熟度レベルも定義されているため、自社の状況を踏まえつつ、これらクエスチョンに回答することで、現時点の自社のDX推進に向けた立ち位置を成熟度レベルという形で認識できるようになります。

DX推進指標における9つのキークエスチョンとサブクエスチョン

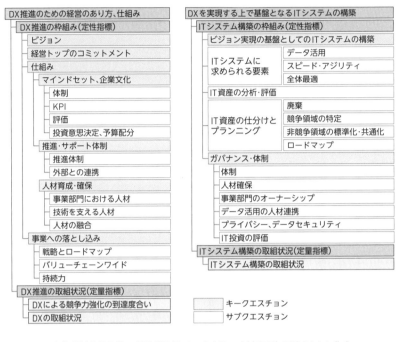

出典：経済産業省『「DX推進指標」とそのガイダンス』（令和元年7月）をもとに作成
(https://www.meti.go.jp/press/2019/07/20190731003/20190731003-1.pdf)

クエスチョンに対する成熟度レベル一覧

	成熟度レベル	特性
レベル0	未着手	経営者は無関係か、関心があっても具体的な取組に至っていない
レベル1	一部での散発的実施	全社戦略が明確でない中、部門単位での試行・実施にとどまっている (例)POCの実施において、トップの号令があったとしても、全社的な仕組みがない場合は、ただ単に失敗を繰り返すだけになってしまい、失敗から学ぶことができなくなる
レベル2	一部での戦略な実施	全社戦略に基づく一部の部門での推進
レベル3	全社戦略に基づく部門横断的推進	全社戦略に基づく部門横断的推進 全社的な取組となっていることが望ましいが、必ずしも全社で画一的な仕組みとすることを指しているわけではなく、仕組みが明確化され部門横断的に実践されていることを指す
レベル4	全社戦略に基づく持続的実施	定量的な指標などによる持続的な実施 持続的な実施には、同じ組織、やり方を定着させていくということ以外に、判断が誤っていた場合に積極的に組織、やり方を変えることで、継続的に改善していくということも含まれる
レベル5	グローバル市場におけるデジタル企業	デジタル企業として、グローバル競争を勝ち抜くことのできるレベル レベル4における特性を満たした上で、グローバル市場でも存在感を発揮し、競争上の優位性を確立している

DX推進指標には、「DX推進のための経営のあり方、仕組みに関する指標」と「DXを実現する上で基盤となるITシステムの構築に関する指標」に大きく2つのパートに分けられています。その中に「誰がどのような体制で（Who）、どの事業領域を重点的に取り組むことか（What）」に答えるための「推進・サポート体制」や「事業への落とし込み」「人材育成・確保」という幅広い観点に基づく指標が設けられています。それらの指標を参考にして、DXの推進状況を確認すれば、自社が解決すべき課題を網羅的に把握できるでしょう。

　今まで述べてきた通り、DX推進指標はDXの自己診断のようなものです。ここのポイントとしては、その自己診断を主導する中心人物は、IT部門やデジタル部門ではなく、経営層であるべきです。特に、9つのキークエスチョンについては、「経営者自らがその現状と課題を認識すべき項目」として設けられており、サブクエスチョンについても、経営層、事業部門、デジタル部門、IT部門で横断的な議論をしながら回答するものだと位置づけられています。

▌ DX戦略策定のステップ② 外部環境分析

　DXにおける自社の現状把握を行った後、外部的な環境変化（市場や景気の動向、社会的なニーズ、法規制など）を正しく理解し、自社が置かれている状況を客観視した上で、自社に与える影響を評価・予測することも重要です。外部環境の変化が把握できていないと、策定した戦略を実行したとしても、市場に受け入れてもらえず、法規制の制限で見込んでいる市場に参入できない等という大きな失敗を招く原因になりかねません。身近な例で言えば、コロナ禍に上手く対応できた企業とそうでない企業の差が広がったように、外部環境の変化が企業の存続に大きな影響をもたらすのは理解できるのでしょう。

　外部環境の分析に対して、PEST分析という手法が役立ちます。PEST分析とは、次の図のように外部のマクロ環境を政治（Politics）、経済（Economy）、社会（Society）、技術（Technology）4つの要因に分類し、自社に与える影響を読み解く分析手法です。PEST分析を活用すると、次の図のような切り口で、自社のビジネスにどのような影響を与え得るのか、どのような道に進めば追い風となるのかを判断する手がかりとなります。

⇒ PEST

P	政治	法規制、規制緩和、国の政策、税制改正、政府の動向、外交関係の動向など
E	経済	景気、インフレ・デフレ、為替、金利、経済成長率、日銀短観、失業率など
S	社会	人口動態、世帯数、世論、教育、老齢人口・少子化、環境、健康、文化など
T	技術	技術革新、特許、イノベーション、IT活用

DX戦略策定のステップ③ 実行方針の策定

自社の現状分析と外部環境分析を終えたら、DXビジョンのあるべき姿を実現するために、重点的に取り組むことを決めるステップに入ります。ここでは、戦略における最も重要な観点「選択と集中」を用いて、限られた経営資源（ヒト、モノ、カネなど）を何に集中させるか、何をやらないのかを決める必要があります。その方針決めには大きく分けて2つの視点があります。

▶【1】自社の強みを伸ばす

ひとつ目は、重きを置く領域を決めて、その分野の強みをより伸ばすことです。DXの対象領域である「製品・サービス」「業務プロセス」「企業文化・風土」など、企業によって注力する分野は異なるでしょう。例えば、オリンパス株式会社はカメラなどの映像事業、生物顕微鏡などの科学事業や内視鏡の医療事業を多角的に展開していましたが、近年、事業戦略を転換し、医療事業へ経営資源を集中投下し、デジタル化の重点領域も医療事業にシフトしたのがその一例です。

▶【2】自社の弱点を克服する

2つ目は、弱点を克服することです。現状把握で見えてきた課題や弱点に対して、その解決に向けた大方針を定めていきます。例えば、日本企業の多くに当てはまる課題や弱点として、「レガシーシステムのブラックボックス化」があります。既存システムがブラックボックス化していることで、運用保守費用の高騰やデータの利活用を阻害するリスクが高まっており、この点を克服しな

ければ、いずれ、大きな機会損失を被ることになります。従って、DX戦略策定では、今後自社の課題になり得るレガシーシステムをテーマとして取り上げて、対応方針を検討しなければなりません。

▎DX戦略策定のステップ④ ロードマップの策定

このステップではDXの実行方針に基づいて、目標や実行計画を具体化していきます。前述した推進段階や成熟度レベルを踏まえて、どの事業領域に対して、どの程度の変革を目指すのか、時間軸で目標を立てることになります。この目標に向かって、道標となるマイルストーンを設けて、いつまでにどの施策を実施するのかという実行計画を策定していきます。その際に、3〜5年後のあるべき姿から逆算して考えることが重要です。具体的なイメージをつかんでもらうため、富士フイルムのDXロードマップを例にとって見ていきましょう。

▶ 富士フイルムグループのDXロードマップ

出典：富士フイルムホールディングス（https://holdings.fujifilm.com/ja/about/dx/roadmap）

富士フイルムグループは2030年度までに、DXを通して、より多くの製品・サービスが持続可能な社会を支える基盤として定着することを目標とし、その実現に向けた道筋を「DXロードマップ」で示しています。具体的に、ステージⅠ〜ステージⅢの3つに分けて、ステージⅠ〜ステージⅡでは製品や消耗品

などのモノの販売を通して、顧客に提供してきたモノの価値をDXで最適化することで、顧客が得る価値を最大化することを目標にしています。ステージⅢでは2030年度を目途に、自社の製品・サービスが提供する価値の影響範囲を社会全体へと広げて、社会全体を支える基盤として定着させつつも、社会課題の解決に貢献し続けることを目指しています。

DX実践を進める4つのステップ④ トライアンドエラー

　いよいよ、DX実践の最後の「トライアンドエラー」のステップ（When、How）となります。このステップは、DXの戦略を踏まえて、戦術を明確にして、具体的な施策を打ち出していきます。DX戦略を実現するための施策を試みて、トライアンドエラーを繰り返しながら目的に近づいていくプロセスとなります。DX施策の実行にあたって、「リーン・スタートアップ」という考え方を取り入れておくのがポイントです。その背景には、新型コロナウイルスといった感染症などの疾病や台風、地震などの災害、データとAI技術の急激な進化により、世の中の変化を予測しにくくなっていることがあります。この先もどのように変化していくのか、予測が難しい状況と言えるでしょう。こうした不確実性に素早く、効率よく対応するために、無駄を排除しつつも変化に強いアプローチが世の中に求められています。その際に、多くの先進的企業がたどり着いた答えはリーン・スタートアップという思想です。

　リーン・スタートアップは、米国の起業家エリック・リース氏によって2008年に提唱された、新しいビジネスを創出するためのモデルです。元々リーン・スタートアップの言葉自体は「無駄がない」という意味の「リーン (lean)」と、「起業」を意味する「スタートアップ (startup)」の組み合わせからでき上がっています。リーン・スタートアップの基本的な考え方は、新しい製品やサービスを生み出す試みを「必要最小限の製品」(Minimum Viable Product) として、コストをかけずに小さく始め、これに対する市場またはユーザーの反応を分析しつつ、「新しい試みが成功するのか」「改良の余地があるのか」を早期に判断し、何度もトライアンドエラーで軌道修正を繰り返すことです。具体的に、次の図のように、「①構築」「②計測」「③学習」というサイクルが短期間で素早く繰り返されるイメージとなります。

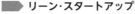

■■■ リーン・スタートアップ

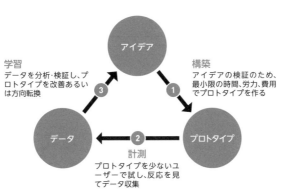

「構築」とはアイデアが思い付いた段階でまず必要最小限でトライアルしてみることです。「計測」では、でき上がった製品やサービスに対して、市場、顧客がどのような反応を見せているのかをデータで確認・分析します。「学習」ではそのデータに基づき、どうすればもっと顧客に受け入れてもらえるかを考えて、改善していきます。また、学習の段階で成功可能性が低いと判断すれば、できるだけ少ないコストで割り切って撤退することもできます。リーン・スタートアップの取り組みは「Quick & Dirty」（多少完成度は低くても構わないから、極力早くカタチにする）のようなスピード感が最も重要です。言い換えると、スピードさえあれば何とかなるという考え方です。なぜならば、アイデアをいち早くトライし、先手を早く打てるというだけでなく、撤退、あるいは軌道修正にも早く着手できるようになるからです。こうしたリーン・スタートアップのエッセンスをDXの施策に取り入れて、トライアンドエラーを繰り返しながら、最適解を導き出すことがDX実行段階のポイントです。

　ここまでDXの歩み方の話をしてきました。実は、現場で散見されているのは、「なぜ自社がDXを必要とするのか（Why）」を十分に議論せずに、「どのような姿を目指すのか（Where）」も曖昧なままで、「どの手段・ツールを使うのか」というHowの議論ばかりにこだわって先行され、いわゆる手段を目的化するようなケースです。こうした「How」から始めているケースは必ず途中で挫折してしまい、結局のところ、再び最初の「動機・意識づけ（Why）」に立ち戻って、DXの目的やありたい姿の設定から再出発しなければならなくなると

筆者が断言します。従って、今まで紹介してきた「動機・意識づけ（Why）」や「方向づけ（Where）」から始めて、「なぜ、この山を登るのか」や「どの山を目指すのか」をクリアにした上で、「戦略策定（What、Who）」を行い、「トライアンドエラー（When、How）」を繰り返し実行していくことがDXを成功に導く鍵です。

1-4 | DX成功事例に学ぶ

　世界を見渡すと、GAFA（Google、Apple、Facebook、Amazonの米IT大手4社の頭文字を並べた総称）という巨大なデジタル企業が筆頭に、早くからICTやIoT、AIなどのデジタル技術を積極的に取り入れ、ありとあらゆるデータを活用することで、その最終段階のDXに突き進んでいる企業は多数あります。これから先進企業における取り組み事例を紹介します。まず、海外企業のDXへの先進的な取り組みを見ていきましょう。

海外のDX成功事例に学ぶ　ThyssenKrupp社

▶ ThyssenKrupp社　プロファイル

本社	ドイツのエッセン(Essen)
創設年	1999年
DX概要	ThyssenKrupp社のエレベーター事業部門(Thyssenkrupp Elevator)は2015年、Microsoft Azure IoT対応の画期的なエレベーター先行保守サービス「MAX」をローンチ
DX成果	・ビルの所有者・管理者のスマートビルソリューションに対するニーズを考慮し、いち早く導入されたMAXはエレベーターサービス業界に革新をもたらし、多大な収益を新たに創出している ・2020年1月時点で、北米における82,000基以上、世界10カ国における128,000基のエレベーターがMAX IoTプラットフォームによりサポートされている ※MAXは、ニューヨークのワン・ワールド・トレードセンター(One World Trade Center)のエレベーターにも導入されている

　ドイツに本社を置く産業機械・鉄鋼大手ThyssenKrupp社のエレベーター事業部門は2015年、同社製エレベーターに数千のIoTセンサーを搭載した上、クラウド上でエレベーターの動作状況に関するデータをリアルタイムで収集し、使用頻度などに応じて特定の部品の修理・交換時期を予測する先行保守サービス「MAX」を立ち上げました。MAXサービスでは、エレベーターのモーター温度からシャフトの配列、エレベーター室の速度、ドアの動作まで、エレベーターに関するあらゆるデータをリアルタイムで集め、クラウドに転送、単一のダッシュボード上でデータを保存・管理できるようになっています。サービス技術者も、主に「即時対応が必要な問題を知らせるアラート情報」と「管理用

情報」の2種類のデータをもとに、エレベーターの動作状況をリアルタイムでモニタリングし、即座に問題を把握できるようになっています。MAXは現在、サービスレベルに応じて、異なる3種類のサブスクリプション型デジタルパッケージサービス形式で提供されています。

　加えて、ThyssenKrupp社は2016年、エレベーターに不具合等が生じた際に現場に派遣される同社の24,000人以上のサービス技術者が効率的に問題に対処できるように、複合現実（MR）ヘッドセットを採用しています。同社のサービス技術者は、このデバイステクノロジーを活用することで、エレベーターの問題箇所を予め可視化することが可能になっており、作業現場からTeams（コミュニケーションツール）を通じて特定の専門技術者とイメージを共有しながら問題の解決にあたることで、ストレスと時間の大幅な節減につながっています。

　IoTを用いたMAXサービスの成功は、ThyssenKrupp社のビジネスだけでなく、100年の歴史を持つエレベーター業界を変革する最初のステップとも言えます。同社のエレベーター先行保守サービスは、エレベーターの可用時間を最大限に高めることで、世界における同社のエレベーター利用者の時間が年間9500万時間節約できたと高く評価されています。

▶▶▶ 複合現実ヘッドセットの「HoloLens」を用いて作業に当たる様子

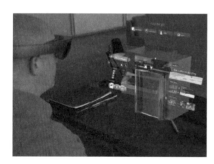

出典：YouTube「Microsoft HoloLens thyssenkrupp bringing new vision to elevator maintenance」
（https://www.youtube.com/watch?v=gNWmU-9DJ4E）

　次に日本の国内に目を向けましょう。2022年の時点で、DXの取り組みを行っている企業の多くは、まだデジタル進化の第1段階のデジタイゼーションと第2段階のデジタライゼーションに位置しており、コスト削減と業務効率化を軸足としたIT化にとどまっているのが現状です。ただし、一刻も早くその

遅れを取り戻すため、日本政府が主導となって、国内企業へのDX導入を推進させる取り組みが活発に行われています。例えば、東京証券取引所と経済産業省が共同で、2020年よりデジタル技術を前提として、ビジネスモデル等を抜本的に変革し、新たな成長・競争力強化につなげていく「DX」に取り組む企業をDX銘柄として選定しています。2020年度、過去最多となる535社のエントリーから、「デジタル時代を先導する企業」として、コマツ社が「DXグランプリ2020」に選定されました。これからそのコマツ社の取り組みを見ていきましょう。

日本のDXグランプリ企業に学ぶ　コマツ社

▶ コマツ社　プロファイル

本社	東京都
創設年	1921年
DX概要	コマツは、2015年からコンテナ、サーバーレスなどのAWSサービスとIoTを活用し、コマツの顧客が建設生産プロセス全体のあらゆる「モノ」データをICTで有機的につなぐことで、現場のデータすべてを「見える化」し、実際の現場とデジタルの現場（デジタルツイン）を同期させながら施工可能な「スマートコンストラクション」を展開
DX成果	・14,000以上の建設現場でスマートコンストラクションが活用され、2021年7月時点で、世界で約9000台のICT建機が稼働している。 ・2016年度から、建設現場にICTを活用して生産効率を上げる「i-Construction」の導入が国土交通省により開始され、「i-Construction」でもコマツのスマートコンストラクションは高いシェアを有する。

　コマツ（小松製作所）は、油圧ショベルやブルドーザーなどの建設・鉱山機械、フォークリフト、産業機械等に関する事業をグローバルに展開しており、建設機械の日本でのシェアは1位、世界でアメリカ・キャタピラー社に次いで2位で、日本を代表する総合機械メーカーです。

　コマツはDXにいち早く手を付けた企業としても知られ、DXを駆使した「スマートコンストラクション事業」で「コト（施工のオペレーションの最適化）」と「モノ（機械の自動化・自律化）」の2軸を結合し、安全でクリーンな未来の現場を実現しようとしている姿勢を高く評価され、DX銘柄の選出につながったと言われています。スマートコンストラクション事業の取り組みにより、同社はモノ作りのメーカーから、建設業の深刻な労働力不足の課題などを解決するソリューションを提供し、付加価値を生み出す企業へと変貌を遂げています。

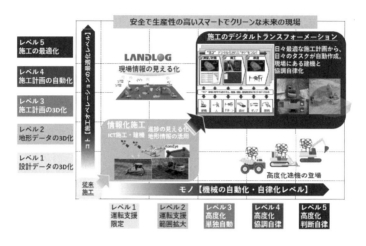

　コマツの「スマートコンストラクション」とは、工事現場を最初から最後まではでデータでつなぎ、データを利活用する仕組みです。具体的に、工事が始まる前の現況をドローンやレーザースキャナーで測量して3次元データ化し、それに対してデジタル図面を重ねていきます。そうすると、建設会社がどこをどのくらい掘削・盛り土すればいいか分かるので、そこに自動・半自動制御される建機を投入できるようになるわけです。更に、建設機械に取り付けたカメラ、センサー、無線アンテナなどから施工状態、機械の健康状態に関するデータをリアルタイムに収集し、クラウドに蓄積された様々なデータを分析することで、建機の不具合や故障の発生が予測可能となっています。建機の不具合の予測結果は、交換部品・消耗品の生産と供給計画にも活用され、部品・消耗品等の交換時期を顧客にお知らせする（つまり、レコメンデーション）機能まで実現されています。これらの情報をベースに、各代理店が担当機種のチェックを実施し、必要に応じて顧客への交換レコメンドや実際の部品交換作業を実施しています。顧客にとっては建機が深刻なダメージを受ける前に適切な処置を受けられるため、将来の大きな修理費用の出費を抑えられると同時に、販売店にとっては、アフターサービスの提供と消耗品・部品の売上拡大のチャンスともなります。これはDXの取り組みを通して、顧客価値の創造と自社ビジネスの拡大の両方とも実現した"一石二鳥"の好例です。

DX 推進の鍵を握る
データドリブン経営

前章で紹介したDXの先進事例のいずれも「データ」というキーワードが繰り返し登場しているように、近年、しばしば耳にするようになった「データドリブン経営」。DXへの注目から、データの重要性を実感するようになった方も多いでしょう。では、具体的にデータをどのように活用すれば、「データドリブン経営」と言えるのでしょうか。これから、前提知識として「データの本質」を説明した上で、「データドリブン経営とは何か」や「従来型のKKD経営との違いは何か」について解説するので、データドリブン経営を実践するヒントを一緒に探っていきましょう。

2-1 ｜ データの本質

　「画面にこの商品のデータを入力してほしい」「この顧客リストに、氏名が重複しているデータが多い」等々、私たちは普段の業務の中で何気なく"データ"という言葉を使っています。『日本国語大辞典』では「データ」という言葉を次のように定義しています。

- 立論の材料として集められた、判断を導く情報を内包している事実
- コンピューターで、プログラムを運用できる形に記号・数字化された資料

　コンピューターが誕生して以来、データというと、「数字」や「コンピューターが処理するもの」と偏重しがちですが、データは元々「立論の材料として客観的で再現性のある事実や数値」であり、必ずしもコンピューター分野の専門用語ではありません。また、データの語源がラテン語のdareであり、その言葉自体が「与える」という意味を持ちますが、「事実や知恵を与える・共有する」という意味合いも含まれているように、データが事実や知恵を共有する手段であることを認識しておきましょう。データという概念に関しては、次の表のように様々な側面から分類できます。

側面	データタイプ	概要
データ形式	構造化データ	POSデータや企業内で管理する顧客データなどの一定の規則(構造)に従って記述されたデータ
	非構造化データ	SNSの書き込み、音声・画像・映像など規則(構造)が明確化に定義されていないデータ
データの収集・維持主体	公共部門データ	公共部門によって生成・維持・蓄積されるデータ
	民間部門データ	民間部門によって生成・維持・蓄積されるデータ
所有権	所有者のデータ	知的財産権や他の同様の権限により保護されている(所有権が明確に定義されている)データ
	オープンデータ	いかなる法的な制限なしで誰にでも自由に使用できるデータ
識別可能性	個人データ	個々のデータ主体の識別が可能なデータ
	組織データ	法的にあるいは契約上の理由で組織に支配されるデータ
データソース	ユーザー作成データ	個人によって利用可能にされたデータ
	機械生成データ	M2M(Machine-to-Machine)、IoTなどセンサーから生成されたデータ
	内部データ	組織内部(場合によっては別の部門)から収集されたデータ
	外部データ	組織外部から購入(獲得)されたデータ
収集方法	アクティブデータ	情報提供を志願した個人または組織から収集されたデータ
	パッシブデータ	個人または組織の同意を求めることなく観察および収集されたデータ

ビッグデータとは

　ここ数年、DX、データドリブン経営等と切り離せない概念として、耳にする機会が増えた「ビッグデータ」。そもそも「ビッグデータ」とは何でしょうか。実は、ビッグデータに対する定量的で明確な定義は存在していません。一般的に、ビッグデータは、その言葉の通りに「大きいデータ」です。様々な種類や形式のデータを含む巨大なデータ群のことです。ビッグデータは単に量が大きいデータ群という印象を受けがちですが、量はあくまでビッグデータの一面にすぎません。ビッグデータは「Volume(量)」「Variety(多様性)」「Velocity(速度あるいは頻度)」「Veracity(正確性)」の「4つのV」を高いレベルで備えていることが特徴です。これからこの4つの特徴を紹介します。

Volume(データの量)

　純粋にデータのボリュームのこと。購入履歴のデータを例に取ると、特定の1人が特定の商品を1回購入した際のデータの量が小さく、そのデータだけを見ても、人気商品などの傾向はつかめませんが、多数の人の購入履歴データを

分析すれば、どのような商品がどういった状況で売れるかという購買行動の傾向を見出せます。更に、その購買履歴データを使って、人の将来の購買行動を予測したり、広告等で働きかけることで購買行動を引き出したりすることも可能となります。

▌ Velocity（データの速度）

データが生成される速度のこと。データの生成の速度以外、そのデータをどれだけ素早く処理しなければならないかという要求の速度、更新頻度の高さも意味しています。SNSや動画共有サイトに投稿されるデータをはじめ、POSデータ、交通系ICカードからの乗車履歴データ、特定の感染症の感染者数など、常に変化する物事については、最新データをリアルタイムで収集・分析しなければ、役に立たない場合が多いです。例えば、新型コロナウイルス感染症が流行する前に、内閣府、総務省などの政府機関は基本的に年に一度のペースで、人口推計などの統計データを公開していました。しかし、2020年以降、刻々と状況が変化するコロナ禍においては、1年前のデータを見ても、国、自治体などの政策立案に全く役立ちません。それを受けて、内閣府が急ピッチで主導して公開したのはビッグデータを可視化する地域経済分析サイトの「V-RESAS」です。この「V-RESAS」の最大の特長はデータの更新頻度です。「V-RESAS」では人流・飲食・消費・宿泊などの多様なデータが毎週更新のペースで提供されており、新型コロナウイルス感染症が地域経済などに与える影響を適時適切に把握することで、観光関連施設や生活基盤等の維持や、感染症拡大の収束後に地域経済を活性化させていくための施策立案に大いに貢献しています。

例えば、次のグラフは2019年と現在進行中の同じ月の宿泊者数を比較して得られた比率（変化率）を表すことで、コロナ禍における宿泊需要の落ち込みと回復の推移状況が概観できます。

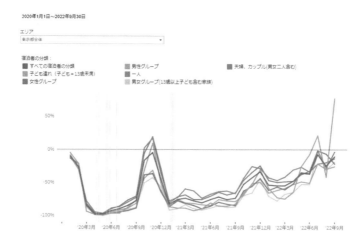

東京都の宿泊者分類の2019年同月比の推移

2020年1月1日〜2022年9月30日

エリア
東京都全体

宿泊者の分類
■ すべての宿泊者の分類　■ 男性グループ　■ 夫婦、カップル（男女二人含む）
■ 子ども連れ（子ども＝13歳未満）　■ 一人
■ 女性グループ　■ 男女グループ（13歳以上子ども含む家族）

出典：V-RESAS「東京都の滞在人口の動向」
(https://v-resas.go.jp/prefectures/13#accommodations)

Variety（データの多様性）

　データの多様性のこと。様々なデータがあることを指します。従来から企業内に存在する販売データや在庫データなどに加えて、SNSやモバイル・IoTから生成されたデータなどが多様に広がっています。例えば、株式会社ABEJAが提供しているPlatformでは小売店の店舗にカメラを設置して、来客人数をカウントし、来客者の年齢層・性別をAIで判定しています。次の図に示した通り、カメラの画像から「女性、過去にもお店に来た客、20〜30歳」という来客一人ひとりの属性を判定すると同時に、「カメラから得られた画像情報」「ビーコンによる顧客の移動情報」「IoTデバイスにより扉の開閉状況」「POSによる売上データ」「インターネットから得られた天候情報」を組み合わせて、多角で販売状況を管理・分析できます。この事例のように、Variety（データの多様性）の特性によって、様々な種類のデータを収集し、総合的なデータ分析・活用ができるようになります。

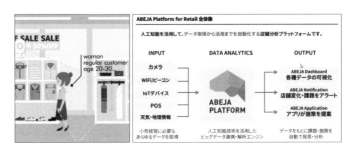

多種多様なデータを収集と分析

出典：株式会社ABEJA（https://abejainc.com/ja/）

Veracity（データの正確性）

　データの正確性とは、現実世界の対象やイベントを正確に表している程度を指します。データの利活用においては、データに紛れ込むノイズを排除し、データが正確で信用できることを担保しなければなりません。特に、今の世の中ではフェイクニュースなどが溢れており、真実性に疑いのあるデータもたくさん存在することから、データ自体の信ぴょう性・正確さがますます重要視されます。不確かな情報や根拠のない推測、個人の思い込み、悪意のある虚偽情報などが簡単にネット上へと発信されるようになり、これらの偽情報の一部は、ツイッターで他の人の投稿を再投稿する「リツイート」などのSNS機能を使って、短時間で次から次へと拡散されてしまいます。公益財団法人日本財団の調査（2019年18歳意識調査「第19回調査」調査対象は1,000名）によると、調査対象者の8割以上が、インターネット上の情報を虚偽だと感じたことがあると回答しています。真偽を確かめずに情報を拡散したことがある人は26.3％でした。つまり、SNSの情報・データの正確性に対する不安が高まっていることに加えて、知らず知らずのうちに信ぴょう性・正確さに欠ける情報とデータを拡散してしまっていることは明らかになっています。

　こうしたフェイクニュースに対抗するために、情報のファクトチェック（事実確認）をする動きも広がっています。米国では「スノープス」などの専門団体がネット上の情報などを日々チェックし、真偽を発表しています。日本国内ではNPO法人のファクトチェック・イニシアティブなどが、ネット上に出回る情報のうち「誤りなのでは」といったコメントがついたものをAIで自動抽出し、抽出された情報について、協力メディアが取材や調査をして事実確認をしてい

ます。今後、このような動きがますます広がって、情報の正確性をチェックするテクノロジーも更に進歩すると予想されています。

　最後に、各業界・分野で活用されているビッグデータの全体像を見ていきましょう。次の図のように、社内の業務データだけでなく、顧客関連データ、契約情報、IoTセンサーのデータ、一般消費者の行動データ、交通量・天候データ等のいわゆる社会データにまで、ビッグデータデータは多岐にわたっています。データの種類も、数値化された構造化データだけでなく、画像、音声などの非構造化データも増加しています。これらのビッグデータを利活用することで、従来活用できなかったデータを扱えるようになったと同時に、社会、自社、モノ、ヒトなどの軸で異なるデータを掛け合わせることにより、今までにない示唆や発想が得られて、より優れた製品・サービスを世の中に送り出す源泉ともなります。

ビッグデータがあらゆる分野・業界で活用されている

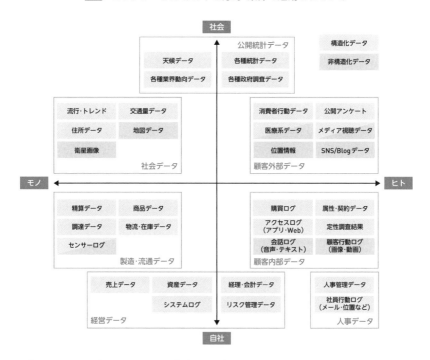

出典：アクセンチュア『データ活用をいかに加速するか』(https://www.accenture.com/_acnmedia/PDF-173/Accenture-IEB-How-to-accelerate-Data-Utilization-POV-Web-Single.pdf)

Googleの猫に見るビッグデータの重要性

　近年、AI（人工知能）の発達が目覚ましく、データ×AIの力で様々な分野で未来が大きく変化すると確信する人が確実に増えてきています。そのAIの開発には、「膨大な量のデータの収集が必要」というお話は、誰もが一度は聞いたことがあるかもしれません。一方で、「なぜAI開発に大量のデータが欠かせないのか」と聞かれたら、ちゃんと答えられるのでしょうか。

　そもそも、AIが大量のデータを必要とする背景には、AIブームを支える「機械学習」という技術が大きく関わっています。機械学習とは、大量のデータから、「機械」（コンピューター）が自ら「学習」し、データの裏側にあるルールやパターンを発見する方法です。大量のデータの中に見つかるルールやパターンをAIが自ら学んでいくことで、その学習結果をもとに予測や分類を行えるようになります。その中で、現在最も注目を浴びている機械学習の手法は、「ディープラーニング」と呼ばれるものです。ディープラーニングの効果を最も印象深く示したのは「パターン認識」です。「パターン認識」とは、画像、自然言語、音声などを認識する処理のことであり、元々コンピューターが最も不得意な分野でしたが、「ディープラーニング」の誕生によって、パターン認識の精度が飛躍的に向上しました。これについては、「GoogleのAIが猫の画像を見分けられるようになった」、いわゆる「Googleの猫」のエピソードは有名です。Googleは2012年に「猫」の特徴を列挙し、YouTubeのビデオの中から無作為に画像を取り出して、それをひたすらAIに学習させ続けた結果、AIが画像の中の特徴を自らつかみ、パターン別に分類した上で、「猫」を見分けられるようになったのです。AIに学習させた猫の画像の数はなんと1000万枚です。もちろん、Googleほどのデータ量がなくても、AIは開発できます。ただし、データが多ければ多いほど網羅できるパターンの数が増えるため、パターン認識の精度もそれに比例して上がっていきます。検索エンジン、YouTubeなどのプラットフォームから吸い上げた膨大のデータを日々扱っているGoogleが、AIのリーディングカンパニーとなったのはそこに理由があります。現在、こうしたパターン認識の技術は広い範囲で活用されて、画像認識による自動車の自動運転、音声認識を活用したコールセンターの自動化、自動翻訳などが急速に進展しつつあります。

データドリブン経営を支えるDIKWモデル

「データ」と「情報」は普段、しばしば混同して使われがちですが、実は、「データ」と「情報」は意味が全く違います。その違いを理解するため、ここで紹介したいのは「DIKWモデル」です。「DIKWモデル」とは、元々情報工学の分野において、「情報」を解釈するためのフレームワークであり、それぞれ「Data」「Information」「Knowledge」「Wisdom」の頭文字を取って定義されているものです。「DIKWモデル」はデータドリブン経営を理解するには重要な概念となるので、これからそれぞれの定義を見ていきましょう。

Data（データ）

データとは、それ自体では意味を持たない数字や記号などのシンボルを表すものです。ローデータ、生データとも呼ばれています。

Information（情報）

情報とは、それ自体意味を持たないデータを何らかの基準で整理と意味づけをし、4W（Who、What、Where、When）の答えとなり得るものです。また、情報はデータおよび概念により構成され、対象物に対して一定の文脈中で特定の意味をもつものです。例えば、「1241兆円」というデータそのものには意味がありません。しかし「2022年3月末に日本国の借金が過去最大の1241兆円」と文脈を付け足すと、即座に意味が明らかになります。

Knowledge（知識）

知識とは、情報（Information）を更に整理・体系化したもので、第三者に教えられるノウハウや知見のことです。つまり、情報から整理された、Howの答えとなり得るものです。

Wisdom（知恵）

知恵とは、知識（Knowledge）を正しく理解した上で、自らの判断を加えて行動することで、価値に昇華させたものです。つまり、Knowledge（知識）の中から行動を取る理由（Why）となり得るものです。

次の図は、DIKWモデルを階層構造で表現したものです。データは最も抽象度が低い概念です。情報や知識では抽象度が上がり、知恵は最も抽象的な概念となります。例えば、富士山の高さは「データ」、富士山の地形・気候的な特徴に関する書籍は「情報」、富士山の山頂に到達するための実用的な登山ガイドブックは「知識」と見なせます。更に「知恵」は、自ら富士山を登って、登山の途中で起きた様々な問題に対処し、知識を応用できる能力と言えます。言い換えれば、データから情報へ変換する過程で「Who」「Where」「When」「What」の問いを解き、情報から知識に格上げする過程で「How」に答え、そして知識から知恵に昇華する際に「Why」を紐解くこととなります。

▶ DIKWモデル

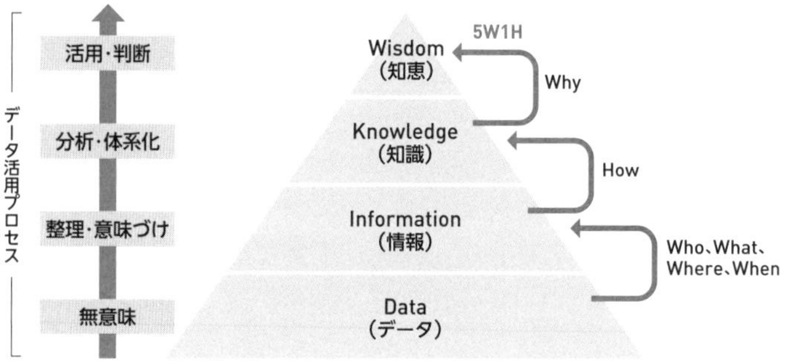

ここからひとつの具体例を挙げて、DIKWモデルの思考プロセスを見てみましょう。次のように、とある小売り企業に「乳酸菌飲料の購買データ」があるとします。ステップ①〜④でDIKWピラミッドを一番下の「データ」から上に登っていくと、「データ」は「情報」を経て「知識」へ、「知識」を更に「知恵」へと発展させて、最終的に具体的なアクションまで起こしました。乳酸菌飲料の購買データを収集・分析し、その分析結果に基づいて、店頭在庫を増やすという意思決定を下したことで、データをビジネス活動につなげた「データドリブン経営」とも言えます。

4	活用・判断	知恵 Wisdom	早朝の時間帯に乳酸菌飲料への需要が高いと判断し、朝の時間帯に30-40代男性顧客のニーズを満たすため、駅近くの店舗の店頭在庫を増やすアクションを取る	自らの判断を加えて、行動することで価値に昇華させる
3	分析・体系化	知識 Knowledge	• 3カ月のデータをグラフで分析した結果、朝7:00-9:00に駅近くの店舗で30-40代の男性による乳酸菌飲料の商品Aの販売実績が突出している • ほかの統計データとも掛け合わせて検証した結果、近年、30-40代のミドル層の男性は健康意識が高まり、ヨーグルト含む乳酸菌飲料の年間消費量が増えている	情報を分析・体系化した結果、知識として得られる
2	整理・意味づけ	情報 Information	9/25 朝7:00、8:10に駅近くの店舗で30代、40代の男性が乳酸菌飲料の商品Aを購入	Dataの組み合わせが、意味を持つInformationになる
1	無意味	データ Data	2022/09/25 7:00,M,41,4,P0000160 2022/09/25 8:10,M,35,4,P0000160 …	何の意味も価値もない

データから価値を生み出すデータバリューチェーン

　データバリューチェーン（データの価値連鎖）とは、データの生成、収集、蓄積、前処理、分析、利活用されるまでのプロセスを価値の連鎖として捉え、データの価値を創出するにはどこに目を付ければよいかを見出すフレームワークです。次の図に示している通り、データ利活用プロセスの前半の生成、収集、蓄積のフェーズでは、データから価値を全く生み出していません。データ利活用プロセス後半の前処理、分析、利活用の順に、利活用のフェーズに近づけば近づくほど、データが情報➡知識➡知恵に段階的に昇華させられ、価値を付加されていきます。これからデータバリューチェーンにおける3つのポイントを見ていきましょう。

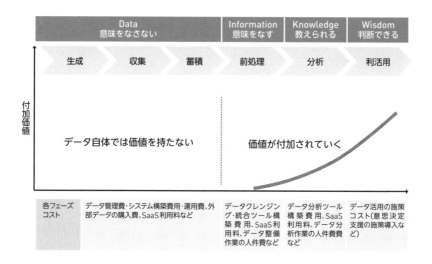

データバリューチェーン

ポイント① 「Garbage in、Garbage out」（GIGO）原則

データバリューチェーンがDIKWモデルのデータ➡情報➡知識➡知恵のピラミッド構造と重なっているため、「価値を生み出せるデータ」がバリューチェーンのスタート時点に存在することが大前提となっています。逆に言えば、品質の悪いデータや信頼性の低いデータの場合は、そのデータから導き出された情報から不完全な知識に導かれ、最終的に的外れな知恵となってしまう可能性さえあります。データ品質に問題がある場合は、「Garbage in, Garbage out（ゴミからはゴミしか生まれない）」（GIGO）原則に従うことになります。つまり、川の上流の水が汚れたら、途中のサービス・システムをどれだけ高い品質で作ったとしても、サービス・システム全体がその汚れた水（つまり品質の悪いデータ）の影響を受け続けて、データから創り出された価値を低下させてしまいます。

これと同様に、前項で紹介したビッグデータの4V（データの量、データの速度、データの多様性、データの正確性）の特性に関しても同じことが言えます。4Vにおけるレベルが低いデータ（データの量・速度・多様性の不足、正確性の欠如）からビジネス価値を創り出すことは期待できないでしょう。そのため、データ生成、収集、蓄積、前処理のフェーズで、いかにデータ品質を向

上させて、利活用のしやすい形にできるのかが、データ利活用の価値を大きく左右するポイントになります。

ポイント② データバリューチェーンにコストがかかる

データ利活用のすべてのフェーズでコストがかかります。例えば、生成、収集、蓄積のフェーズでは、データ管理費・システム構築費用・運用費、外部データの購入費、SaaS利用料などの様々なコストが発生します。データの前処理（データ統合・加工など）と分析のフェーズでは、データクレンジング・統合ツール構築費用、SaaS利用料、データ分析ツール構築費用、データ整備・分析作業の人件費などが発生します。また、対象となるデータが本当に価値を生み出せるかは、一回コストをかけて、データ利活用プロセス全体（データ生成から利活用まで）をトライしてみないと、明確な結論が分からないことが多いです。その際に、データ利活用と相性のよい、前節で紹介したリーン・スタートアップのアプローチを取り入れて、必要最小限のコストで小さく始めて、途中結果に対するユーザーの反応を確認しながら、「成功する見込みはあるのか」「改良の余地があるのか」を早期に把握し、何度もトライアンドエラーで軌道修正を繰り返していくことが有効です。

ポイント③ データの価値が利活用のゴールで決まる

データバリューチェーンから創り出された価値は絶対的ではなく、相対的なものとなります。データ利活用のゴールを設定し、それに向けて活動した結果、ビジネス活動に対してどれぐらい定量的・定性的な効果をもたらせるかによって、そのデータの価値が評価されます。つまり、データの価値はデータ利活用のゴールを達成することによって決まるということです。言い換えれば、データ利活用のゴールが極端に低く設定された場合は、そのゴールを達成できたとしても、データバリューチェーンから創り出された価値が低いという事実が変わりません。適切なゴール設定は、最終的にデータの価値を左右する重要なポイントとなります。

2-2 | データドリブン経営の真意

「データドリブン」という言葉の由来は英語のデータ（Data）とドリブン（Driven）です。「データドリブン」を要素分解して解釈すると、「データを起点、主軸に物事を駆動する」という意味です。データドリブン〇〇のように、後に続く言葉（〇〇の部分）によって意味を成します。つまり、「データを起点、主軸に何をするのか」という考え方が重要です。その「何をするのか」によって、扱う対象データも変わってくるわけです。例えば、データドリブン経営で扱うデータは、売上データや市場データ、顧客データなど多岐にわたります。また、データドリブンマーケティングに着目する場合は、顧客の購入履歴、購入に至るまでの行動データ、商品購入後の満足度やリピート率、SNSやアンケートなどのデータが挙げられます。

▶ データドリブンとは

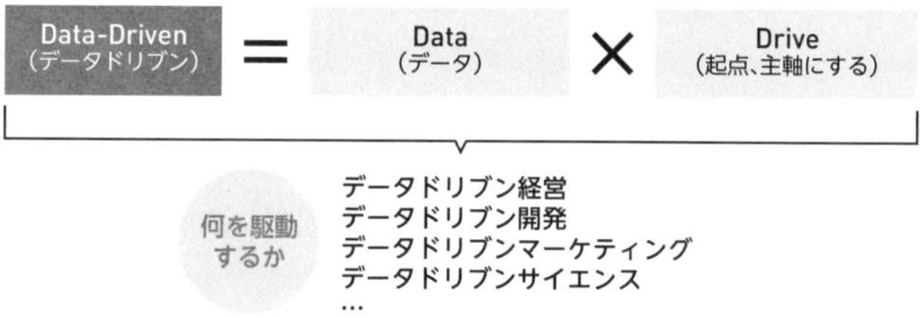

Data-Driven (データドリブン)	=	Data (データ)	×	Drive (起点、主軸にする)

何を駆動するか
データドリブン経営
データドリブン開発
データドリブンマーケティング
データドリブンサイエンス
…

次は、データドリブン経営の定義を見ていきましょう。

データドリブン経営とは、ビジネスの課題に対して、データを収集・分析し、その分析結果に基づいた意思決定を下すことで、組織の経営活動を駆動すること。

▶ データドリブン経営とは

課題 → データ収集 → データ分析 → 意思決定 → 施策実施

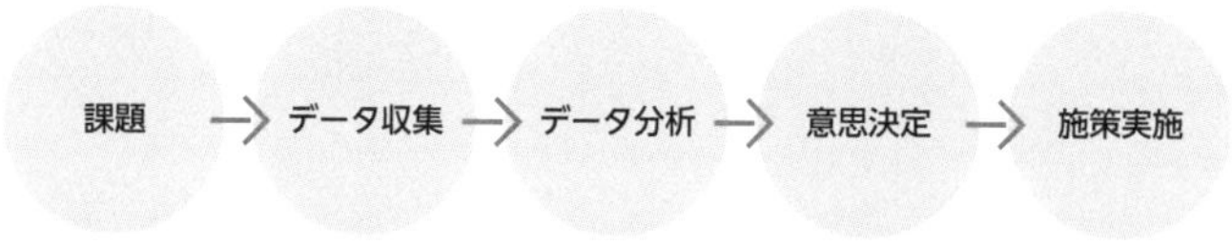

逆に言えば、データを収集・分析することが、組織の意思決定に役立つものでなければなりません。いくらデータを収集・分析をしたところで、企業の課題解決または新たな価値創造に関わる意思決定に全く無関係であれば、それがデータドリブン経営とは言えません。

具体的なイメージとしては、次の図のようにビジネス上の課題を起点に、仮説を立てて、必要なデータ（売上データやマーケティングデータ、IoTデータ、Web解析データなど）を活用して仮説検証を行った上で、課題解決のための意思決定を下すことで、具体的な施策や行動につなげていきます。

▬▶ **データを意思決定につなげる**

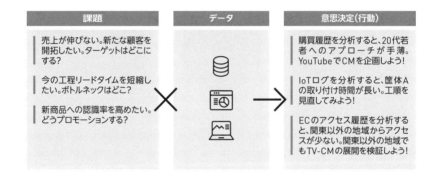

データドリブン経営が求められる理由

データドリブン経営という言葉が生まれる前から、既に多くの企業は企画立案や業務改善などにデータを分析し、活用してきました。なぜ今の時代、データドリブン経営がより求められているのでしょうか。そこには、以下の3つの理由が考えられます。

理由① 顧客の価値観の多様化・複雑化

ひとつ目の理由は、顧客の価値観の多様化・複雑化にあります。今の世の中、モノやサービスが溢れ、エンドユーザーに自社製品・サービスを選んでもらうことは簡単ではありません。企業間の競争が激化する中で、徹底した顧客体験

（ユーザーエクスペリエンス、UX）の最適化と、そのための顧客理解が欠かせません。経営者の勘や経験だけに頼り、「自社の顧客はきっとこうである」「今までこうやってきた」と決めつけてしまうと、誤ったマーケティング戦略・施策を招いてしまうだけでなく、消費者、市場などの外部環境の急激な変化に対応できなくなってしまいます。そこで重要なのは、次の図のような顧客データの収集・分析・施策といった一連のデータ利活用です。顧客の属性データや購買データなどを分析し、顧客自身も自覚していない潜在的なニーズを洞察することで、顧客の期待通り、もしくはそれ以上の顧客体験を提供することが企業にとっての競争力の源泉ともなります。

顧客理解に欠かせないデータ利活用

理由② テクノロジーの進歩

2つ目の理由は、テクノロジーの急激な進歩にあります。近年、AI（人工知能）、IoT、ロボットなど、デジタル技術が急速に進化する中で、現実世界のあらゆる物事や現象のデータ化が可能になり、膨大な量のデータを蓄積・分析することが容易になったことで、データドリブン経営を行う環境が今まで以上に充実しています。その中で、「デジタルツイン」という概念を理解することが重要です。デジタルツインとは、「デジタルの双子」という意味で、現実世界の物体や環境から収集したデータを用いて、仮想空間（デジタル空間）上に双子のように現実世界を再現するテクノロジーのことです。

IoTなどで現実空間から収集したデータをもとに、仮想空間上で現実空間の環境を再現することで、限りなく現実に近い分析やシミュレーションが可能となります。その分析やシミュレーションした結果を更に現実空間へフィードバックすることで、将来起こる変化にいち早く対応することも可能となります。つまり、仮想空間でシミュレーションを行った結果から、現実世界における将来

の変化を予測し、先手を打てるようになるわけです。例えば、ダイキン工業は
デジタルツインの機能を備えた新生産管理システムを2020年から本格活用し
ています。製造設備に取り付けたセンサーやカメラから収集したデータをもと
に、設備の異常やラインの停滞などを予測して、2次元マップに表示することで、
生産ラインの故障検知・予知保全（連続的に設備の状態を計測・監視し、劣化
状態を把握または予知して部品を交換・修理する保全方法）に活かしています。
こうした変化の予測と事前の対策はデジタルツインに最も期待されている領域
です。

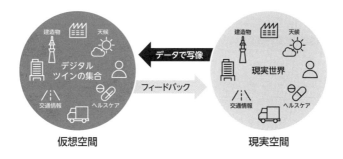

◤ 現実と仮想空間をつなぐデジタルツイン

理由③ ディスラプター（破壊的企業）の登場

　3つ目の理由は、ディスラプターの登場に対する企業側の危機感にあります。
様々な業界においてディスラプターが台頭しており、特にデジタル技術を武器
とするデジタルディスラプターは、これまでと全く異なるビジネスモデルで既
存の業界構造や商習慣に風穴を開け、既存の大企業の優位性を大きく揺るがす
存在となっています。筆者の記憶にまだ新しいのは、2020年にトヨタ自動車
の豊田社長が最高益を打ち出した決算発表の席で「生きるか死ぬか」という強
烈な危機感を露わにした発言がありました。

　豊田氏は高い参入障壁を築いて、繁栄を謳歌してきた日本の自動車産業に
も、巨大なデジタルディスラプターによる脅威がついに差し迫って来るだろう
と見越していたわけです。2022年4月時点に、テスラ1社の時価総額はその
他上位自動車メーカー16社の時価総額合計とほぼ同じです。自動車産業はも
はや車というプロダクトの戦いではなく、「CASE」（Connected［コネクテッ

ド］、Autonomous［自動運転］、Shared & Services［カーシェアリング］、Electric［電気自動車］の頭文字を取った造語）というデジタル技術とデータを土台とした戦いに移っています。テスラなどの先進的なデータドリブン企業はデータを新たに再発明したわけでなく、革新的な方法でデータを利活用することで、業界の変革を起こして各分野のトップになったわけです。データとデジタル技術を活用し、自社の競争力の維持や新たな付加価値を生み出したいという企業側の強いニーズが増えてきていることが、データドリブン経営が強く求められている要因のひとつともなっています。

テスラと上位自動車メーカー16社の時価総額比較

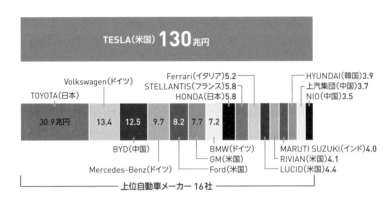

出典：Twitter「企業分析ハック　新しいビジネスの教科書を作る」より、画像をもとに作成
（https://twitter.com/company_hack/status/1517062848111067142）

データドリブン経営とKKD型経営の違い

　一般的に、対立する2つの概念を並べて比較すると、その概念への理解が進みやすくなります。「勘」「経験」「度胸」で構成される従来の「KKD経営」は「データドリブン経営」に対立する概念です。これから、KKD型経営と比較しながら、データドリブン経営の本質を理解しておきましょう。

　そもそもKKDとは経験・勘・度胸の頭文字を取ってできた言葉で、昔から日本の製造業を中心に尊重されてきた手法です。例えば、製造業の現場でトラブルが起きた際に、職人の長年の経験と勘で打開策を見つけたり、度胸によって施策を実行したりすることがKKDの一例です。製造業に限らず、ものづく

り大国の日本においては、職人技と言われる暗黙知が経験、勘、度胸による賜物でもあります。IT業界でも、過去の経験からプロジェクトの工数などを見積もるKKD法が活用されています。

このような背景から、日本の多くの企業において、経営に関わる意思決定プロセスは、古くから特定の人の経験・勘・度胸による暗黙知に頼っている部分が大きいです。暗黙知とは、「経験や勘、直感などに基づく知識」「簡単に言語化できない知識」「言語化しても、その意味が簡単には伝わらない知識」など、つまり経験的な知識となります。暗黙知と対立する言葉として、形式知という概念があります。形式知とはデータ、数字、ロジックの3つの要素で説明できる客観的な知識のことです。明確な形式（文章・図表・数式など）で表現できるので、より客観的に物事が捉えられます。データドリブン経営は、形式知を土台にする経営手法です。それに対して、KKD経営は暗黙知を土台にしており、経験、勘、度胸の3つの要素によって構成されています。その両者の違いを次の図のように表現できます。

■▶ データドリブン経営とKKD経営の違い

これから、少し具体例を交えながら、その違いを見ていきましょう。

以前、筆者が担当した案件で現場のヒアリングをしたことがあります。設備メンテナンス担当者に「交換・修理すべき部品はどのように決められていますか」と聞いたら、「ここの部位の回転回数を見れば、経験上ではどの部品を修理すべきか大体分かる」というザックリとした答えしか得られませんでした。これは暗黙知による意思決定の典型例です。

皆さんも日常生活ではこの例と同じように、知らず知らずのうちに自身の経

験や勘、直感という暗黙知に頼って様々な意思決定を下しているのではないでしょうか。例えば、朝一、傘を持って出かけるかどうか、どのように決めているのでしょうか。天気予報の降水確率で判断しているとか、または見上げた空模様で決めているとか、様々な答えが返ってくるはずです。

　もう一歩踏み込むと、天気予報の降水確率で判断している場合は、その判断基準として、降水確率が何％以上であれば、傘を持っていくのでしょうか。また、降水確率ではなく、空模様で判断している場合は空模様、雲行きなどがどういう様子になっていれば、傘を持っていくのでしょうか。その答えはきっと十人十色で、個々の経験や勘、直感という暗黙知で無意識に意思決定を行っているに違いありません。

　この「傘を持って出かけるかどうか」という問題を「データドリブン」的な目線で捉え直してみたらどうなるのでしょうか。2018年、朝日新聞社が読者に「降水確率が何％以上だったら傘を持ち歩きますか」と尋ねたところ、「30％」になるとほぼ半数の人が傘を持って外出することが分かりました。朝日新聞社のアンケート調査では、次の図のように、降水確率が何％以上であれば、傘を持ち歩いているかを10％から90％まで10ポイント刻みで読者に選んでもらった結果、最も多かったのが「30％」の84人でした。それに、「傘を常備している（17％）」と、降水確率が「10％〜30％」で傘を持ち歩く人を合計すると、全体の49％に相当します。つまり、天気予報で降水確率が30％になると、ほぼ半数の人が傘を持ち歩いていることになります。

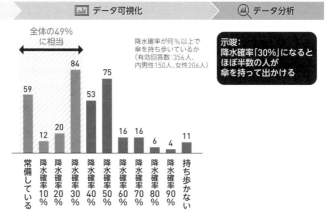

降水確率が何%以上だったら傘を持ち歩きますか？

データ収集 ▶ データ可視化 ▶ データ分析

全体の49%に相当

降水確率が何%以上で
傘を持ち歩いているか
（有効回答数：356人、
内男性150人、女性206人）

示唆：
降水確率「30%」になると
ほぼ半数の人が
傘を持って出かける

常備している	降水確率10%	降水確率20%	降水確率30%	降水確率40%	降水確率50%	降水確率60%	降水確率70%	降水確率80%	降水確率90%	持ち歩かない
59	12	20	84	53	75	16	16	6	4	11

出典：2018年6月3日配信 朝日新聞Ｒｅライフ.net「備えあれば憂いなし　降水確率30%が傘持参の分かれ道」
の数値をもとに作成（https://www.asahi.com/relife/article/11575634）

　こうした、普段無意識に決めていることについても、アンケート調査で集めたデータをグラフで可視化し、その中身を分析した結果、「降水確率が30%になると、ほぼ半数の人が傘を持って外出する」という示唆が得られたのです。要するに、普段の生活の中で「データを起点、主軸に物事を駆動する」という視点を持って物事を捉えているかどうかによって、暗黙知のままで満足してしまうのか、または新たな形式知が得られるのか、その先に全く違う結果が待っているはずです。

KKD型経営の4つの問題点

　企業を取り巻く経営環境は日々変化しています。企業がそれに対応するために、常に環境の変化を適切に捉え、分析し、企業の進むべき方向性を決めていかなければなりません。ダニエル・カーネマン（ノーベル経済学賞の受賞者）の著書『ファスト＆スロー』の中に、「組織とは意思決定の工場である」と書かれている通り、経営者は「意思決定の専門職」と言っても過言ではありません。その企業経営における意思決定はKKD（経験・勘・度胸）だけに頼り切る場合は、どういった問題点があるのか、これから見ていきましょう。

問題点① 属人化

　属人化とは、意思決定における判断基準、考え方などが特定の人以外では分からなくなってしまう状態を指します。業務と役割の属人化が発生すると、特定の人がいなければ、仕事が進められなくなってしまうため、ビジネスにおいて大きな問題とも言えます。

　これは、特に自分にとって影響力のある人物の意向を気にかける日本の企業では、決して珍しいことではありません。属人化をもたらす属人的な思考とは、「データ」「ファクト」「ロジック」よりも「人」を偏重する思考を指します。例えば、会議などで何かを議論し判断する際には、本来ならばその議題となっている事柄自体に対して、ファクトベースで論理的に検討すべきなのに、提案者など人物の要因を重視する心理傾向になることです。皆さんの会社で「声の大きい人の勝ち」という会議はないでしょうか。声の大きい責任者や経営者の暗黙知による意思決定を尊重するのは当然だと思う人もいるかもしれませんが、その判断を誤ったら、組織が機能不全になり、責任者も経営者も大きな痛手を負わざるを得ません。ゆえに、本当に有能な責任者や経営者ならば、判断を誤らないように数字、データ、ロジックという形式知をベースにした真剣な議論と判断を追い求めるべきです。

　たとえ自分の提案に疑問を投げかけられても、それがデータ、ファクトが揃っており、理にかなったものであれば、「根拠は何か」「裏付けとなるデータは何か」と正々堂々と述べていくだけです。更に、暗黙知による意思決定は、責任者や経営者のそのタイミングでの直感などによって、類似の事案に対しても異なる判断が出てくると、意思決定の一貫性にも問題が生じてきます。例えば、朝令暮改は当たり前、その方針や主張などが二転三転する上司の場合は、部下たちが不信感を抱き、組織全体としての求心力も低下していくのは避けられません。

問題点② 精度の低下

　人間は情報認知の範囲や処理能力に限界があるため、過去の経験などから無意識のうちに優先すべき情報を取捨選択する傾向があります。認知心理学で知られている「確証バイアス」によると、人間は自分が既に持っている先入観や仮説を肯定するために、自分にとって都合のよいデータや情報ばかりを集める傾向があります。その結果、必要な情報を広く集められたとしても、ごく限ら

れた、自身にとって都合の良い情報に基づいて意思決定を行うので精度が低下しかねません。

　また、人が何らかの意思決定を行う際に、意思決定となる対象はその時点で起きている物事とは限りません。例えば、3カ月後に行く予定の旅行先を選択したり、1年後の就職活動を考えたりすることも珍しくないでしょう。その際、同じ対象であっても、時間的に遠いと感じるか、近いと感じるかによって、重視するポイントや選択基準が変わる場合があります。例えば、当初、「学問の専門的知識をしっかりと身につけたい」という目標をもっていた大学生がいざ履修登録の直前になると、「単位を取りやすい授業はどれなのか」という視点に変えて、講義を選択してしまうことがよくあります。また、「幸せな家庭を築きたい」と考えていた人が、結婚直前になり、相手の細かな言動や癖に敏感になり、不安や嫌悪感を抱いたり、気持ちが沈んでしまったりする現象もしばしば起こり得ます。

　こうした現象を紐解くための「解釈レベル理論」が知られています。解釈レベル理論とは、人間は出来事や判断対象の物事に対する心理的距離（時間的距離、空間的距離、親しさの距離など）が遠い時にはより客観的、抽象度の高い解釈レベルで考えると対照に、心理的距離が近い時により主観的、表面的な解釈レベルで考えてしまう傾向があるということです。そうした解釈レベルの違いが、選択肢の評価や選択の意思決定にも重要な影響を及ぼします。例えば、新商品の販売計画を例にとると、発売日の直近になればなるほど、競合他社や市場の些細な動きに対して、経営層が過剰に反応してしまい、根拠なしに計画を変更した結果、社内のサプライチェーン全体の計画への影響が出てしまうケースも珍しくありません。

　従って、意思決定の精度向上には、意思決定に必要となる情報を収集し、その情報を正しく理解した上で、認知バイアスを可能な限りに排除しておくことが重要です。現在、データとAIを活用した需要予測の取り組みに注目が集まっている理由も、こうした「人の認知バイアスの限界」を超えたり、克服したりするところに大きな意義があるからです。

問題点③ スピード感の欠如

　KKD経営による意思決定は、想定以上に時間かかるケースがあります。住宅ローンの事前審査を例に取ると、銀行のローン審査担当者は、申請者の自己資金、信用履歴、反社会調査などの情報を可能な限りに網羅的に確認した上で判断するようになっています。これを経験・勘だけに頼っていると、事前審査にそれなりに時間がかかります。また銀行内で稟議決裁基準などが形式知化しておらず、その都度に上長の経験・勘による追加判断が必要な場合は、更に時間を有します。

　それとは対照的に、データとAIを活用した住宅ローン審査の場合はどうなるか、ソニー銀行の事例を取り上げて紹介します。ソニー銀行の住宅ローンのAI審査は、過去数年分、数十万件の審査データをAIに学習させ、それに基づいて審査結果（「可決」または「否決」）を出すというものです。人間が担当すると2〜6日かかるところを、AIだと最短60分で完了しています。しかも、AIによる判定と人間による審査の結果はほぼ95%〜100%一致していると公表されています。AI審査はスピードだけではなく、精度の高さも裏付けられています。こういうスピーディーな審査は利用者にとっても大きなメリットがあるため、住宅ローンの激しい競争の中でソニー銀行のような先駆者に大事な顧客を取られてしまう可能性が今後ますます高くなるでしょう。

問題点④ 再現性の欠如

　ビジネス全般においては、生産性を上げるのに最も大事なのはビジネスの「再現性」を保つことです。分かりやすいのは営業マンのノウハウの例です。とある営業マンの成績が優れており、多くの契約をとってくる部門のエースだったとしても、その人に部下を付けた時にそれが再現できないのであれば、部門のエースは最後までだた1人の担当者から飛躍できず、組織全体への貢献度も限られてしまいます。

　企業経営の観点で見ると、組織が求めているのは、1人のエースより、エースから他のメンバーへの形式知の伝授なのです。「職人技の手の動きで他の人は真似できない。熟練には10年間を要する」「門外不出・秘伝のタレ」などが継続的に安定したパフォーマンスを維持できればよいのですが、この先の世界における不確実性が高まっていく中で、暗黙知によるパフォーマンスの安定維

持は現実的ではありません。組織として暗黙知を形式知化するといったテーマに本気で取り組まなければ、職人の匠の技、長年で磨き上げられたノウハウは、2度と再現できずに喪失してしまいます。ものづくり大国の日本にとってこれ以上残念なことはありません。

　ここまでKKD経営による4つの問題点を見てきました。これからの厳しい環境変化の時代には「何とかなるKKD経営」だけでは、何ともならないと改めて認識しておきましょう。KKD経営に頼り切るのではなく、特定の人の頭の中にしか存在しない暗黙知を数字、データ、ロジックで形式知化することで、合理的な根拠に基づいた企業戦略を策定し、それを着実に実行できる「データドリブン経営」への転換が今の時代に強く求められています。

データドリブン経営とKKD型経営の融合

　筆者は暗黙知（経験、勘、直感）による意思決定をすべて否定しているわけではありません。数多くのカリスマ経営者は経験・勘・直感による自分流の経営ノウハウなどを活かして、大きな成功を収め、立派な実績を創り出したのは事実です。そういったガムシャラな創業経営者の苦労をなくしては、今の経営基盤は築けなかったでしょう。

　しかしながら、「経験、勘、直感」のKKD経営がこれまで上手く行われてきたからというだけで、今後も同じやり方が通用するとは限りません。そもそも人間はミスを犯す生き物です。いつも何においても正しく判断できる人が世の中にいません。これからの時代は、米中貿易戦争、コロナ等による予測不可能な環境の変化が発生すると同時に、ESG（企業の長期的成長に重要な環境（E）・社会（S）・ガバナンス（G）の3つの観点）、デジタルトランスフォーメーション（DX）などの産業構造の変革も進む中で、企業経営のあり方が根本から問われています。これから重要になってくるのは、暗黙知ベースのKKD経営と、形式知ベースのデータドリブン経営を融合させ、相互補完し合い、自社にとって最適な意思決定プロセスを確立することです。これを考える上で、ひとつ有効なアプローチは「SECI（セキ）モデル」の活用です。「SECI（セキ）モデル」とは、経営学者の野中郁次郎氏が提唱した「ナレッジ・マネジメント」の基礎理論です。個人的に持っているノウハウを組織的なレベルに共有することで企業の競争力を高める手法として知られています。そのSECIモデルにお

ける4つのステップを見ていきましょう。

SECIモデルとは

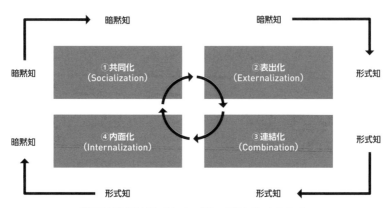

暗黙知と形式知を組み合わせて、新しい知識を創り出すプロセス

ステップ① 共同化（Socialization）

「共同化（Socialization)」とは、暗黙知から暗黙知が生まれるステップです。暗黙知を暗黙知として伝え、相互理解を深める段階としては、必ずしも言語で伝える必要がなく、身体や五感を使いながら、勘や感覚などを表現して他者と共有します。よく挙げられる例は職人の修行において、親方と弟子が一緒に作業することです。弟子が学ぶべきことはマニュアル化されておらず、親方の仕事を見よう見まねで覚えるイメージです。

ステップ② 表出化（Externalization）

「表出化（Externalization)」とは、「共同化」によって得た暗黙知を形式知に変換するステップです。経験によって得たコツ・ノウハウを、データ、数字、図、文章で表現し、具体的なグラフ、マニュアルなどに落とし込むことです。具体的なグラフ、データ、マニュアルが使えれば、組織内ではより簡単に知識の共有ができます。

ステップ③ 連結化（Combination）

「連結化（Combination)」とは、「表出化」によって変換された形式知を、

既に存在する形式知と結びつけるステップです。例えば、自分が作った業務マニュアルを、隣の部署が作ったマニュアルと比較して差分をつかむことで、新たなヒントが得られ、より汎用的で効率化したマニュアルが作成できます。また、このステップから形式知が個人単位から組織のアセット（財産）にレベルアップして、組織のノウハウとして活用できるようになるのがポイントです。

ステップ④ 内面化（Internalization）

最後の内面化（Internalization）は、「表出化」「連結化」の過程を経てまとまった形式知が、再度、個人的な暗黙知へと変わっていくステップです。例えば、新しく作った業務マニュアルの内容を実践しているうち、自分なりの工夫をもとに、新たなコツやノウハウが生まれてくることがしばしばあります。新たに生まれてきた暗黙知は、いずれレベルアップして再びステップ①の「共同化」することによって、ほかの人に伝授されていくのです。ここのポイントは、元の共同化の状態に戻るのではなく、レベルがひとつ上がった暗黙知に変わっていることです。

SECIモデルは4つのプロセスをこなしただけでは完結しません。共同化から内面化までを何度も繰り返す必要があります。ステップ①の「共同化」からステップ④の「内面化」がスパイラル構造となっており、絶えず繰り返す（暗黙知→形式知→暗黙知→形式知…）ことによって、よりレベルの高い知識や知恵を生み出していきます。次の図のイメージのように、KKD経営とデータドリブン経営をSECIモデルで融合させ、暗黙知と形式知が相互補完し合うことで、組織にとって最適な意思決定プロセスを確立することになります。

▶ データドリブン経営とKKD型経営の融合

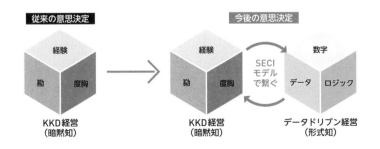

データドリブン経営の真意を学ぶ、ワークマンのExcel経営

　データドリブン経営の必要性および考え方を理解したところで、これから、その先駆者とも言える株式会社ワークマンの事例から「データドリブン型経営とは何か」という真意をつかんでみましょう。

📢 🔲 株式会社ワークマンのプロファイル

本社	群馬県
創設年	1982年
事業内容	フランチャイズシステムで作業服、作業関連用品及びアウトドア・スポーツウエアを販売する専門店(944店舗)をチェーン展開
業績	2022年3月期通期決算では売上は1000億円を超え、10期連続最高益を達成。新型コロナウイルスによって業績低迷に悩む企業が多い同業界の中で、右肩上がりの成長を続けている

参考：ワークマン決算資料(https://www.workman.co.jp/ir_info/pdf/2022/41ki_kessantanshin.pdf)

　アパレル業界の中で、ワークマンは今最も注目を集めている急成長企業と言っても過言ではありません。ワークマンの好調を支える経営手法が「データ経営」です。データ経営と聞くと、データサイエンスなどの専門家が高度な分析ツールを活用している光景が思い浮かぶかもしれません。しかし、ワークマンにおけるデータ経営のアプローチはそれとは真逆です。専門家とツールに頼るのではなく、各店舗の従業員がExcelを使うというシンプルなものです。具体的に、次の図のように各店舗の従業員がデータ分析の研修を受けた後、どんな製品を開発すればよいのか、どの製品を店舗に配置すれば売上が上がるのか、といった分析を従業員自身がExcelで行い、自ら改善を行っている、いわゆる「Excel経営」を実践しています。

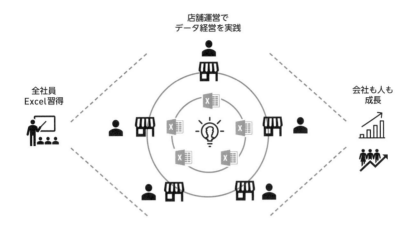

ワークマンを支える「Excel経営」

店舗運営で
データ経営を実践

全社員
Excel習得

会社も人も
成長

　この「Excel経営」をワークマンに組み込んだのが、2012年に入社した土屋哲雄氏です。土屋氏の著書『ワークマン式　「しない経営」』（ダイヤモンド社）によると、当時のワークマンはデータ経営とは全くかけ離れており、同社のデータ利活用がほぼゼロだったとのことです。社内では決算に必要な数字さえ揃っていれば問題ないという考え方が根深く、店舗にある商品の在庫数すら把握できていないのが当たり前でした。

　その背景には、ワークマンは作業服というニッチな市場をターゲットとしており、創業から40年間、競争せずに事業が続けられていたことがあります。しかし土屋氏は、その市場はいずれ頭打ちになると強く懸念し、新たなターゲットとして低価格の機能性ウェアという空白市場の開拓と、市場開拓のためにデータ経営を行う方針を打ち立てていきます。土屋氏によると、低価格の機能性ウェアというブルーオーシャン市場に対して、当然ながら、ワークマンの社内の誰も知見がない上、社内で経営の逸材がいるわけでもありません。従って、たとえ凡人の集団であっても、会社の経営をうまく進める組織を作るには、データの力を借りて、データを利活用するしかないと土屋氏が考えました。

　そこで土屋氏が目をつけたのが表計算ソフトのExcelです。高度なデータ分析ツールではなく、Excelを選んだ理由は、操作が簡単な上に全社レベルで既に導入されているという理由でした。Excelであれば、当時はデータ利活用とは無縁だったワークマンの社員でもあまり抵抗せずに使えるのではないか、

という極めてシンプルな考え方です。

　「Excel経営」の具体的な取り組みとしては、データ分析の研修を実施し、社員にExcel関数を書いてもらい、平均90点を取るような試験問題も社員に解いてもらいました。その研修のテーマも実際に店舗運営で行っている題材で分析させるなど、実践的な研修プログラムが設計されています。その結果、社員はExcelに対する距離感がなくなり、「仕事でしっかりとExcelを使い倒そう」というモチベーションを持つようになりました。

　こうしたデータ教育の取り組みは、新人教育でも同様です。新入社員は、入社1年目は接客や商品知識を身につけますが、2年目から直営店の店長を経験し、現場でのデータ分析も自ら行います。そこでは売り場の改善成果をデータで検証したレポートは、毎月提出するように義務付けられています。新人のデータ教育の総まとめとして、2年目の社員は店長という重要なポジションまで任されるようになり、実店舗でデータの活用を本人に体感してもらうようにしています。

　仮にデータ教育の成果が出ていないと判断された場合は、教育担当者がその店舗に駆けつけて、更なるデータ分析の現場指導を行います。ようやく研修を終えた新入社員は今度スーパーバイザーとなり、指導係として店舗を巡回し、加盟店のオーナーに対して、データに基づいた品揃えなどの提案を行います。新入社員の中でデータ分析に秀でた社員がいれば、データ分析専門の部署に配置転換し、より深くデータに関わることもできます。こうすることで、現場での分析経験を持つ人材が社内全体に行き渡るようになっています。

　ワークマンの「Excel経営」から言えるのは、データドリブン経営の向こうにあるのは高価なツールでもなければ、オフィスに閉じ込められた一握りの専門家でもありません。その拠り所にあるのは現場社員一人ひとりの心です。ワークマンのデータ教育には現場社員のマインドセットを大きく変える力があり、現場社員が自ら行動し、自分の頭で考えてデータを活用することで、データドリブン経営を当事者として体得できるようになったのです。こうした現場での日々の努力による新しい発想を次から次へと生み出し、やがて社員自身の成長を会社全体の成長につなげることこそ、データドリブン経営の真意です。

第 **3** 章

データドリブン経営の
成敗を左右するデータ利活用

3-1 | データ利活用の現状と課題

　第2章でも触れた通り、意思決定のあり方を含めて、データ利活用の果たす役割および重要性も劇的に増しています。まず「データ利活用」という言葉の定義を見てみましょう。

　データ利活用とは、課題の解決を目的とした、データを収集、蓄積、処理、分析、活用する一連のプロセスのこと。

▶ データ利活用の一連のプロセス

課題 → データ収集 → データ蓄積 → データ処理 → データ分析 → データ利活用

　データ利活用はあくまでもビジネスの課題を解決するための手段です。正しくデータの利活用を行うためには、目的および課題を明確にし、現時点での仮説とその根拠は何か、仮説を確かめるにはどんなデータを集めて、分析する必要があるのかを検討した上でデータで仮説の検証を行い、具体的な施策を打っていくことが大事です。

　以前、企業経営と事業運営の中で、企業が特定の領域に限ってデータを使ってきましたが、現在、データを生み出す技術や活用する技術は、以前と比べて格段に向上したため、データの扱いが容易になってきています。大量のデータが社外と社内を問わずに、絶えず生成されているため、いかにそれらのデータを活用して意義ある示唆を引き出すのかは、データドリブン経営の成敗を左右するほど重要なことになっています。

　本章ではデータ利活用における日本国内の現状と課題感を共有した上で、データ利活用の際に留意すべきポイントおよび具体的な進め方を解説していきます。

世界規模で加速するデータ利活用

　現在、全世界で発生するデータ量は急激なデジタル化の進展とともに爆発的に拡大しています。2003年以前に生成された全てのデータと同じボリュームのデータが今たったの2日で生成されています。IT専門の調査会社であるIDC Japan社の予測によれば、2025年に世界の接続機器は1500億台に達し、その多くがリアルタイムデータを生成することになります[*]。世界のデータ量は、2017年の23ゼタバイト（1ゼタバイトは、1兆ギガバイトに相当する）から2025年には175ゼタバイトへと増加する見通しです。また、データを生成する消費者の数も増えています。現在、50億人を超える消費者が毎日、データをやり取りしていますが、その数は2025年までに、60億人に増え、世界人口の75％に相当すると予測されています。

　その背景には、GAFAのようなプラットフォーマーが中心となって、大量のデータを生成・収集・利活用していることがあります。GAFAは消費者に対して、魅力的なサービスを無償で提供する一方で、サービスを利用する消費者から吸い上げた膨大なデータを活用し、自社のプラットフォームに事業者を呼び込み、事業者が支払う広告宣伝費や手数料を通して巨額の収益を上げています。GAFAが世界規模でデータ利活用をけん引し、データの利活用という武器を手に入れることで、事実上情報の独占権を握ってしまったとも言えます。

＊IDC（November 2018 White Paper）「DATA AGE　2025　The Digitization of the World From Edge to Core」

日本国内のデータ利活用の現状

　日本国内の企業ではどのようにデータを活用しているでしょうか。総務省が2020年に発表した調査研究の報告によると、企業活動において活用しているデータの種類を分析した結果を2015年と2020年で比較すると、次の図の通りに、「POSデータ」「eコマースにおける販売記録データ」「アクセスログ」をデータ分析に活用する企業が顕著に増えているのが分かります。

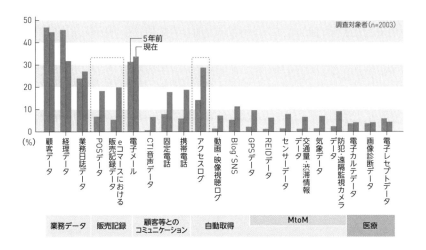

データ利活用の対象データ

出典:総務省『令和2年版情報通信白書』もとに作成
(https://www.soumu.go.jp/johotsusintokei/whitepaper/ja/r02/pdf/n3200000.pdf)

　現場での実感としても、企業側はオンライン・オフラインの様々なチャネル
から、日々多くのデータを取得し、「経営企画・組織改革」「製品・サービスの
企画・開発」「マーケティング」といった領域にデータを活用する意識が浸透
しつつあります。例えば、総務省のレポートにも登場している「POSデータ」
は「Points of Sales（ポイント・オブ・セールス）」の略称であり、レジで
商品が販売された時に記録されるデータのことです。POSデータはレジで商
品のバーコードを読み取ると、「購入された商品」「購入時刻」「購入店舗」、更
に「商品ごとの個数」「商品ごとの価格」などのデータをリアルタイムで蓄積
できます。

　言い換えれば、POSデータは、顧客がどのような商品を購入したのかいう
リアルな購買行動を把握し、可視化できるものです。POSデータを使って、
顧客が求めた商品やサービスの実績を分析することで、「販売目標はどれくら
いに設定するべきか」「商品開発で何を伸ばしていけばよいか」「商品プロモー
ション効果がどれぐらいあったか」などのビジネス課題に対して、有益な情報
を見出せます。

　次に、日本企業と海外の企業を比べると、どのようなことが言えるのでしょ
うか。総務省の同調査によると、日本、米国、ドイツの企業におけるデータ収

集、データ蓄積、データ処理の導入状況について、日本企業が「導入済み」と回答した割合はいずれも2割程度の一方、米国およびドイツにおいて「導入済み」と回答した企業はデータ収集が約5割、データ蓄積が約4割、データ処理が約3割であるため、日本は他国より遅れていることが分かります。

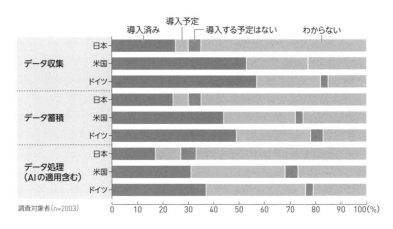

データ収集、データ蓄積、データ処理の導入状況

調査対象者(n=2003)

出典:総務省『令和2年版情報通信白書』もとに作成
(https://www.soumu.go.jp/johotsusintokei/whitepaper/ja/r02/pdf/n3200000.pdf)

最後に、データ利活用を次の図のように「0.KKD（勘・経験・度胸）」「1.集計・可視化」「2. 統計的な分析」「3. AI を活用した予測」の4段階に分けた場合、総務省の同調査から推計すると、中小企業は「0.KKD」の段階が62％で最も高く、大企業は「2.統計的な分析」の段階が最も多く38％となっています。この調査結果からも、中小企業の大半だけでなく、大企業でも45％程度が依然、「KKD」と「集計・可視化」で足踏みしており、「統計的な分析」に至っていないことがうかがえます。

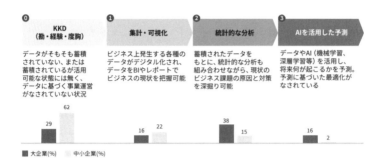

日本企業のデータ活用は進んでいるか

0 KKD (勘・経験・度胸)	**1** 集計・可視化	**2** 統計的な分析	**3** AIを活用した予測
データがそもそも蓄積されていない、または蓄積されているが活用可能な状態には無く、データに基づく事業運営がなされていない状況	ビジネス上発生する各種のデータがデジタル化され、データをBIやレポートでビジネスの現状を把握可能	蓄積されたデータをもとに、統計的な分析も組み合わせながら、現状のビジネス課題の原因と対策を深掘り可能	データやAI（機械学習、深層学習等）を活用し、将来何が起こるかを予測。予測に基づいた最適化がなされている

■ 大企業(%)　　□ 中小企業(%)

出典：アクセンチュア『データ活用をいかに加速するか』(https://www.accenture.com/_acnmedia/PDF-173/Accenture-IEB-How-to-accelerate-Data-Utilization-POV-Web-Single.pdf)

日本企業のデータ利活用における課題感

　続いて、データ利活用における課題感を見ていきましょう。データの取り扱いや利活用に関する課題は、総務省の調査によると、日本の企業は「データの収集・管理に係るコストの増大」「データを取り扱う（処理・分析等）人材の不足」「ビジネスにおける収集等データの利活用方法の欠如、費用対効果が不明瞭」がいずれも2～3割前後になっており、課題感の上位を占めています。つまり、データ品質、データ人材の育成、データ戦略、データ利活用の方法に対する課題が集中しており、米国およびドイツにおいても同じような傾向が読み取れるため、企業内で顕在化するデータ利活用の課題はもはや万国共通です。

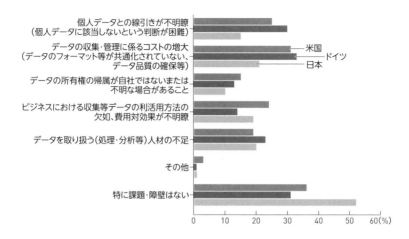

データの取り扱いや利活用に関する課題や障壁

個人データとの線引きが不明瞭
（個人データに該当しないという判断が困難）

データの収集・管理に係るコストの増大
（データのフォーマット等が共通化されていない、
データ品質の確保等）　━━ 米国
　　　　　　　　　　　　━━ ドイツ
　　　　　　　　　　　　━━ 日本

データの所有権の帰属が自社ではないまたは
不明な場合があること

ビジネスにおける収集等データの利活用方法の
欠如、費用対効果が不明瞭

データを取り扱う（処理・分析等）人材の不足

その他

特に課題・障壁はない

出典：総務省（2020）「データの流通環境などに関する消費者の意識に関する調査研究」をもとに作成

　総務省の同調査で提起された課題認識に加えて、データ利活用の現場に目を向けると、筆者が携わっていたクライアントは業種・業種問わず、データ利活用のボトルネックには「経営トップのデータ経営へのコミットメント不足」「データストラテジー」「不十分なデータ整備」「目的のないデータ収集」「データ分析の人材不足」などが挙げられます。企業規模、業種や業態問わず、データ利活用への関心が高まっているものの、KKD経営からの脱却には依然大きな壁があると言わざるを得ません。

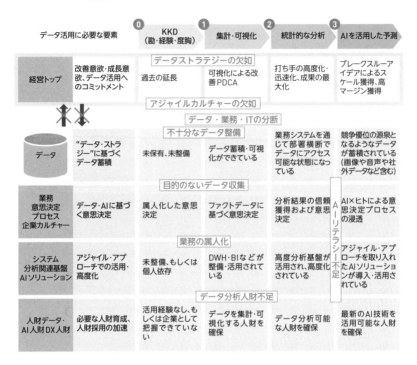

KKD経営からの脱却には依然大きな壁がある

データ活用に必要な要素		**0** KKD（勘・経験・度胸）	**1** 集計・可視化	**2** 統計的な分析	**3** AIを活用した予測
経営トップ	改善意欲・成長意欲、データ活用へのコミットメント	過去の延長	可視化による改善PDCA	打ち手の高度化・迅速化、成果の最大化	ブレークスルーアイデアによるスケール獲得、高マージン獲得
		データストラテジーの欠如			
		アジャイルカルチャーの欠如			
		データ・業務・ITの分断			
		不十分なデータ整備			
データ	"データ・ストラジー"に基づくデータ蓄積	未保有、未整備	データ蓄積・可視化ができている	業務システムを通じて部署横断でデータにアクセス可能な状態になっている	競争優位の源泉となるようなデータが蓄積されている（画像や音声や社外データなど含む）
		目的のないデータ収集			
業務意思決定プロセス企業カルチャー	データ・AIに基づく意思決定	属人化した意思決定	ファクトデータに基づく意思決定	分析結果の信頼獲得および意思決定	AI×ヒトによる意思決定プロセスの浸透
		業務の属人化			
システム分析関連基盤AIソリューション	アジャイル・アプローチでの活用・高度化	未整備、もしくは個人依存	DWH・BIなどが整備・活用されている	高度分析基盤が活用され、高度化されている	アジャイル・アプローチを取り入れたAIソリューションが導入・活用されている
		データ分析人財不足			
人財データ・AI人財DX人財	必要な人財育成、人財採用の加速	活用経験なし、もしくは企業として把握できていない	データを集計・可視化する人財を確保	データ分析可能な人財を確保	最新のAI技術を活用可能な人財を確保

（縦書き注記：AIリテラシー不足）

出典：アクセンチュア『データ活用をいかに加速するか』(https://www.accenture.com/_acnmedia/PDF-173/Accenture-IEB-How-to-accelerate-Data-Utilization-POV-Web-Single.pdf)

　ここまでマクロの視点でデータ利活用における課題感を見て来ましたが、ここからミクロの視点に切り替えて見てみましょう。次の図は、筆者自身が長年にわたって、データ利活用の現場で見えてきた課題を戦略、業務、システム・データ、人・組織の4つの軸でまとめた結果です。これらのデータ利活用の課題に対して、どのように手を付けていけばよいでしょうか。先に結論から言うと、本書のメインテーマであるデータマネジメントと関連づけて考えれば、課題解決の糸口が確実に見えてきます（詳細は第4章以降で説明します）。

現場から見えてくるデータ利活用の課題

分類	概要	詳細
戦略	データ活用が広がらない	一部門のみでのデータ活用に偏って、企業全体でのデータ活用の前提となるデータ統合は進んでいない
	意思決定プロセスに無関係	戦略を決定する上で分析結果をどの意思決定プロセスに利用できるか・すべきかまで考えていない
	目的・目標設定が不明	データ活用の取り組みに対する目的の設定が曖昧で、具体的な目標数値(KPI)が定義されていない
	効果検証が困難	データ活用の取り組み結果に対する評価・効果検証の手法が曖昧で、定量的な効果検証が困難
	経営戦略上の位置づけが曖昧	全社の経営戦略や事業計画との紐づけが不明なため、データ活用の取り組みの位置づけが曖昧
	プライバシー・セキュリティ意識が低下	法規制(個人情報保護法、GDPR等)への対応、データセキュリティの制御、監査の仕組みが検討されていない
業務	業務として定着しない	データ活用が単発のプロジェクトとなってしまい、継続的な業務プロセスとして定着しない
	関与度が上がらない	本業との棲み分けが難しく、データ活用の取り組みに手が回らない
	作業負担が大きい	データ補正・名寄せ作業が自動化されておらず、手作業にうよるデータクレンジング・名寄せの作業負担が大きい
	データが見つからない	データ活用に必要なデータを取得したいが、どこからどう探せばよいか、分からない
システム・データ	データ品質が低い	不整合、重複データなどのデータ品質によるサービス・システム全体の信頼性が低下
	データが各システムに散在	社内システムにデータが物理的に分散され、一元的に集約できないため、全社レベルでの活用が困難
	データが不十分	外部データの活用が実施されず、社内のデータ種類・データ項目のみでは必要な情報が不十分
	データ粒度がバラバラ	データ粒度がバラバラで、統一された軸でデータ分析が困難
人・組織	データ活用人材が不足	データ活用のノウハウを持つ人材(データサイエンティスト、データアーキテクト等)が不足
	データ活用が属人化	データ活用は属人化であり、活用スキルのある社内人材が育たず、データ活用・分析のノウハウが蓄積されない
	リーダーシップが欠如	データ活用における組織横断的なリーダーのコミットメントと、各部署を引っ張っていく横断的な推進力が不足
	データ活用への理解が不足	経営層および業務部門の現場メンバーがデータ活用の意義を理解していない

データ利活用の「とりあえずの罠」

　ここ数年、データ利活用に関心を持つ企業が格段に増えており、筆者も業界や規模を問わず、多くの企業からデータ利活用の提案依頼をいただいています。その中で、筆者がクライアントに提案依頼の大前提から再検討するように提言

したケースも少なくありません。その理由はクライアントから提示された予算が足りないわけではありません。それよりは、「ウチの会社に溜まっているデータをとりあえず分析すれば何か分かるのではないか」「ウチのデータからとりあえず、何か見つけてくれるか」のように依頼されたからです。

　これはいわゆる、データ利活用の初期段階に陥りやすい「とりあえずの罠」です。膨大なデータをとりあえず学習データにして、「機械」（コンピューター）にとりあえず読み込ませて探索することで、データに何らかの相関関係が見つかり、結果として推論モデルができ上がることも稀にあります。しかしながら、データ利活用の目的も課題も定めないままで、膨大なリソース（ヒト、モノ、カネ、時間など）をかけて、データに前処理を施し、データ分析して導き出した推論モデルが経営課題の解決にそのまま役立つことはありません。要するに、わずかな「勝ち」の可能性にかけて、莫大な投資判断をしようとする「ギャンブル」に近い発想です。

　データ分析を含むデータ利活用はあくまでも手段です。つまり、とある目的を果たすために行うことにすぎません。大量のデータがあるから、導入された高度なツールがあるから、新しい分析手法を勉強したからと言って、データを分析したら、運良く解決すべき問題への道が開けたとしても、それはただの偶然にすぎません。データ分析は意思決定のために行っていることです。そのため、何らかの意思決定という目的がなければ、どんなにデータを触ったところで、「それで？ So what?」で聞かれても答えられないはずです。「とりあえずデータを集めよう」「とりあえずデータ分析から始めよう」という考えで動くことで、得をするのはツールベンダーとシステム開発会社ぐらいです。

3-2 | 問題をデータで解決する 「PPDACサイクル」

　データ利活用を正しく進めるには、データを利用した問題解決の手法として知られる「PPDACサイクル」のアプローチが有効です。PPDACサイクルとは、Problem（問題の設定）、Plan（計画）、Data（データ収集）、Analysis（データ分析）、Conclusion（結論）の頭文字をとったもので、次の図のように、サイクルに沿って問題の解決を目指していくプロセスです。

▶ **PPDACサイクル**

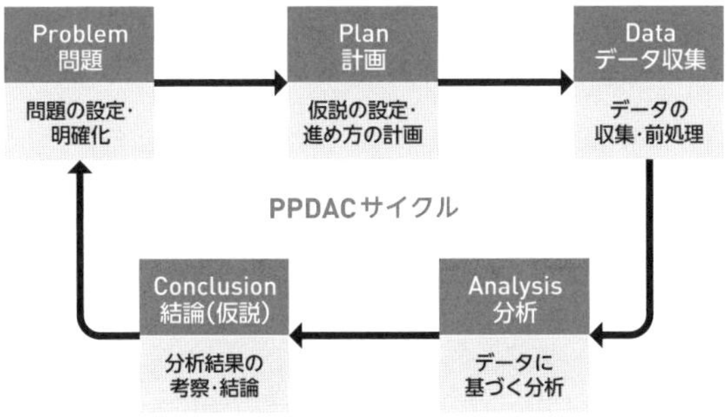

PPDACサイクルの3つのポイント

　PPDACサイクルにおけるポイントは次の3つがあります。

┃ ポイント① 全ては問題の設定から始める

　データ利活用の定義でも示している通り、データ利活用の全ては明確な問題の設定（Problem）から始めるべきです。明確な問題の設定ができているからこそ、適切な仮説および仮説検証のための計画（Plan）を構築し、具体的なデータ収集（Data）や分析（Analysis）を行い、問題の解決策（Conclusion）が導き出せます。

ポイント② 短期間でサイクルを繰り返す

PPDACはサイクルの形になっているため、結論フェーズで新たな問題が発見されれば、次のPPDACサイクルを回していくきっかけにもなります。また、結論フェーズでは仮の答え（仮説）にとどめておいて、仮説を次のサイクルで検証していくこともよくあります。その際、時間をかけてサイクルを回すのではなく、短期間で実行するのがポイントです。完璧でなくても、仮説的な結論をいったん出して、その結論から次の問題点を発見するという流れを作っていくことが重要です。

ポイント③ シンプル・イズ・ベスト（Simple is best）

PPDACサイクルは、シンプルさのゆえに優れています。シンプルだからこそ、誰でも理解できますし、実用的で誰でも使いやすいです。実は、PPDACサイクルは小学校の算数の教科書にも載っており、小学生がデータ分析を活用して問題解決力を身につけるための授業でも使われているほど、データ利活用における様々なフレームワークの中で圧倒的に手を付けやすいものです。更に、PPDACサイクルでは「Problem（問題）」が最初に来るので、問題意識をもとに、組織全体の目線合わせにも役立ちます。データ利活用を推進していく中で、組織の中でPPDACサイクルを共通言語として、組織全員がこの5つのフェーズを理解し共通認識を持つことで、人によってデータ利活用のアプローチが違ってくるなどの混乱も避けられます。

これからPPDACサイクルの5つのフェーズを掘り下げていきましょう。

PPDACサイクルの5つのフェーズ① 問題の設定

Problem（問題の設定）の説明に入る前に、皆さんが日常で何気なく使っている「問題」と「課題」という言葉ですが、この2つの言葉の意味を正しく区別して使えているのでしょうか。

「問題」と「課題」の違い

早速、皆さんの現状の理解度をチェックさせてもらいます。次の発言において、「問題」と「課題」の使い方が正しいもの、間違っているものはどれでしょ

うか。質問と答えは次の図の通りではありますが、答えの根拠に関しては、本節を読み終わってから、質問を読み返して考えてみてください。

▶ 問題と課題の違い

Q
- 今月、システム障害が頻発したことが大きな課題だ！
- プロジェクト計画に対する進捗遅れは問題だ！
- 顧客満足度の向上が営業部の一番の問題だ！

A
- 今月、システム障害が頻発したことが大きな課題だ！ ………… ✕
- プロジェクト計画に対する進捗遅れは問題だ！ ……………… ◯
- 顧客満足度の向上が営業部の一番の問題だ！ ……………… ✕

「問題」と「課題」の定義および関係は、次の図のようになります。「現状」とは今どうなっているか、つまり現在の実際の姿です。それに対して、「あるべき姿」とは、「どうならなければいけないか」「期待される結果」「達成したい目的」「ありたい姿」などで表現できます。現状とあるべき姿のギャップが問題となります。課題とは、現状とあるべき姿のギャップを埋めるために（つまり、問題を解決するため）、やるべきこと、取るべきアクションのことです。また、問題がネガティブな事実であることに対して、課題はそのネガティブな問題を解決するためのアクションであり、人間のポジティブな意志を入れたものです。

▶ 問題と課題の関係

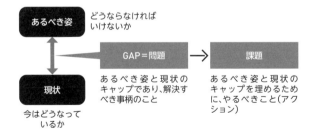

問題の設定と明確化の手順

Problem（問題の設定）は、あるべき姿と現状とのギャップを客観的に捉えることから始まります。あるべき姿と現状の両方とも明確に把握ができれば、自ずとそのキャップも見えてくるので、「問題の明確化」が図られます。具体的な手順は次の図のように、まずあるべき姿と現状を明確に把握し、何が「問題」になっているかを洗い出します。次にそれらの問題からクリアすべき「課題」を設定し、課題達成のための「指標」（課題をクリアできたかを判断できるような具体的で定量的な数値のこと）を定めていきます。

問題の設定と明確化の手順

これをコンビニの例に当てはめてみましょう。とあるコンビニでは、月200万の売上目標に対して、最近の3カ月ずっと月別売上が150万前後で続いているとしましょう。問題の設定の手順を踏まえて考えると、次の図のように「問題」は売上減少であり、「課題」は売上向上となります。「指標」に関しては、売上高（金額）が適切です。

とあるコンビニの例

PPDACサイクルの5つのフェーズ② 仮説の設定・進め方の計画

　このステップでは、次の図のようにProblem（問題の設定）で定められた「指標」をもとに、「指標」の変動に影響を与える要因を仮説として立てて、仮説検証に必要なデータとは何かを考えた上、そのデータの収集・調査・分析の計画を立てていきます。

▶ 仮説の設定・進め方の計画

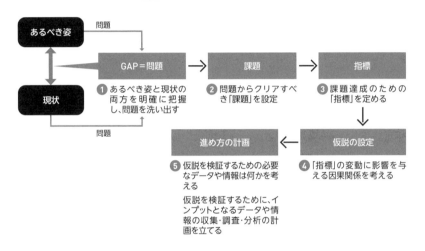

データ利活用に必須な仮説思考

　そもそも仮説とは、その言葉の通り「仮の答え」になります。真偽はともかくとして、「ある論点に対する仮の答え」や「分かっていないことに関する仮の答え」です。例えば「この事業はうまく行くはずだ」や「この問題の原因はここにあるに違いない」といった程度のものになります。仮説がデータ分析の拠り所であり、データの利活用のどのような場面においても、仮説思考が欠かせません。仮説思考とは、今ある限られたデータや情報だけで仮の答えを立てて、現時点で最も適切だと思える結論を導き出す思考習慣のことです。仮説思考と対立する概念として、「網羅思考」があります。次の図は両者の違いを比較したものです。

網羅思考と仮説思考の違い

網羅思考		仮説思考
データや情報を網羅的に集める		早い段階で仮説を立てる
網羅的にデータ分析する	V.S.	迅速に検証する
緻密に計画を立てる		間違いに気づいたらすぐに軌道修正
時間かけてプランを完璧にする		新たな仮説を立てる
激変する時代では「網羅的に考えて完璧にしたつもりの答え」は役に立たなくなる		仮説検証を通してトライアンドエラーすることで目的地に早くたどり着く

　昨今、コロナや災害、テクノロジーの進歩などによって、あらゆるものを取り巻く環境が複雑化し、将来を予測することが困難になっています。「網羅的に」「緻密に」「時間をかけて」「完璧」を期したとしても、ゴールにたどり着いた頃には外部環境が既に大きく変わっており、「完璧にしたつもりの答え」は全く役に立たなくなる可能性が高いです。また、データや情報は多ければ多いほどよいのではなく、最適解に近ければ近いほどよいのです。あれもこれも収集ばかりに時間と労力をかけるのは本末転倒です。データや情報の収集に時間をかけすぎると、どこかで答えの質が頭打ちになり、最終的な答えを出すまで時間が掛かってしまいます。

　一方で、仮説思考は限られた時間の中で、限られたデータや情報を観察・分析し、早い段階で仮説を立てて、それが正しいかどうかを検証し、間違いに気づいたら素早く軌道修正し、新たに別の仮説を立てるというサイクルを高速に回すことで、最終的な答えの質を向上できます。答えの質を縦軸に、時間・コストを横軸にした場合は、仮説思考と網羅思考はそれぞれ次の図のような曲線をたどると考えています。

　これに関しては、Facebook（現Meta）創業者のマーク・ザッカーバーグの名言「Done is better than perfect（完璧を目指すよりまず終わらせろ）」の通りに、「はじめに時間をかけて完璧にやろう」とする考え方ではなく、「やりながら仮説検証を繰り返すことで早くゴールに到達しよう」という発想が大事です。

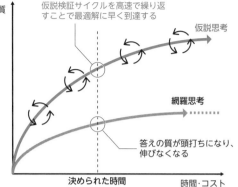

限られた時間の中で出せる答えの質

ロジック・ツリーで仮説を立てる

では、具体的に仮説をどのように立てればよいでしょうか。全体を俯瞰しつつ、部分を具体的に掘り下げていけばよいのです。その際に、事象（要因など）の関連性を俯瞰する論理図（ロジック・ツリー）を使って頭を整理するのが一般的です。ロジック・ツリーは樹木が幹から枝分かれしていくように、ある物事や問題を要素ごとに分解して考えていくフレームワークです。

PPDACサイクルの場合は、指標の変動に関係があると思われる要因を推測し、それを更にツリー状に分解しながら、階層ごとに整理していきます。整理された結果から原因の推定や打ち手の検討を進めていきます。これから、前節で挙げたコンビニの例の続きとして、ロジック・ツリーで要因を整理しながら仮説を立てていきます。

コンビニの例では、「売上減少」という問題が起こりました。コンビニの店長が売上減少の要因を考えた結果、次の要因（仮説）を立てたとします。

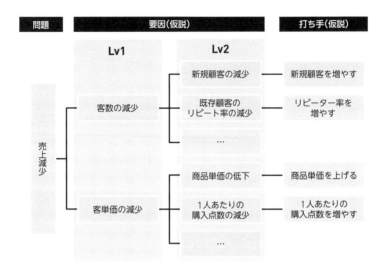

コンビニの売上減少におけるロジック・ツリー

問題	要因（仮説）		打ち手（仮説）
	Lv1	Lv2	

売上減少

客数の減少
- 新規顧客の減少 → 新規顧客を増やす
- 既存顧客のリピート率の減少 → リピーター率を増やす
- …

客単価の減少
- 商品単価の低下 → 商品単価を上げる
- 1人あたりの購入点数の減少 → 1人あたりの購入点数を増やす
- …

　本来ならば、上図のLv2の要因（仮説）に対して、すべて検証していきたいのですが、実際はほとんどのビジネスシーンではすべての仮説に対して、網羅的にリソースをかけて検証することは現実的ではありません。ここで肝となってくるのは仮説の絞り込みです。今回の例では、まずロジック・ツリーのLv1にある「客数が減少しているのか」「それとも客単価が減少しているのか」が分かれば、Lv2にある仮説は更に絞り込めるのでしょう。今回の例として挙げているコンビニの立地は住宅地のど真ん中ですから、近隣住民が主要な客層となります。また、この数カ月で、近隣住民の全体数と構成の変化をもたらす要因が見当たらないと店長が考えています。そこから「売上減少の要因は客数の減少ではなく、客単価の減少である」という要因の仮説に絞られます。従って、打ち手の仮説では「1人当たりの購入点数を増やす」が最優先であると店長が考えました。

　1人当たりの購買点数を増やすためには、この地域の住民が本当に欲しい商品を揃えるしかありません。店長は、住民たちの欲しい商品を特定するために、「年代別に購入した商品が異なるのではないか」という仮説を立てることにしました。この仮説にあたって、店舗に蓄積された購買データから、若年層・中年層・老人層でそれぞれ購入された商品が違うことを検証できれば、地域の年

齢構成に合わせて品揃えを改善できます。更に、ターゲットとなる年齢層の住民に対して、クーポン券などのプロモーション活動を実施すれば、売上向上が見込めるはずです。店長の仮説を検証するために必要なデータとは何かを検討した結果、顧客の年齢・性別、購買日時・購入品名・個数・単価などのデータが収集対象になりました。

PPDACサイクルの5つのフェーズ③ データの収集・前処理

　このフェーズではPlan（計画）フェーズの結果を踏まえ、仮説検証に必要なデータを実際に収集・整理していきます。データを収集する際に念頭におくべきポイントは、収集したデータが1次データか、2次データかということです。

収集の対象データが1次データか、2次データか

　「1次データ」とは、「自社で独自に集めたデータ」です。1次データのメリットとしては、「1次データ」は他社が持っていないデータであり、自社で活用できるという点で差別化が可能です。一方、デメリットとしては、収集にコストや時間がかかることが挙げられます。

　「2次データ」とは、誰でも入手が可能な「他者が集めたデータ」です。2次データの代表的なものは公的機関が発表している統計データと外部で販売されているデータです。1次データと比べて、2次データの収集コストは比較的に安く、収集時間も短いという特徴があります。例えば、公的な統計情報が優れている点として、信頼性、網羅性、経年変化の把握が可能といったことです。更に、近年ではこれらの情報が各公的機関のホームページからダウンロードできるようになったため、情報の収集が格段に簡単になっています。

　一方で、2次データのデメリットとしては、データの中身がデータの提供者に依存するため、即時性がない（鮮度の問題）、実態に即しているのかが不明（精度の問題）、個別のデータまで掘り下げられない（粒度の問題）などの問題も多く、データの品質や取得方法なども必ずしも収集側の欲しい形で揃っているわけではありません。また、誰もが利用できるため、ライバル企業も取得可能という点では、1次データに比べて、ビジネスにおける情報武装に弱いというところも挙げられます。しかし、だからと言って2次データの価値がないわけではありません。政府・公的機関がまとめた統計データは、企業単体では収集

できない情報量と範囲になります。また様々な業界団体が公開しているデータも専門性が高くて、企業単体で収集が難しい情報も取り扱っています。ここで前章に紹介した「デジタルツイン」のことを思い出してみてください。「デジタルツイン」では現実に起こっている物事をデジタルモデルとして再現し、モデルの変数を変えると、どんな変化をもたらすかがシミュレーションできるのです。その際に「1次データ」は社内のプロセスや活動をシミュレーションできる一方、「2次データ」は外部要因（企業側がコントロールできない景気動向、業界環境の変化など）から受ける影響を分析する際に大いに役立ちます。

　1次データと2次データの違いを次の図に示しているように、2次データは幅広い情報を素早く集められるため、業界の傾向分析に適しています。1次データは仮説検証の目的に応じた細かな情報を集められているため、他社との差別化に適しています。1次データを土台に、2次データを補完して活用することで、ライバルと差別化できる付加価値を生み出すことが期待できます。

1次データと2次データの違い

1次データ Primary Data	2次データ Secondary Data
競合他社と差別化しやすい	競合他社と差別化しにくい
収集コストが高い	収集コストが低い
収集時間が長い	収集時間が短い
欲しいデータを欲しい形にしやすい	欲しい形で揃えられない場合も多い
企業単体で収集できる範囲の情報	企業で収集不可能な範囲の情報
社内プロセスのシミュレーション	外部要因の影響分析
例：自社の売上データ、顧客データ、実験データ、アンケート調査データなど	例：地理データ、政府の統計データ、Googleトレンド、気象データなど
他社との差別化	業界の傾向分析

1次データを土台に、2次データを補完して活用

データ利活用に必要不可欠な「データの前処理」

　必要なデータを収集できたら、いよいよデータの前処理を行うステップとなります。データそのものは意味と価値を持たないため、原石のようなものです。データの加工・前処理を施さないと、データがただの石ころと同じという意味

です。収集したばかりのローデータの多くはエラーやノイズ、欠損値などが含まれているため、そのままでは使えません。品質の低いローデータのままで分析を進めると、「GIGO（ゴミからはゴミしか生まれない）」原則の通りに、分析結果の精度が確実に低下してしまいます。精度の低い分析結果をもとにビジネス上の意思決定をしてしまうと、ビジネスの方向性を見誤ったり、損失をもたらしたりする危険性さえあります。

　ここで必要となってくるのはデータの前処理です。データの前処理を行い、収集したデータに何らかの処理を施すことで、データの品質を上げて、データを分析しやすいように整えます。前処理を実行することで、原石から宝石へと生まれ変わるように、データの価値がデータバリューチェーンに沿って、情報、知識、知恵に上がっていくことになります。また、「データ分析は前処理の時間が8割」「データサイエンティストの仕事の8割はデータの前処理」と言われているように、CrowdFlower社がデータ分析のプロセスのうち、何に最も時間を使っているのかを調査した結果、データ準備工程に79%の時間を使っているという結果になりました。逆説的に言うと、データの前処理はそれだけの労力と時間をかけてでも必ずやらなければならない工程です[*]。データ前処理のあり・なしによって、どういう結果がもたらされるかは次の図に示す通りです。

[*]2016/03/23「Cleaning Big Data: Most Time-Consuming, Least Enjoyable Data Science Task, Survey Says」（https://www.forbes.com）

▶ データ前処理のあり・なしの場合

Ⓐ 前処理がない場合

データ収集		データ分析		データ利活用
エラーやノイズ、欠損値含むローデータ	→	ゆがんだ分析結果	→	意思決定の誤り

Ⓑ 前処理がある場合

データ収集		データ前処理		データ分析		データ利活用
エラーやノイズ、欠損値含むローデータ	→	データクレンジングデータ統合など	→	有益な示唆	→	精度の高い意思決定

80%の労力と時間

では、データの前処理では具体的に何をすればよいのでしょうか。代表的な処理としては「データクレンジング」「データの名寄せ」の2つがあります。それぞれの概要を見ていきましょう。

▶【1】データクレンジング

　データクレンジングとは文字通り、「データを綺麗にする（クレンジングする）」ための前処理です。データクレンジングとは収集したローデータから、重複や誤記、表記のゆれなどを探し出して、削除や修正、正規化などを行ってデータの品質を高める手段です。具体的な手法は目的によって様々ではありますが、一般的に、次の図のように全角文字と半角文字の違い、空白文字や区切り記号の有無、人名の異体字の誤り、法人名の表記、住所や電話番号の表記ゆれなどについて、あるべきルールに従って修正や削除などを行います。

■➡ **データクレンジングのイメージ**

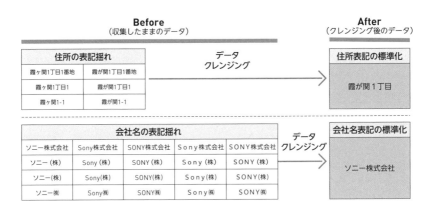

▶【2】データの名寄せ

　データクレンジングの後続処理としては、データの名寄せがあります。名寄せとは、複数のデータソースに分散されている同一人物、同一企業、同一世帯などのデータに対し、重複データを判別し、同一のIDを付与してデータを統合することです。その背景には、企業内の多くのデータは様々なデータソース（データ源泉）から収集されているため、システムを跨いだ重複データが多く、厳密に一貫したものではありません。例えば、次の四半期での取引先の売上実績では、同一会社のはずのデータは「社名表記のゆれ」によって、異なる

会社と認識され、売上実績の現状（売上Top3の取引先など）を正確に把握できなくなっています。そこで社名標準化のデータクレンジングを行った上で、重複データを名寄せした結果、取引先単位での売上実績が正確に集計され、売上Top3の取引先も正確に特定するようになりました。今の例のように、データの前処理でデータ品質を高めることで、より正確な分析結果が得られることになります。

データ名寄せのイメージ

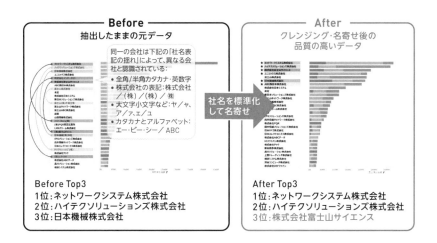

最後に、PPDACサイクルのほかのステップと同じく、コンビニの事例に当てはめてみましょう。コンビニにはPOS（Point of Sales：販売時点情報）データがあります。POSデータが「何が（What）、いつ（When）、いくつ（How many）、いくらで（How much）売れたのか」を意味する情報です。ただし、POSで収集できるのはあくまで商品購入日時や個数といった商品を軸とした購買情報だけで、5W1HのうちWho（誰）は分かりません。つまり、顧客情報はPOSデータではつかめないわけです。ここに「誰に売れたのか＝誰が買ったのか」という顧客IDが追加されると、「ID-POS」データになるわけです。最近のコンビニでは、ポイントカードの登場やスマートフォンの専用アプリの普及に伴って、購買データと顧客情報が紐づけられ、「ID-POS」データ情報を即時に収集することが可能となりました。「POS」と「ID-POS」の概念および両者の違いは次の図の通りです。

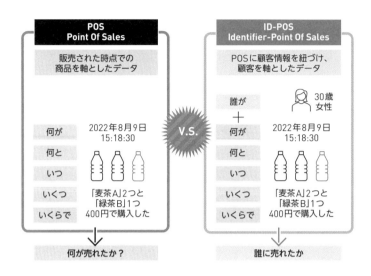

POSとID-POSデータの違い

前のフェーズ「Plan計画」で説明した通り、コンビニ店長の「年代別に購入した商品が異なるのではないか」という仮説を検証するためには、購買日時・購入品名・個数などの商品軸の情報だけではなく、年齢・性別の顧客軸の情報も必要になってきます。従って、「年齢」「性別」などの顧客の基本属性を特定できる「ID-POS」データも収集の対象となります。それに加えて、当該地域の年齢構成を把握するために、政府の公開サービス（RESAS：地域経済分析システム）からこの地域の年齢構成が分かる統計データも収集対象となります。

PPDACサイクルの5つのフェーズ④-1 データ分析の本質

　このフェーズでは収集・整理したデータをもとに分析を行い、問題を起こした原因を探っていきます。皆さん、そもそも「データ分析」という言葉に対しては、どんなイメージを持たれているのでしょうか。「一握りの専門家しかできないこと」「AIと総計学などの知識がないと無理」など、ネガティブなイメージを持たれている人は少なくないはずです。データ分析とは何かを考える前に、まず次の写真を見てください。そして、写真に写っているリンゴは何個あるでしょうか。

　今まで社内外の勉強会等で参加者にこの質問を聞いてみた結果、皆さんの答えは3個、2.5個、2個がバラバラで、満場一致で同じ答えが出たことがありません。なぜリンゴの個数を数えるだけなのに、こんなに答えのばらつきが出るのでしょうか。それは、リンゴの個数を数える前に、一人ひとりが無意識的に「リンゴの個数」の意味を自分なりに解釈した上で、リンゴの個数を数えるようにしているからです。例えば、4等分になったリンゴと2等分になったリンゴを合わせて1個と見なす人もいれば、切られたリンゴは個数として数えずに0にする人もいます。

　「リンゴは何個あるか」という簡単な問題に対しても、100%正しいと言える正解は存在しません。皆さんの納得のいく答えを出すためには、「何をもって1個にするか」という「個数」の意味を定義した上で、皆さんで合意しておかなければなりません。従って、「リンゴは何個あるか」はもはや個数を数えるだけのことではなく、「個数」を明確に定義し、その定義に合意した上で、納得感がある答えに導くためのプロセスとなります。ここではAIや統計学などを一切使っていませんし、データサイエンティストも登場していませんが、データ分析の本質が垣間見える一例です。

　「分析」という言葉の定義に戻ると、『デジタル大辞泉』では「複雑な事柄を一つひとつの要素や成分に分け、その構成などを明らかにすること」と定義されています。つまり、複雑なことを要素分解して全体構造を明らかにすることです。分析の概念も次の図のように要素分解してみましょう。

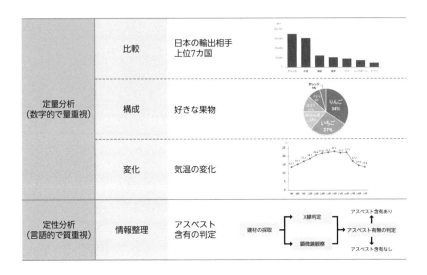

そもそも分析とは？

定量分析 (数字的で量重視)	比較	日本の輸出相手 上位7カ国	
	構成	好きな果物	
	変化	気温の変化	
定性分析 (言語的で質重視)	情報整理	アスベスト 含有の判定	

　分析は、定性分析と定量分析に分けられます。定性分析とは、質的データに基づいて行う分析のことです。「質的」という言葉は捉えにくいのですが、定量の時に使用した数値データではなく、数値には表れないユーザー心理や行動の背景を読み解くために用います。例えば、感情、理由、期待、嗜好などの類のものです。定性分析ではインタビューや自由回答式のアンケート、行動観察、口コミ、SNSからの消費者の声など、数値では表せないデータを整理して言語化することがポイントです。その一方で、定量分析は、数値データを用いて分析する方法です。定量分析は数値であるゆえに、誰が見ても分かるので、組織全員で共通の認識を持ちやすくなります。例えば、「今月の商品Aの売上が100万から200万に増えた」という結果を数値として示せば、誰が見ても増えたことが客観的に認知できます。

　データ分析の本質とは何らかの目的を持ってデータを比較して意味合いを見出すことです。何かと何かを比較することで、はじめて大きい・小さい、高い・低い、長い・短いなどの物事の違いを理解できるようになります。比較という概念を広く捉えると、全体と部分で比較すると「構成」になり、過去と現在で比較すると「変化」となります。これから「比較」「構成」「変化」の概要を見ていきましょう。

データ分析の本質① 比較

比較はデータ分析の土台となる手法です。比較とは重さ、大きさ、長さ、強さ、高さなど、何らかの軸を定めて2つ以上のデータを比べることです。比較は非常にシンプルな手法ではありますが、適切な比較軸が選べれば、単純明快な答えを出す強力な武器となります。比較のポイントは、分析の目的に対して、その目的を達成するには、どういう比較結果が必要なのか、目的から逆算して比較結果のアウトプットをイメージして比較軸を定めることです。

データ分析の本質② 構成

構成とは全体と部分を比較して、包含関係を表す手法です。全体に対して、部分を比較することにより、意味合いを持たせることです。例えば、下記のような構成の例があります：

- 営業利益率：売上高の中に占める営業利益の割合を表したもの
- 市場シェア：特定の市場で特定の期間において、自社の製品・商品・サービスがどのくらい占有しているかを割合で表現したもの
- 稼働率：全作業時間の中で、作業員や機械設備の実際稼働時間がどのくらい占有しているかを割合で表現したもの

データ分析の本質③ 変化

変化とは、同じモノ事を過去、現在、未来の時間軸で比較する手法です。よくある変化の例として、売上・営業利益率の年度別推移、稼働率の日次推移などがあります。ある出来事の事前（Before）と事後（After）の比較や時間単位（1時間ごと、1日ごと、1カ月ごとなど）の状況比較は変化の傾向を把握するための有効な手段です。時間軸（横軸）に沿って、縦軸で何と何を比較して、どういう結果を得たいのかという比較結果イメージを定めるのがポイントです。

PPDACサイクルの5つのフェーズ④-2 データ分析で踏むべき手順

本節ではデータ分析で踏むべき手順を説明します。データ分析の進め方は、大きく分けて、「①データの全体像をつかむ」「②データを比較する」「③デー

タを可視化する」「④データの関係性を探る」「⑤データから予測する」の5つのステップになります。

データ分析の5つのステップ

| ① データの全体像をつかむ | ② データを比較する | ③ データを可視化する | ④ データの関係性を探る | ⑤ データから予測する |

データ分析のステップ① データの全体像をつかむ

　ステップ①ではまずデータ全体を俯瞰し、データ全体の傾向や分布をつかみます。出席名簿のように、データには複数の項目（氏名、所属、住所など）が含まれているため、いきなり「虫の目」で個々のデータ項目、レコードを細かく見始めると、データの海に溺れて、全体の傾向をうまくつかめません。そのため、データ分析の最初には、「鳥の目」で膨大なデータの中から、データの代表値とばらつき方を見て、データ全体の傾向や特徴をつかみ取ることが大事です。ここから、データの代表値とばらつき方から、どのようにデータの全体傾向と特徴を把握するのか、そのポイントを見ていきましょう。

▶【1】データの代表値を見る

　データ全体の傾向を把握するには、平均値、中央値、最頻値といった指標（統計学では代表値と呼ばれる）がよく使われます。それぞれの定義は以下のようになります。

データの3つの代表値

	代表値	定義
1	平均値	・データの合計を個数で割った値
2	中央値	・データを小さいものから大きいもの順に並べたとき、真ん中の順位に位置する値
3	最頻値	・データの中で最も出現頻度が多い値

　平均値、中央値、最頻値を実際に計算してみましょう。例えば、次の表は、9日間のコンビニの売上実績です。

平均値、中央値、最頻値（9日間の日次売上実績）

順位	9位	8位	7位	6位	5位	4位	3位	2位	1位
売上(万)	58	60	66	66	70	72	72	72	184
出現頻度	1回	1回	2回		1回	3回			1回

最小 ——————————→ 中央 ——————————→ 最大

平均値：80　中央値：70　最頻値：72

$$\frac{1位～9位の合計点数(58+60+66+66+70+72+72+72+184)}{データの個数(9)} = 80$$

　このデータの平均値、中央値、最頻値はどれでしょうか。まず、平均値は「データの合計を個数で割った値」なので、1位～9位の合計をデータの個数（9）で割ると、80となります。次に、中央値は「データを小さいものから大きいもの順に並べた時（大きい順からも構わない）、真ん中の順位に位置する値」なので、上記の例では1～9位の真ん中の順位である5位が中央値となります。最後に、最頻値は「最も頻繁に出現する値」なので、上記の例では72という値の出現回数が最も多いため、最頻値となります。

　このように、データ分析の最初段階では平均値や最頻値などの指標を使うと、データ全体の傾向が確認できます。通常は、平均値、中央値、最頻値の3つの代表値の中で、平均値がデータの傾向を把握する際に最もよく使われる値です。しかし、データに極端に大きな値あるいは小さい値（統計学では外れ値と呼ばれる）が混じっている場合は、平均値がそれに引っ張られてしまいます。例えば、上記のコンビニの例では売上1位の184万に平均点が引っ張られているので、データ全体で極端に大きい値の184万の影響を受けないようにしたい場合には、平均値ではなく、中央値の70万を使えばよいのです。

　つまり、平均値、中央値、最頻値に最も違いが出るのは、外れ値の影響をどのくらい受けるかということです。データに外れ値が加わった場合（上記の例では売上1位の184万）、平均値は3つの指標の中で最も影響を受けます。中央値は、データを並べてちょうど真ん中にくる値なので、外れ値が増えても、多くの場合はそれほど影響ありません。更に、最頻値は最も頻度の高い数値となるので、外れ値の影響は全く受けません。まとめると、各代表値には次のよう

なそれぞれ短所があり、それを考慮した上でどれを使用するかを決める必要があります。

3つの代表値の短所

	代表値	短所
1	平均値	・すべての値を使うため、**外れ値があった場合に影響を受けやすい**
2	中央値	・データ全体ではなく真ん中だけを示すので、**データ全体の変化や比較には向かない**
3	最頻値	・データがばらついていて、同じ値がない場合またはデータ数が少ない場合に「**一番個数が多い**」値を分析する意味がない

　また、外れ値が発生する原因は様々ではありますが、そのままにしておくと、データ分析の際にデータ全体傾向を歪める可能性があるので、外れ値が生じた原因を分析し、何らかの対処をする場合が多いです。例えば、上記のコンビニ売上の例では1位の184万はほかのデータと比べて、2倍以上大きくなっているので、店長が気になってその原因を調べた結果、新米店員によるレジ打ちミスが原因でした。

　このように、外れ値のうち、測定ミス・記入ミス等の原因により生じたものを「異常値」と呼びます。これらの異常値（めったにないほど売れなかった日、よく売れた日など）に絞って、その理由を分析することにより、売上を大きく左右する問題が見つかるかもしれません。実は様々な業界では、外れ値が重要視され、不正な行為を見抜くために活用されています。例えば、銀行や金融機関では、取引の不正行為を発見して阻止するために、正常な取引とはどのようなものかを時間と場所ごとでパターン化しており、そのパターンの基準値をもとに、大きく離れた外れ値から不審な取引を検出できるようになっています。従って、外れ値や異常値を簡単にスルーせず、それが生じた原因を考察することで、往々にして新たな事実の発見の手がかりになります。

▶【2】データ全体のばらつき方を見る

　平均値などの代表値を理解できたら、データ分析では実際のデータの分布をグラフで観察し、データの中のある値が他と比べて大きいか、小さいか、つまり、データ全体のばらつき方を把握することも重要です。その際に、特定のデータを区間ごとにまとめて、ばらつきを表現したグラフ「ヒストグラム」を活用することが多いです。

「ヒストグラム」とは、縦軸に度数（各区間に含まれるデータの個数）、横軸に階級（データをある一定の範囲で区切った時の区間）をとったグラフです。ヒストグラムによって、データ全体のばらつき方が見やすくなります。例えば、学校では、先生が学年全体で成績がどうなっているかを確認するために、平均値などの代表値のほかに学年全員の点数のばらつきを見る必要があります。学年全員である100人分の算数テストの点数が羅列された表を見ても、データ全体の傾向を把握できません。次の図のようにテスト点数の範囲を区切ってまとめて、それを「ヒストグラム」の形にしてみました。

▶ グラフでデータ全体のばらつき方を見る

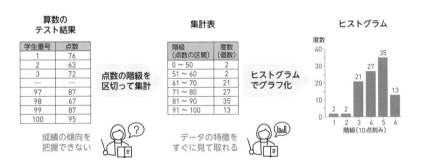

ヒストグラムにしたことで、データがどのようにばらついているか、一気に把握しやすくなりました。今回の例では「多くの学生の点数が80点台であること」などの特徴をすぐに見て取れます。また、極端に低い点数の人数が可視化されているため、先生が後続のアクション（例えば、算数苦手な生徒たちをフォローアップするなど）も取りやすくなります。

データ分析のステップ② データを比較する

ここからは、データの比較について見ていきましょう。その前に、皆さんにひとつ考えてほしいことがあります。スーパーマーケットでオレンジジュースが150円で売られているとします。皆さんは、このオレンジジュースが安いか、高いか、どのように判断されるのでしょうか。

● 普段の定価と比べる
● 別のスーパーの同じ商品の価格と比べる

●ほかのブランドの商品と比べる…など

　上記の例のように、皆さんはあまり悩まずに自分の答えを持っているはずです。「何か」と比較したり、それが無理でも過去の自分の経験や勘をもとに、無意識に判断したりしています。つまり、モノ事を単独でその良し悪し（例：高いか安いか）を評価するのではなく、何らかの切り口でモノ事を比較することで、相対的に物事を判断しているわけです。ビジネスの世界についても全く同じことが言えます。例えば、今まで見てきたコンビニの例では「今月の売上が適切かどうか」という問いに対しても、下記のような切り口が考えられます。これらの切り口があれば、それぞれの比較軸で売上という評価の対象に対して、相対的な評価ができるようになります。

●対予算、対競合店、対先月、対前年同月、対前年平均、対自社の他店舗など

　前述したように、データ分析の本質は比較であり、比較という手法を使えば、データ単体を見ただけでは気づかなかった問題点を発見したり、仮説を効果的に検証したりする際に大きな威力を発揮します。ここからデータを比較する際によく使う「時間」「他者」「計画」「属性」、この4つの切り口を理解しておきましょう。

> ▶ 4つの切り口、「時間」「他者」「計画」「属性」

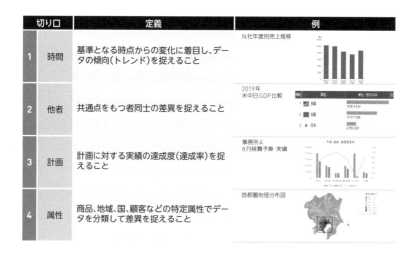

	切り口	定義	例
1	時間	基準となる時点からの変化に着目し、データの傾向(トレンド)を捉えること	N社年度別売上推移
2	他者	共通点をもつ者同士の差異を捉えること	2019年 米中日GDP比較
3	計画	計画に対する実績の達成度(達成率)を捉えること	事務所A 8月経費予算・実績
4	属性	商品、地域、国、顧客などの特定属性でデータを分類して差異を捉えること	首都圏地価分布図

▶【1】時間で比較する

　ほとんどのビジネスは、一回きりの活動ではく、継続性を持っています。例えば、一回きりのように見える「キャンペーン」であっても、去年やった「キャンペーン」、来年もやる予定のキャンペーンを過去、現在、未来の時間軸で見れば、やはり継続的なビジネス活動として捉えられます。そのビジネス活動から生み出されたデータも同じく、継続性を持っているため、データの時系列での変化に着目し、データの傾向（トレンド）が把握できます。例えば、次の点のデータを見てください。こちらのデータから何が分かるのでしょうか。

⇨ 点のデータ

　このデータからは「2022/8/16（火）の訪問ユーザー数が120人であったこと」しか読み取れません。ある特定の日付のデータ、つまり「点のデータ」の意味合いを理解できたとしても、このデータから仮説を立てることも施策を考えることもほぼ不可能です。「点のデータ」と比べて、次の図のデータはどうでしょうか。前後の数字を含めて〝線〟としてデータを並べると、時系列で120人という数字を分析すると、「実績の中で120人は最大値でよい結果である」「120人という数字は頭打ち、新たな施策を検討する必要がある」など、様々な角度から考察できます。

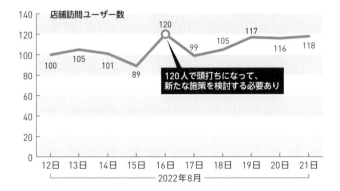

線のデータ

店舗訪問ユーザー数

120人で頭打ちになって、新たな施策を検討する必要あり

2022年8月

つまり、点のデータを時間という線でつなぐことによって、得られる情報が増えることに加え、「トレンド」が分かるようになります。そのデータの裏側には、「なぜ特定の日に訪問ユーザー数が多いのか」「どういうキャンペーンの施策が打たれて、その結果につながったのか」などの仮説を考えやすくなります。

▶【2】他者と比較する

他者と比較し、共通点をもつ対象との差異を把握する観点も重要です。特に、ビジネスの中では、常に意識すべきなのは、近いビジネス環境に置かれている共通的な性質（近い業種、近い地域など）をもつ競合相手のことです。なぜならば、自社の経営指標（売上高や利益率など）をもとに、自社の過去のデータとの比較から、経営指標が上がっていると分かっていても、それだけでは経営上のリスクや自社に取り巻く環境の変化を把握できないからです。例えば、仮に自社の売上高や利益率が順調に伸びていても、従来のビジネスモデルを破壊する「ディスラプター」により大きく市場のシェアを取られている可能性が十分にあります。

言い換えれば、他社（潜在的な競合相手を含む）と比較する観点を軽視すると、ビジネス環境の中で自社のポジションが相対的に変化していることに気づく術がなくなります。例えば、日本のお家芸と言われている自動車産業から見ると、日本市場で大きなシェアを占めているのは、トヨタ、ホンダ、日産、マツダなどの大手メーカーです。ところが、2010年に長い間にはほとんど視界に入らなかった米国の電気自動車メーカー「テスラ・モーターズ」が日本の乗

用車市場に進出したことが当時大きなニュースにもなりました。この例でも分かるように、ビジネス環境の変化、業界動向などを見極めて、比較する相手を柔軟に変えていかなければなりません。もちろん、他者と比較する観点は、外部の競合相手だけはなく、組織内部で共通点をもつ対象との差異を把握する際にも大いに役に立ちます。例えば、コンビニの各店舗の売上に順位を付ければ、全店舗の傾向や特徴を把握しやすくなります。特に売上トップ10やワースト10などの店舗の各種データ（来店客数、購買率、平均客単価など）を深掘りして可視化することで、売上向上などの施策を検討する足がかりにもなります。

▶【3】計画と比較する

　計画に対する実績の達成度（達成率）を確認するための観点です。世の中には政府機関、教育機関、NPO、企業などの様々な組織の形がありますが、これらの全ての組織が予算をベースにして活動していると言ってもよいでしょう。予算とは、一定期間の収入と支出の計画のことです。予算の計画段階で算出していた数値と実際の数値を比較し、その達成度と差異を分析することで、経営上の課題や改善策を見つけることが「予実管理」となります。予実管理を実施することで、自社の経営状況を定量的に把握して分析できるようになります。

　予実管理のことを家計簿に置き換えてみましょう。ある家族の来年度の見込収入は、給与収入が650万円、副業収入が50万円で、計700万円とします。見込支出は住宅ローン、食費、子どもの教育費などで500万円とします。200万円（700万円-500万円）は貯蓄や旅行に回す予定です。これが最もシンプルな予算の例となります。しかし、1年後に家計簿を見てみたら、収入の合計が700万円を下回っていました。その原因を分析すると、テレワークで残業代が減っていたり、副業収入が予定より少なかったりしていたことが分かりました。それを踏まえて、残業時間が減った分、来年から副業を更に増やすように計画を見直ししました。このように、計画収入と支出の予算を作り、結果的にどうだったか（実績）を比較し、なぜ予算との差が生まれたのかを分析して対策を打つことが予実管理です。これは企業経営にとっても重要なことです。特に上場企業には、計画的かつ組織的な経営が求められるため、業績予想の開示で証券取引所に「予算実績比較表」を提出しなければなりません。また、策定された予算と実績の差を適時に比較し、差異がある場合はその原因を分析して説明できることが求められています。

▶【4】属性で比較する

　データは必ず何らかの固有の情報、特性を属性として持っています。顧客データと言えば、顧客の属性として、顧客ID、年齢、性別、住所、連絡先などの情報が含まれており、これらの属性を分析の切り口として活用できます。例えば、とある企業の全国コンビニの売上データに対して、「地域」「商品」「顧客」の属性情報が含まれているとします。そこで「地域」という軸で関東、関西などにバラしたり、「商品」という軸で食料、飲料、日用品などで分けたり、更に「顧客」軸で20～30代、40代～50代などで分類したりしてデータを比較できます。ここで比較する際にひとつのポイントとしては比較基準（軸）を揃えて、「Apple to Apple」での比較を心掛けることです。

　「Apple to Apple」を端的に言えば、比較基準を揃えた同一条件での比較です。それの反対語は「Apple to Orange」です。次の例は、顧客軸でA社とB社の顧客数を比較する際に、同じ「新規顧客数」という言葉で表現されていても、顧客に対するA社の定義が「法人顧客のみ」、B社の定義が「法人顧客と個人事業主の両方」であるため、大きく異なります。比較軸に対する定義の違いが生じているため、両社の顧客データが同一条件での比較になっていません。

▶ Apple to Apple と Apple to Orange

　「Apple to Apple」という比較の原則は一見当たり前のようですが、実際の現場では、より複雑なケース、より膨大なデータを相手にしないといけないことがほとんどです。そこで「比較基準（軸）と条件をしっかり揃えて比較する」という意識がなければ、簡単に前提違いの落とし穴に陥ってしまいます。従っ

て、一見、共通的な切り口（軸）であっても、その前提と定義が全く同じであるか、入念に確認した上で、比較軸を定めることが大事です。

データ分析のステップ③ データを可視化する

　データは人に理解されてはじめて価値を持つものです。その理解を促すために、データを可視化することが重要です。データの可視化とは、数値やデータだけでは理解しにくい現象や事象を、グラフ・図・表などの目に見える形で表現することです。そもそも我々人間は五感を使って周囲からの情報を得ています。「A picture is worth a thousand words.（百聞は一見にしかず）」ということわざがあるように、テキストと比べて、人間の脳はグラフ・画像などを6万倍も早く認知できると言われています。

我々人間の脳はビジュアルをテキストの6万倍速く認知

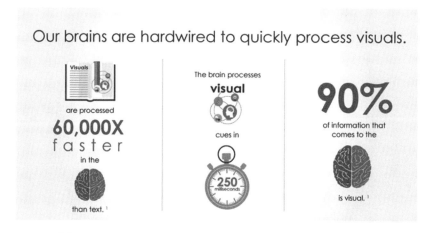

出典：Allen Communication Learning Services（https://www.allencomm.com/）

　人間は何らかの形・グラフが見えると、その対象について、何かが分かったように一気に理解が進みます（ロジック的に理解できてなくても、感覚的に無意識でモノ事をつかむことができる）。では、データを分かりやすくするために、どんなグラフを使えばよいのでしょうか。この問いに関して、絶対的な正解がありませんが、データ分析の目的や切り口によって、理解しやすいグラフとチャートの定番が存在します。それぞれの特徴を活かせると強い味方になります。例

えば、水準や項目間の差を見やすくする際には棒グラフで、割合の構成表示を見やすくする際には円グラフが適しているように、何を見やすくしたいのかによって、使うべきグラフも変わってきます。

　ビジネスで利用するデータは多種多様で複雑になりがちですが、ほとんどの場合は「比較」「分布」「構成」「相関」4つの観点に分類できます。この4つの観点を起点に、「どういった目的で何を表現したいのか」を考えてグラフを選べば、外れることが基本的にありません。次の図の「Graph　Thought Starter（グラフを考える上でのスイッチ）」は「比較」「分布」「構成」「相関」のどれを表現したいかに応じて、用途ごとに相応しいグラフが整理されているので、データの可視化を考える際の参考になります。

◢ Graph Thought Starter（グラフを考える上でのスイッチ）

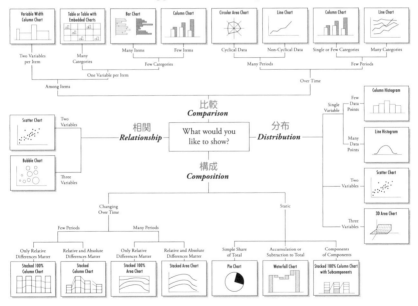

出典：https://extremepresentation.typepad.com/files/choosing-a-good-chart-09.pdf

データ分析のステップ④ データの関係性を探る

　現実世界では、手元にある1次データを分析するだけでは有益な情報が得られないことがほとんどです。例えば、仮にあなたは地元の市営プールの責任者だとします。今年の夏シーズンの計画を立てる際に、大枠で入場者数を予め想定し、臨時スタッフの数、売店のアイスクリーム、かき氷などの人気商品を無駄なく準備したいと考えているはずです。しかし、手元にあるのは、ここ数年、日々の入場者数の実績データだけです。そのデータから代表値（例えば、入場者数の平均値が252人、中央値が245人、最頻値が213人など）を見たり、ヒストグラムでデータのばらつき方を確認したりしても、将来1カ月の入場者数の予測にはあまり役に立たないでしょう。では、入場者数を予測するにはどうすればよいのでしょうか。それは、仮説を立てて、データとデータの関係性を見つけ出して、データが変化する要因を考察することです。

　今回の例では、例えば気温が高い日にプールに来る人が多いだろうという仮説を立てると、「気温」が「入場者数」の変化に影響を与える要因として挙げられます（もちろん、気温のほかに曜日や交通などの要因もあります）。この場合、まず「気温」と「入場者数」の関係性に着目し、「気温」というデータを用いて、「入場者数を予測する」という目的でデータ分析のシナリオが作れます。その際に、2つのデータの関係性を確認するのに散布図を活用します。散布図とは、2つの要素の関係を見るためにプロットしたグラフのことです。データを散布図で表すと、ひとつ目の要素が変化した時に、2つ目の要素はどのように変化するかを確認できます。次の図のように、ひとつ目の要素である「昨年の気温」を横軸に、2つ目の要素である「昨年の入場者数」を縦軸に取って、それぞれのデータをプロットし、データ間の関係性を見ていきましょう。

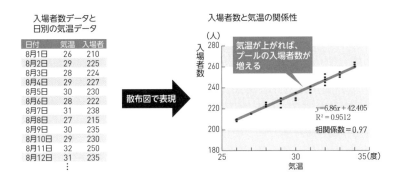

入場者数と気温の関係性を示す散布図

入場者数データと
日別の気温データ

日付	気温	入場者
8月1日	26	210
8月2日	29	225
8月3日	28	224
8月4日	29	227
8月5日	30	230
8月6日	28	222
8月7日	31	238
8月8日	27	215
8月9日	30	235
8月10日	29	230
8月11日	32	250
8月12日	31	235

散布図で表現

入場者数と気温の関係性

気温が上がれば、プールの入場者数が増える

$y=6.86x+42.405$
$R^2 = 0.9512$
相関係数＝0.97

　上記の散布図で入場者数と気温の関係性を見ると、気温のデータが大きくなると、入場者数のデータも大きくなるという関係性が分かります。このような関係性は「相関関係」と言います。先ほど立てられた仮説「気温が高い日に、涼しさを求めて、プールに来る人が多いだろう」に関しては、過去の気温と入場者数のデータをもとに作成した散布図から、気温と入場者数が相関関係であることが検証できたと言えます。気温と入場者数の相関関係を一般化すると、データの相関関係には次の図の通り、「正の相関」「負の相関」および「無相関」に分類できます。

3つの相関関係

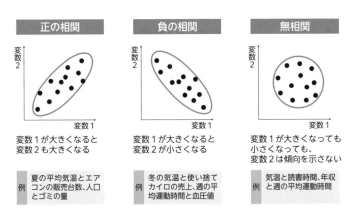

正の相関	負の相関	無相関
変数1が大きくなると変数2も大きくなる	変数1が大きくなると変数2が小さくなる	変数1が大きくなっても小さくなっても、変数2は傾向を示さない
例　夏の平均気温とエアコンの販売台数、人口とゴミの量	例　冬の気温と使い捨てカイロの売上、週の平均運動時間と血圧値	例　気温と読書時間、年収と週の平均運動時間

今回の例では、散布図で気温のデータが大きくなると入場者数のデータも大きくなることを示しているため、気温と入場者数が正の相関となります。更に、この相関関係の度合いを表すための「相関係数」という概念もあります。「相関係数」は次の図のように、相関関係の強さを数値で表すものとなります。

▶ 相関係数における4つの特徴

- 1に近づくほど、正の相関が強い。
- -1に近づくほど、負の相関が強い。
- 0に近づくほど、相関が弱い。
- 点々が直線に近づくほど、相関係数の絶対値は大きくなる。

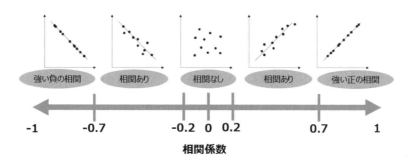

　「正の相関」の場合は「相関係数」はプラスで、「負の相関」の場合は「相関係数」はマイナスです。全く相関関係がないと、「相関係数」は0になります。「相関係数」の値は、グラフの点々が直線にどれだけ近いかという指標です。上図のように直線に近ければ近いほど、相関係数の絶対値は大きくなります。一般的には、相関係数の絶対値が0から0.2の間では相関関係なし、0.2〜0.7では相関関係あり、0.7以上であれば、強い相関関係があるとされています。今回の例ではExcelのCORREL関数に入場者数データと気温のデータを入れて計算すると、その相関係数が0.97になったため、プールの入場者数と気温が非常に強い正の相関関係があると言えます。最初に立てられた「気温が高い日にプールに来る人が多いだろう」という仮説に対して、「気温」と「入場者数」のデータ間に強い相関関係が存在すると検証できました。

　ここまでデータ間の関係性を探るために、プールの具体例を用いて、気温とプールの入場者数の関係性に着目しました。少しまとめると、データの裏に隠された意味を読み解くために、手元にある限られた1次データだけではなく、

気温を含む気象情報、人口情報、地理情報などの2次データを取り入れて、1次データと2次データの掛け算でデータの関係性を考察することが大事です。また、データ間の相関関係は定性的ではなく、相関係数によって定量的に測ることもできます。特に相関係数の絶対値が0.7以上の場合は、データ間に強い相関関係があると言えるので、仮説検証の際に強力な武器になります。

▎ データ分析のステップ⑤ データから予測する

このステップではデータから見つけ出した関係性から未知数を予測していきます。これから取り上げるのはデータ分析の中で最も代表的な手法の「回帰分析」です。回帰分析とは、2つの変数の間に関係性に基づいて、原因を意味する変数「x」が結果を意味する変数「y」に与える影響を調べる分析手法です。回帰分析には、「単回帰分析」と「重回帰分析」2つの手法があります。「単回帰分析」はひとつの目的変数に対して、説明変数もひとつしかありません。それと比べて、ひとつの目的変数に対して、説明変数が複数あるのは「重回帰分析」です。重回帰分析はある変数「y」に対して、複数の説明変数がそれぞれどのように関係しているのか、検証する際によく使われます。「重回帰分析」は「単回帰分析」より複雑ではありますが、より高度な分析を行えます。両者の違いは次の図の通りです。前節で挙げたプールの例では、目的変数である「入場者数」に対して、ひとつの説明変数「気温」を例にとってデータ間の相関関係を見てきたので、「単回帰分析」の類に入ります。加えて、目的変数である「入場者数」に対して、「気温」以外、「曜日」「交通」など複数の説明変数を入れて分析するのが「重回帰分析」となります。

▶ 単回帰分析と重回帰分析の違い

	目的変数(Y) （影響を受けて起きた結果）	説明変数(X) （結果に影響を与えている要因）	
単回帰分析	入場者数 ←	気温	気温が上がれば、入場者数が増える

重回帰分析	入場者数 ←	気温	気温が上がれば、入場者数が増える
		曜日	土日、祝日には入場者数が増える
		交通	無料送迎バスの多い時間帯には入場者数が増える

　回帰分析に関しては、まず基本的な考え方を理解することが重要です。ここからより分かりやすい単回帰分析にフォーカスして解説していきます。単回帰分析の説明変数がひとつだけなので、「y＝ax＋b」という回帰式の形、つまり線形の関係を仮定して目的変数を予測できます。その回帰式の各要素をグラフで表すと、次のようになります。

▶ 回帰式

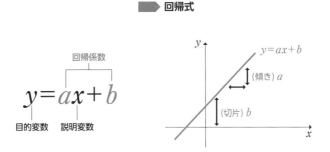

$$y = ax + b$$

回帰係数

目的変数　説明変数

(傾き) a

(切片) b

　先ほどのプールの入場者数と気温の例に当てはめてみましょう。プールの入場者数と気温の散布図を確認した結果、入場者数と気温に強い正の相関関係があることが分かりました。この散布図をそのまま使って、気温が35度になったら、入場者数がどうなるかという未知の数字を予測してみましょう。実は、

前節で紹介した散布図を作成した際に、次の図のように入場者数を予測する回帰式「y = 6.386 x＋ 42.405」をExcelの標準機能で簡単に得られます。

▶ 入場者数と気温の関係性を表す回帰式

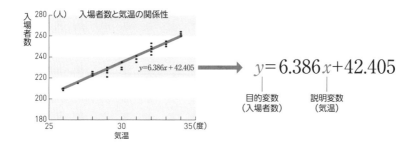

回帰式の説明変数に値を代入して、結果を予測してみましょう。上図の回帰式「y = 6.386x + 42.405」の説明変数x（気温）に明日の気温「35」を代入して、目的変数y（入場者数）を求めると、「y = 6.386×35 + 42.405」で計算した結果は約266人です。つまり、明日の気温が35の場合は入場者数が266人であることを予測できるようになりました。

▶ 回帰式で入場者数を予測する

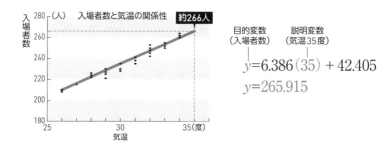

ここまで「気温」と「入場者数」の2種類のデータから未知数を予測する単回帰分析の手法を見てきました。単回帰分析の最大の利点としては、説明変数と目的変数になり得る2種類のデータさえあれば、手軽に相関関係を定量的に分析できることです。これは日常業務でデータの裏にある意味を考える際にも大きな武器になるので、皆さんもぜひ身の回りにあるデータでトライしてみて

ください。しかし一方で、現実世界にある物事は、気温とプールの入場者数のように、2つの変数だけで説明できるほど単純ではありません。説明変数が複数あり得る場合は、重回帰分析を使ってより高度な分析をする場面も出てきます。

その一方で、重回帰分析における説明変数が増えれば増えるほど、目的変数に導く予測の複雑度が指数関数的に上がると同時に、分析結果の信頼性が下がったり、分析結果の解釈が難しくなったりすることもあります。例えば、「50m走のタイム」を目的変数にして、説明変数に「身長」と「性別」を使い、「小学生の運動能力の高さを決める要因を分析したい」としましょう。収集できたデータ数が4人分（男子2名、女子2名）しかありません。説明変数には「身長」と「性別」を2つ使う場合は、説明変数のひとつを固定して（「性別」を男子に固定）で、「50m走のタイム」と「身長」の相関関係を探らなければなりません。今回の例では男子2名しかいないので、たまたま身長が上の子の走りが遅かった場合は、身長の高いほど走りが遅いという結果になってしまいます。つまり、データ数（4つ）が非常に少ないにもかかわらず、説明変数が多い場合（2つ）は、信頼性が低下してしまいます。言い換えれば、説明変数の数が多いほど、精度の高い分析結果を出すには必要なデータ数（サンプルサイズ）が多く要求されます。更に、説明変数が多すぎると、分析の結果に対する解釈も難しくなります。例えば、健康寿命を延ばすために、有効な方法を分析した結果、次のAとBが出たとしましょう。

A. 健康寿命を延ばすためには、「運動」「食事」の2つが重要である

B. 健康寿命を延ばすためには、「運動」「食事」「睡眠時間」「メンタルヘルス」「住環境」「婚姻状況」の6つが重要である

Aと比べて、Bの結果が分かりにくいことが明らかです。Bの結果をもっと絞って解釈しないと、相手から「結局のところ、どれが一番大事なのか」と問われるはずです。従って、説明変数はなるべくシンプルで少ない方がよいです。説明変数の適切な数については、絶対な正解がないものの、統計学的に「データ数を15で割った数まで」がひとつの目安です。例えば、データ数が30しかない場合は、説明変数を2つまで抑えた方がよいでしょう。重回帰分析を始める前に、まず説明変数は適切な数まで徹底的に絞り込んでいきましょう。なぜならば、データ分析においても、複雑なモノ事（事象）をシンプルな要素に分解し、そこから本質をつかむのが重要だからです。Appleの創業者スティーブ・

ジョブズのプレゼンが人を惹きつける理由としては、その圧倒的なシンプルさであると言われています。彼が残した下記の言葉は、データ分析の世界でも十分に通用できる話です。

> シンプルであることは、複雑であることよりも難しい時がある。物事をシンプルにするためには、懸命に努力して思考を明瞭にしなければならないからだ。だが、それだけの価値はある。なぜならば、ひとたびそこに到達できれば、山をも動かせるからだ。（スティーブ・ジョブズ）

COLUMN アイスクリームが売れると溺死者が増える？（相関関係と因果関係の違い）

因果関係とは2つの出来事が原因と結果で結ばれている関係性を指します。それに対して、相関関係は2つの出来事に何らかの関係性がある場合のすべてを指しているので、因果関係は相関関係の中のひとつにすぎません。相関関係であって因果関係でない典型的なものが「アイスクリームの売上」と「溺死者の数」の関係です。つまり、アイスクリームが売れれば売れるほど溺死者が増えるという関係です。米国で取られた統計データを見ると、アイスクリームが売れれば売れるほど溺死者の人が増えたのです。アイスクリームが売れるというのは暑いとのことなので、海で泳いで溺れる人も増えるということです。この関係が相関関係であって因果関係ではありません。

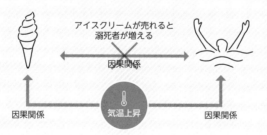

相関関係と因果関係の違いを学んできたはずにもかかわらず、ビジネスの場面では相関関係と因果関係を混同し、相関に基づいて因果を主張することが意

外と多いです。例えば、某大手メーカーが法人営業の成約率を上げるために、過去の顧客データの分析をした結果から、法人顧客一社あたりの訪問回数が多ければ多いほど成約率が高いと判明したようです。この分析結果を踏まえて、担当役員が今まで以上に一社あたりの訪問回数を増やすように号令をかけました。しかしその結果、なんと3カ月後、月単位の成約率が下がってしまったのです。

なぜこのようなことが起こってしまったのでしょうか。それは相関関係と因果関係を混同していたのが原因です。現場で検証した結果、契約してくれそうな法人顧客（見込み顧客）には、営業担当が何度も訪問するようにしたとのことが分かりました。つまり訪問回数が多いから成約率が高くなったのではなく、成約する可能性が高いから訪問回数を増やしたということです。そのため、顧客ランク問わず、むやみに訪問回数を増やしたところで、逆効果となってしまったというわけです。因果関係は偶然に発生するものではありません。因果関係を検証せずに安易に決めつけると、因果関係があるように見えながらも、実際に相関関係にすぎないという「誤判断」が多々あります。データ分析でデータの間に因果関係が存在すると宣言する前に、その関係性をしっかりと検証しておくことが重要です。

PPDACサイクルの5つのフェーズ⑤ 分析結果の考察・結論

いよいよ、最後の総仕上げのフェーズです。このフェーズでは分析の結果を踏まえ、最初の問題（Problem）に対して、結論や解決策をまとめて、人に伝えていきます。PPDACのサイクルをここまで回して、問題（Problem）の設定および、それをもとにした仮説（Plan）に沿って、データ収集（Data）、分析（Analysis）を進めてきたので、最初の問題に対する答えは一定のレベルにまで到達しているはずです。その答えを更に磨き上げ、分かりやすいアウトプットにまとめて、人に伝えていくのがこのフェーズのアクションです。

分析結果レポートなどの作成に飛び込む前に、ひと呼吸置いて、まずこのフェーズの目的を考えてみましょう。データ分析のレポートに限らず、何かのアウトプットを作る際に、「そもそも何のためにこのアウトプットを作るか」という目的を明確に意識することが大事です。受け手があなたのプレゼンテーションまたはレポートを聞き終わったら（読み終わったら）、「これがよく分かっ

た」で終わってしまうのではなく、「よく分かったので、次はこう行動しよう」と納得して次のアクションにつなげるところまでが、アウトプットを作る目的です。しかしながら、受け手は、往々にして私たちが期待している知識と認知レベルに至っていません。プレゼンテーション、レポート、論文などのアウトプットを使って、受け手と自分の知識・経験のキャップを埋める必要があります。受け手が私たちと同じ問題意識を持ち、私たちが出した結論に納得し、その結論をもとに行動してくれることが一番理想的です。そのため、アウトプットを「書くこと」よりは、その先にある「伝えること」までに視野を広げて、「相手は誰か」「ゴールはどこか」「何をどう伝えるか」、いわゆる「伝えることの3原則」を最初から意識することが重要です。

▶ 伝えることの3原則

人は動かしてなんぼ 分析結果を伝えることの3原則① 相手は誰か

　当たり前のことですが、何かを伝えようとする時には、伝える相手がいます。その相手がどういう人なのかを理解することが大切です。具体的に、「相手はどういう立場にいるのか」「どんな内容に関心を持っているのか」「予備知識はどれぐらいあるのか」「どんなことに対して、ポジティブまたはネガティブな感情を抱きやすいのか」などといった具合です。例えば、メーカーの製造部門の中間管理職に対して、IoTデータ分析結果を報告する際に、「データ関係性を整理して最小二乗法で計算するとこうなる・・・内挿と外挿のデータ分布はこう想定している・・・」と伝えたら、受け手の反応はどうなるでしょうか。

一般的に、データ分析で使われる専門用語は難解であり、その専門用語の多用によって、無意識に受け手との間に壁を作ってしまい、意思疎通を難しくしてしまうケースが多いです。これは別にデータ分析に限った話ではありません。例えば、先日、テレビで討論番組を見た際に、ある経済評論家は、専門的な内容についても、一般の人が「なるほど、そういうことだったのか」と納得できるレベルに掘り下げ、分かりやすく説明していました。一方、もう1人、横文字の専門用語を多用し、話が分かりにくい経済評論家もいました。聞き手にしてみれば、最初こそ知的に聞こえますが、理解できない言葉が繰り返し使われると、段々とストレスを感じてしまい、次第にその話を理解することを脳内で拒絶してしまいます。

　従って、どんな素晴らしい分析レポートを作ったとしても、読み手の状況を何も考えずに、自由気ままでアウトプットを作るのはただの自己満足にすぎません。読み手が誰なのかをイメージし、その人物が何を考えて、何を求めているのかを想像しながら、アウトプットの構成や表現を固めるべきです。これを意識しないと、受け手との認識・知識のキャップを埋められないままで、相手が必ずどこかで脱落し、ついてこられなくなります。

　また、社内外の勉強会・共有会など、不特定多数の人を相手にする場合は、事前に受け手の人物像がつかみにくいこともあります。その場合はどうすればいいでしょうか。筆者の場合は、相手がその内容を理解するハードルを可能な限りに下げることに心掛けています。具体的に、伝える内容を「小学生でも分かる」ようにかみ砕いて説明できるように、自分なりに工夫した方がよいでしょう。「小学生でも分かるようにする」ことは、かなり難しいと思われる人が多いかもしれません。しかし、我々の一人ひとり、誰もがはじめて耳にする専門用語を理解するプロセスがあったはずです。それは子どもが新しいことを学ぶプロセスと全く同じではないでしょうか。従って、簡単な言葉と表現を使って、相手の頭にかける負荷を下げて、相手の思考プロセスを短くするのがコツにもなります。

人は動かしてなんぼ 分析結果を伝えることの3原則② ゴールはどこか

　相手のことを理解した後、次には「ゴールがどこにあるのか」を考えてみましょう。皆さんは、何のために物事を伝えるのでしょうか。「私の提案を承認して

ほしい」「私がまとめた結論に対して、意見を示してほしい」「私の言いたいことを理解してほしい」など、様々な回答が返ってくるのは想像できます。これらの回答にはひとつの共通点があります。それは「相手に伝えた後に、何らかの行動を求めていること」です。「伝えるゴールは相手に理解してもらうこと」と思っている人が多いかもしれませんが、それは入り口にすぎません。次の図のように、相手に行動してもらうことは、「理解」「納得」「行動」の3つのステップに分けて考えたほうが分かりやすいです。

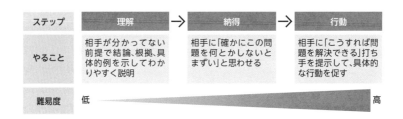

人は理解し、納得しないと動かない

ステップ	理解	納得	行動
やること	相手が分かってない前提で結論、根拠、具体的例を示してわかりやすく説明	相手に「確かにこの問題を何とかしないとまずい」と思わせる	相手に「こうすれば問題を解決できる」打ち手を提示して、具体的な行動を促す
難易度	低 →→→→→→→→→→→→→→→→→→→ 高		

ステップ① 理解

「理解」のステップでは、相手に伝えた情報を頭で分かってもらうことです。聞き手に今まで知らなかった情報を伝えて、課題があることを理解してもらい、その現状についても把握してもらうのがこのステップの目的です。

ステップ② 納得

次の「納得」のステップでは、相手が内容を理解した上で、「その通りだ」と納得してもらうことです。課題とその現状に対して、自分事として捉えてもらい、相手に「この問題を何とかしなければならない」と思わせて、行動を起こす必要性を感じてもらうようにします。

ステップ③ 行動

最後の「行動」のステップでは、理解・納得してもらい、その結果として相手の行動にまでつなげることです。これが伝えることの本当のゴールです。何かしなくてはならない、でも何をすればよいか分からない相手に対して、明確な行動プランを与えることにより、相手が「自分が何をすればよいか」が分か

る状態になって、行動につなげていくことを目指します。もちろん、理解から、納得、行動までは難易度も上がっていくので、ビジネスの現場で理解または納得という途中のステップで終わってしまい、最終的ゴールである行動までにつながらなかったことが山ほどあります。逆に言うと、伝えることの成否は全て、受け手が決めることです。受け手に理解・納得・行動してもらえなければ成功には至りません。これが伝えることの最も重要な原則です。この原則が理解できれば、受け手の状況を把握した上、理解➡納得➡行動に沿った形でアウトプットを作ることの重要性は明白です。

人は動かしてなんぼ 分析結果を伝えることの3原則③ 何をどう伝えるか

　前述した「相手は誰か」「ゴールはどこか」の2つを念頭に置きながら分析レポート、プレゼン資料等のアウトプットを作り上げて、それを使って相手に伝えていきます。具体的に、PPDACのサイクルで進めてきた「P:問題の設定」「P:計画」「D:データ収集」「A:分析（Analysis）」で明らかになったことをインプット（Input）として、中身の整理・構造化（Process）を行い、ピラミッド構造のアウトプット（Output）を一気に組み立ていきます。そのアプローチのイメージは次の図の通りとなります。これからそのアプローチに沿って具体的な手順を見ていきましょう。

▶ アウトプットを組み立てるアプローチ

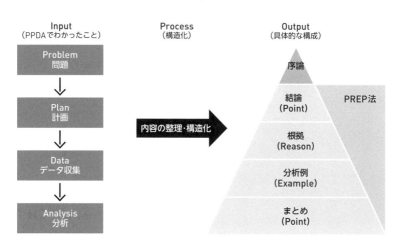

手順① PREP法で全体構造（骨格）を組み立てる

　PREP法を活用し、インプットの情報を整理することで、アウトプットの全体構造を分かりやすく表現できます。PREP法とは「Point（結論）」➡「Reason（理由）」➡「Example（実例・具体例）」➡「Point（結論）」の順でアウトプットの構成を組み立てるフレームワークです。具体的に、はじめに要点（データ分析の結論・主張）を伝えてから、その結論に至った理由を説明し、理由に説得力を持たせるグラフやデータなどを更に提示した上で、最後にもう一度要点を述べる構成のことです。

　データ分析レポート、プレゼン資料などのアウトプットを作る場合は、次の図のように、まずピラミッド構造の上の階層から、序論（イントロダクション、データ分析を行った目的・背景・理由等）を全体像として描きます。次にPREP法に沿って結論（データ分析の結果を受けて、どのような結論に至ったのか）を述べて、その結論に至った根拠と具体例（どういったグラフ・表・データを見たら、根拠が分かるのか）を具体的に示します。最後に、結論をまとめて再掲した上、「今後に向けたアクション」を提案し、ピラミッド構造の骨組みを完成させます。

▶ アウトプットのピラミッド構造

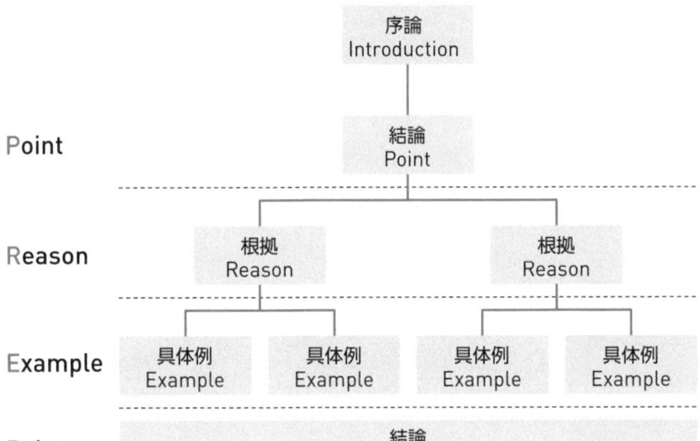

　PREP法を使ってアウトプットを構造化する一番のメリットは、受け手の集中力が高い序盤に「Point（結論）」を端的に伝えられることです。人間の

集中力は、自分が聞き始めてまたは読み始めてから、15分間の集中力が最も高いとされています。なぜ15分間なのかというと、極めて高度な集中力が要求される「同時通訳」は、基本的に15分周期で担当者が交代するサイクルを採用されているように、人間の集中力の波は15分周期と言われているからです。最初の15分間に要点や結論を簡潔に伝えられれば、受け手に無駄なストレスを与えず、集中力の強い状態で後続の内容へ進んでもらいます。

　ここで有名な「パスカルの手紙」の話にも触れておくと、フランスの哲学者・数学者のブレーズ・パスカル（1623-1662）が友人に書いた手紙に「今日は時間がなくて、手紙が長くなってしまいました」という一文がありました。つまり、本来ならば、長い文章を要約して分かりやすくする必要がありますが、時間がなかったため、長い文章になってしまったという意味です。文章を短くするには、枝葉やノイズの情報を省き、要点を簡潔にまとめる作業が発生するため、長い文章を書くよりも何倍の労力もかかることになります。

　データ分析結果、レポートなどのアウトプットにおいても全く同じです。最初に結論を簡潔に伝えずに、多くの情報を詰め込むと、本当に大切な情報が見過ごされてしまいます。では、アウトプットが簡潔に結論を出しているかを確認するには、どうすればいいのでしょうか。その際に「エレベーターテスト」という手法をよく使います。「エレベーターテスト」とは、エレベーターに居合わせたCEOなどの重役に30秒間で自分のアイデアをいかにアピールできるかというシリコンバレー発祥の方法です。それの応用として、ピラミッド構造のトップに並んでいる結論について、30秒で口頭説明できるかをチェックすればよいのです。

手順② ピラミッド構造に中身を当てはめる

　全体構成が固まってきたら、そのピラミッド構造に沿って、アウトプットの中身を組み立てていきます。基本的な流れとしては、次の図のようにPPDACサイクルの各フェーズで作り上げたコンテンツを整理し、「①序論をまとめる」「②本論を導き出す」「③要点をまとめてNext Actionを提示する」の3つのステップでピラミッド構造の各階層と紐づけて中身を当てはめていきます。

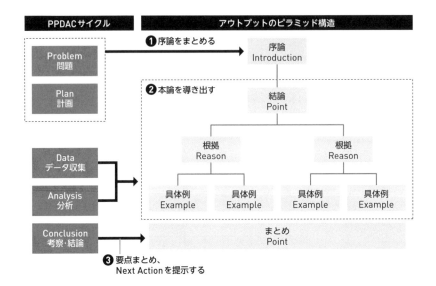

ピラミッド構造に中身を当てはめる

▶【1】 序論をまとめる

　序論（イントロ）とは、本論への導入部分です。レポート、プレゼン資料を読む人がすんなり本論に入れるように、「本論への理解を助けるための文章」という位置づけです。イントロの大切な役割は、イントロ以降のパートで不毛な議論の繰り返し、つまり受け手から「そもそも論」が起きないようにすることです。データ分析の考察・結論や結論の根拠を説明しているところで、読み手に「そもそもこの分析の目的とは何なのか」「そもそも何でこんな分析手法を採用しているか」などのそもそも論の意見を持たれてしまうと、本論の説明や具体例などを集中した状態で最後までに読んでもらう（聞いてもらう）ことが極めて難しくなります。

　そのため、書き手は事前に「そもそも論」の議論を脳内でシミュレーションして、イントロでどのように「そもそも論」を終わらせるのかを考えて、先手を打っておくことが重要です。しかしその一方で、いくら書き手の脳内で読み手から湧いてくるであろう「そもそも論」をシミュレーションしても、イントロの文面だけでそのすべてを封じることは理論上では不可能です。そのため、イントロで「そもそも論」を封じるために、これだけ押さえておくべき6つのポイントを次の通りに挙げています。

	項目	概要
1	予備知識	・そもそも本論を理解するに知っておく必要のある知識はどのようなものなのか。なぜそれを知っておく必要があるのか
2	あるべき姿	・そもそもどのような状況があるべき姿なのか。なぜそれがあるべきなのか
3	現状	・そもそも現状はどのような状況なのか。なぜ現状のままではだめなのか
4	問題	・そもそも何が現状打開を妨げる問題になっているのか。なぜそれが解決されていないのか
5	方向性	・そもそもどのような考えで現状を打開しようとしているのか。なぜそれで打開できそうなのか
6	目的	・そもそも今回の資料では何の達成を目指しているのか。問題をどこまで解決しようとしているのか

言い換えれば、イントロは上記6つの「そもそも論」に対する明快な答えが書かれているものです。分析レポート、プレゼン資料などを書く際に、これらの「そもそも論」に対する「端的な答え」が用意できずに、書き手と読み手の認識のギャップを埋めないままで本論へ突き進むと、相手が途中で脱落してしまい、相手のアクションを起こすところまで到底たどり着けません。それらを避けるためにも、イントロでこれらの6つのポイントを端的にまとめて、いち早く相手に全体像を届けることに心掛けましょう。

▶【2】本論を導き出す

次にイントロの6つのポイントを念頭に置きながら、推論の手法を使って、本論を導き出します。推論とは自分が既に知っている知識、事柄から、未知の結論（まだ分かっていないこと）を導き出すための思考プロセスのことです。

推論には、主に演繹法、帰納法、アブダクションの3つの手法があります。演繹法と帰納法はロジカルシンキングの礎でもあるように、言葉そのものは聞いたことのある人が多いでしょう。アブダクションというのは、聞きなれない言葉かもしれませんが、ひと言で言うと、仮説思考に使われる方法論です。つまり、限られた情報から最も可能性の高い結論を「仮の結論＝仮説」として設定し、その仮説に基づいて仮説の実行、検証、軌道修正を行っていく思考法です。演繹法、帰納法、アブダクションのそれぞれの概要および具体例を次の図に示しています。

3つの推論方法

分類		定義	例：雨が降ると芝生が濡れる		
1	演繹法	既にあるルールに当てはめて結論を導き出す思考法	**前提となるルール** 雨が降ると芝生が濡れる	**当てはめる物事** 今日は雨が降っている	**結論** 芝生が濡れる
2	帰納法	複数の事実や事例から導き出される共通点をまとめ、共通点から分かる根拠をもとに結論を導き出す方法	**事象1** 一昨日、雨が降ったら、芝生が濡れた	**事象2** 昨日、雨が降ったら、芝生が濡れた	**結論** 雨が降ると芝生が濡れる
3	アブダクション	起こった現象に対して法則を当てはめ、起こった現象をうまく説明できる仮説を導き出す思考法。「仮説的推論」とも呼ばれる	**結果** 芝生が濡れている	**知識・経験による前提** 雨が降ると芝生が濡れる	**仮説（仮の結論）** 雨が降ったんだろう

　その中で仮説思考（アブダクション）がデータ利活用の成敗を左右するほど、最も重要な思考法と言っても過言ではありません。仮説を持たないでデータ分析を行う場合は、コンパスを持たずに航海するようなもので、目的地にたどり着けません。現場では、はじめに様々なデータを浅く広く集めてきて、次にたくさんのグラフと図表を作り、そのグラフ・図表を眺めながら結論を考える人が少なくありません。しかしながら、浅く広くグラフ・図表をたくさん作られても、そのグラフから何が言えるかが分からないケースが多々あります。

　では、効率よく結論を導き出すアプローチとは何でしょうか。筆者が実践しているのは、アブダクション、演繹法、帰納法の3つを組み合わせて、仮説の構築➡仮説の具体化➡仮説の検証のサイクルを回すプロセスとなります。

結論を導き出すプロセス

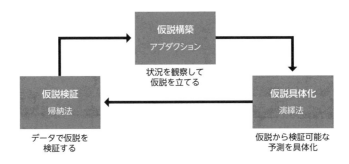

具体的に、アブダクションでは世の中で起こった現象に対して、自分なりの法則を当てはめ、起こった現象を説明できる仮説を導き出していきます。その仮説を受けて、次に演繹法で検証可能なケースを洗い出して具体化します。最後に、具体化されたケースに対して、データを用いて仮説検証を行い、帰納法で結論をまとめるという大きな流れとなります。前節でも取り上げた「売上減少」のロジック・ツリーを例に取って、アブダクション（仮説構築）➡演繹（仮説具体化）➡帰納（仮説検証）の思考プロセスを次の図に示しています。

▨➤ 結論を導き出すプロセス（例）

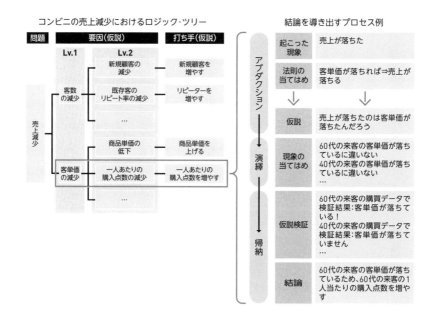

　この思考プロセスにおけるポイントが2つあります。

▶ポイント① 法則を入れ替えて仮説を構築する

　アブダクションの「法則」を入れ替えることで、バリエーションに富んだ仮説が立てられます。例えば、次の図のように「法則の当てはめ」の部分を「客数が落ちれば→売上は落ちる」と置けば、仮説も「売上が落ちたのは買う人が減ったからに違いない」に変わります。多様な仮説を立てられるかどうかは、

人間の頭の中にある「法則の多さ」で決まります。多くの仮説を上手く立てられる人は、日々の観察と蓄積した知識から頭の引き出しに自分なりの「法則」を増やしています。日々の積み重ねで法則を多くストックしておくと、仮説の切り口がより多く見出せます。

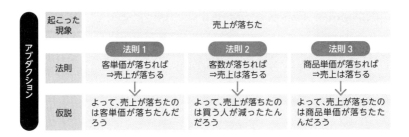

▶ ポイント② 仮説が先、データが後

　世の中に、データから仮説を構築する考え方があります。その場合は、その考え方の裏側に「事象＝データ」、つまり、起こった事象をデータに置き換えられるという大前提が置かれています。もちろん、現実に起こった事象をデータに置き換えて、現実を100％近く再現できれば、何の問題もありません。しかし次の図のように、現実的に取れるデータは人間が期待するほどカバレッジが効きません。

■▶ 事象＞データ

現実世界に起こった事象　　　データで見えること

本来見るべき範囲

たまたま取れたデータから、我々人間が考察できること

データ

　一般的に、現実に起きている問題や事象に対して、手元に収集できたデータはあくまでひとつの断片になっている場合が多く、仮説が構築できるほどの事象を再現できません。そのため、データだけに頼って精度の高い仮説を作るの

は至難の業です。と言いつつも、データが仮説に役に立たないのかというと、そんなことありません。「小売の神様」と呼ばれるセブン＆アイ・ホールディングス元会長の鈴木敏文氏が「最初に仮説を作るべき」「仮説が先、データが後」と言った通り、データは初期の仮説の構築に使うものではなく、立てられた仮説の確からしさを検証するために使うべきです。仮説の検証にデータを使うと、客観的な裏付けとして、規則性や事象の本質を示し、結論を強力に支えてくれます。

　ここまで結論を導き出すプロセスを見てきました。その次に、導き出された結論を支える根拠を示した上で、更に視認性の高い具体例（図解、グラフなど）で根拠を補強することで、本論の全体が根拠に立脚した強固な建築物のようになります。

▍手順③ 要点をまとめて Next Action を提示する

　いよいよ最後のステップです。ここで要点をおさらいして結論を再度共有することで、相手に次のアクション（Next Action）に意識を向けてもらうように導きます。ここまで序論、結論、根拠、具体例を順番に説明してきたため、最後にこれらの内容を総括して要点を繰り返すことで、受け手の頭を再整理させて、強い印象をつけられるようになります。

　このタイミングであれば、受け手は既に内容を理解し、納得している状態になっているはずです。最後のピン留めとして、将来に目を向けて、相手に「次に、自分が何をすればよいか」を考えてもらうことで、具体的なアクションへとつなげていきます。ここまでできれば、アウトプットの作成が無事終了です。このアウトプットを使って、ピラミッド構造（PREP法）に沿って、一回身近な同僚、友人、家族などにプレゼンテーションしてみてください。そこで相手からもらったフィードバックをもとに、アウトプットを洗練させれば、「分析結果の考察・結論」フェーズでの作業がすべて完了です。

　ここまでPPDACサイクルの全てのフェーズを一通りに見てきました。PPDACサイクルは結論を出したらそれで終わりではなく、その結論から新たなスタートを切ることにもなります。なぜならば、結論を踏まえた具体的な施策を打っていく中で、必ずと言ってよいほど新たな問題に直面することになる

からです。その際に、再び最初の「Problem：問題の設定」のスタートライン
に立ち、PPDACサイクルを回し始めることになります。

 セブン-イレブンの仮説検証力

そもそもなぜ鈴木敏文氏は「仮説が先」にこだわっているのでしょうか。

鈴木敏文著『鈴木敏文のCX(顧客体験)入門』（プレジデント社）によれば、
セブン-イレブンの店舗では、学生のアルバイトでも発注を任されているとい
うことです。経営の素人同然のアルバイトでも、その店舗の経営を左右する発
注の仕事をこなせるのは、仮説と検証を繰り返すからです。

明日の天気や周辺地域のイベントなどの情報をもとに、明日の売れ筋の仮説
を立て、発注します。そして、販売の結果をPOSデータで検証し、売れてい
れば仮説は正しかった、売れなかったら仮説がずれていたことになり、次の仮
説に活かしていきます。

仮に何の仮説も持たずに発注をしていたら、販売データを見ても、何の検証
もできません。売り上げのデータは、事前に仮説を立てることによって、はじ
めて意味を生み出します。アルバイトのスタッフに至るまで、仮説検証を徹底
させ、一人ひとりがデータを読む・使う力を持っていることが、セブン-イレ
ブン成長の大きな原動力になっていると考えられます。

3-3 | 身近なデータ利活用の事例2選

　近年、ビジネス、自然科学、医療、行政の様々な場面で、勘、経験、度胸（KKD）だけに頼るのではなく、データに基づく物事の把握、意思決定が求められています。テクノロジーの革新によってその動きが急激に加速しており、データ利活用は既に様々な場面で必要不可欠なものとなっています。今後、データを収集➡蓄積➡処理➡分析する技術の普及がさらに進み、業界、分野、組織の規模に関係なく、これまで困難とされてきたことを実現する「データ利活用の力」を誰もが手にするはずです。

　ここでは、実際にどのような場面でどのようにデータが活用されているか、2つの具体的な事例を交えながら紹介します。

▶ データ利活用の様々な場面

ビジネス	行政	医療・科学
設備予防保全　保険料評定 レコメンデーション 需要予測　　出店計画 A/Bテスト	災害(地震等)被害予測 気象予測　地方交付税配分 世論調査	新薬開発　　感染源特定 スポーツアナリティクス 生物の個体数調査

データ利活用事例① 商品需要予測

　スーパーマーケットやコンビニなどの小売流通業では、店舗の販売実績や販売計画のほか、気象情報などのデータをもとに、商品需要を予測する仕組みの導入が活発化しています。例えば、コンビニ大手のローソンでは約1万4000店に「セミオート発注」という仕組みが導入されており、元々手作業で発注数を算出していた時に比べて、所要時間が半分以上短縮できたと発表されています。具体的に、天候や気温データ、昨年の販売データのほかに、共通ポイントカード「ポンタカード」の会員データ、同立地の他店舗販売データ、本部の販売施策など約100種類のデータを説明変数として分析し、AIチューニングや

137

統計解析を経て、推奨発注数を算出しています。この推奨発注数で注文すれば完全自動となりますが、それだけだと店舗近隣の状態などは考慮されていません。そのため、各店舗の発注担当が、イベントや学校の休日、競合店の出店や閉店などの商圏内で起こる変化を加味して、最終発注数を決めています。つまり、データやAI等で洗練された形式知に対して、人間の長年の経験・勘を融合させた合理的な仕組みとなっています。

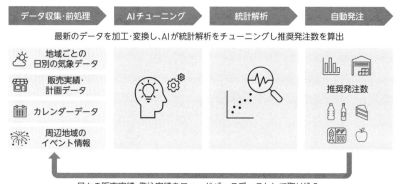

▶ 商品需要予測の仕組み

| データ収集·前処理 ▶ | AIチューニング ▶ | 統計解析 ▶ | 自動発注 |

最新のデータを加工・変換し、AIが統計解析をチューニングし推奨発注数を算出

地域ごとの日別の気象データ
販売実績・計画データ
カレンダーデータ
周辺地域のイベント情報

推奨発注数

日々の販売実績·発注実績をフィードバックデータとして取り込み

元々小売のコンビニでは、売り場面積に強い制約があり、多量の商品在庫を抱えることができません。特に販売期間が短く、需要予測が難しかった牛乳やお弁当などは賞味期限が短いため、売れ残ってしまうと廃棄せざるを得ません。農林水産省が公表している推計値によると、国内では2020年度で年間522万トンの食品ロスが発生しているうちに、コンビニやスーパーなどの食品小売業が60万トンを占めていました。特にコンビニは、国内約5万6000店という店舗数の多さや生活への身近さから、販売期限切れの弁当や売れ残った恵方巻きなどの季節商品の大量廃棄がたびたび話題となり、食品ロスの象徴として注目を浴びてきたこともあります。食品ロスの原因のひとつが、需要と供給のミスマッチです。食品小売業では、廃棄ロスを最小化しつつも売上を最大化することが大きな課題となります。準備した食品の数が多すぎて売り残れば、廃棄せざるを得ません。逆に少なければ販売機会ロスとなります。食品の正確な需要予測ができれば、廃棄ロスの削減と売上の向上を両立させることができるため、過去の売上や気象データなどを活用した需要予測に基づき、食品の製造量や発

注量を調整するといった取り組みがますます欠かせないでしょう。

データ利活用事例② レコメンデーション

「レコメンド」（recommend）とは「おすすめする」「推薦する」ということを意味する言葉です。ECサイトの訪問者が「見たい」「買いたい」と思うような商品やコンテンツを表示することを「レコメンド」と言います。例えば、ECサイトでは、「この商品を買った人はこんな商品も買っています。」といった表示（レコメンド）をよく目にするはずです。このレコメンド機能は、サイトを訪れたユーザーの属性、購買行動、検索履歴、ページレビュー履歴、商品の評価などのデータを分析することで、利用者の嗜好の傾向を把握し、購入確率の高いと判断された商品を勧める仕組みです。そのため、レコメンド機能は、利用者自身が今まで存在を知らなかった商品に気づくきっかけとなり、利用者の潜在的なニーズの引き出しに役立ちます。

■▶ レコメンデーションサービスの仕組み

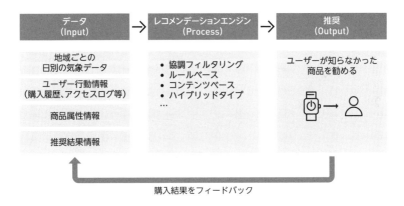

購入結果をフィードバック

　そのレコメンド機能を支えるコア技術は機械学習です。機械学習では既知のデータから有用な規則・ルールをパターン分けして識別した上で、そのパターンを繰り返して学習することで、新たに入力されたデータについても、それに対応する結果を予測できるようになります。更に、ECサイト内で閉じた内部データだけではなく、リアル（実店舗）でのデータおよび流行などを反映する外部データ（例：SNSのテキストデータ、外部の広告データ、口コミデータなど）

を組み合わせた分析処理が既に多くのECサイトに採用されて、ECサイト全体の収益性・利便性およびユーザーの体験（UX）を高めるのに役立っています。

　例えば、この領域の先駆者とされるAmazonにおいては、すでに売上の約35%はレコメンドエンジンによって生み出されている状態となっています[*]。

[*] https://evdelo.com/amazons-recommendation-algorithm-drives-35-of-its-sales/

第 **4** 章

データ利活用を支える
データマネジメントの全体像

4-1 データマネジメントとは

　前章で説明したように、データ利活用を進めるには、データ利活用の環境整備やビジネスプロセスの標準化、データの品質向上を継続的に維持することが欠かせません。これらを支える活動の基盤はデータマネジメントとなります。まず、データマネジメントの定義を見ていきましょう。

> データマネジメントとは、データをビジネスに活かせる状態を継続的に維持・管理するための組織的な活動である。

データマネジメントの定義から見えてくる3つの要点

　データマネジメントの定義を因数分解すると、次の図の3つの要点が見えてきます。

▶ データマネジメント定義における3つの要点

データマネジメントとは、①データをビジネスに活かすことができる状態を②継続的に維持・管理するための③組織的な活動である

①	②	③
データをビジネスに活かす状態にすること	データの状態を維持・管理すること	組織的な活動が必要であること

要点① データをビジネスに活かす状態にすること

　データを用いて、どのようにビジネスに活かすかは、データマネジメントを考える上で最も重要な論点です。データマネジメントの目的が全てデータの利活用にあると言っても過言ではありません。言い換えれば、そもそも利活用を見込めないデータはマネジメントする必要すらありません。更に、企業内にある様々なデータにおけるビジネス上の優先度と重要度が異なるため、何もかも一緒くたに取り扱うべきではありません。マーケティングを例にとって考えてみましょう。マーケティングとは、ひと言でいうと「売れる仕組みを作ること」

です。世の中に様々な製品やサービスが溢れる今では、顧客に自社の製品・サービスを選んでもらうためには、顧客を理解して顧客のニーズを把握することが欠かせません。顧客データを収集、分析することで、顧客への理解を深められたら、より効果的なマーケティング施策を企画・実行できます。そのため、近年、顧客データの活用を主軸としたマーケティングが活発化しており、顧客データが重要視される傾向がますます強くなってきています。例えば、顧客の住所・年齢・年収・家族構成のような顧客情報や、顧客の購入履歴、Webサイトのアクセスログ、リアルな店舗での行動データから、顧客の表面的な欲求ではなく、顧客自身も自覚していない潜在的なニーズ（つまり、顧客インサイト）を理解できれば、ヒット商品・サービスが生み出しやすくなります。顧客データをマーケティング戦略・施策に活かす状態にするために、顧客データを収集、蓄積、加工、分析する環境の整備、データ品質の担保、個人情報のプライバシー保護などを包括的に実現するデータマネジメントが欠かせません。

要点② データの状態を維持・管理すること

　データマネジメントの世界観から見ると、データは生き物のようなものです。データは時間の経過とともに、様々な業務とシステム（機械）の中で次から次へと生成され、様々な目的で処理されたり活用されたりして、最終的に廃棄されます。データが生成されてから廃棄されるまでの一連のプロセスは、データライフサイクルと言います。我々人間と同様に、データが誕生してから死ぬまで、つまり、生成➡蓄積➡処理➡活用➡廃棄までのステージをたどって自分の一生を終えます。そのため、データマネジメントは、ある時点のデータだけをターゲットに、ピンポイントでの施策を打っておけばよいわけではありません。人間が幼児期から高齢期まで生涯を通じて学び続けることを大事にしているように、データの一生涯にわたるデータライフサイクルを通して、データマネジメントの活動を継続的に実施しなければ、ビジネスにもたらす効果が長続きしません。つまり、データがビジネスに活用されている状態に到達するまでに、一度きりの活動ではなく、PDCA（計画➡実行➡評価➡改善）を繰り返して回しながら、データの価値を徐々に創出していくことが重要です。そのイメージは次の図の同心円のように、データライフサイクル全体（データの一生涯）を対象としたデータマネジメントの活動を絶えずPDCAで回していくことになります。

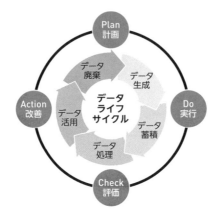

■➤ データライフサイクル全体を対象とするデータマネジメント

要点③ 組織的な活動が必要であること

　企業内では様々なデータの発生元もデータの利用者も様々な部門に分散しているのが一般的です。それらのステークホルダー（利害関係者）を全社横断でまとめて組織化しなければ、データマネジメントを継続的な活動として成立させることができません。データマネジメントが組織化した取り組みである限り、組織・ヒトがその拠り所となります。従って、データマネジメント活動の成否を握るのはデータマネジメントの組織設計と言っても過言ではありません。データマネジメントの推進にあたって、その推進体制と様々なステークホルダー（経営層、中間管理職、業務部門・IT部門の現場の社員を含む）の役割を明確に定義した上で、組織内で合意形成されていくことが欠かせません。データマネジメントの組織設計に関しては、第7章（データマネジメント　組織とヒト層）で詳しく述べますが、データマネジメントを全社横断的で行う必要があるため、全社レベルで物事を俯瞰できる経営層が果たす役割が極めて重要です。経営層がデータマネジメントの本質を理解し、データマネジメントに投入する企業資源（人、モノ、カネなど）を確保するのはもちろんのこと、経営層が自らリーダーシップを取って、データマネジメントの取り組みを続けなければ、組織の持続的な成長は実現できません。

データマネジメントとデータ利活用の切り離せない関係

　データ利活用とデータマネジメントは関連する言葉として使われており、しばしば混同されますが、今一度、基本概念からデータ利活用とデータマネジメントの関係性を整理しておきたいです。まず、前章で説明したデータ利活用の定義を振り返ってみましょう。

　　データ利活用とは、課題の解決を目的とした、データを収集、蓄積、
　　処理、分析、活用する一連のプロセスのこと。

　上記の定義の解像度を現場レベルまで上げると、業務部門の現場では実務担当者の一人ひとりがデータの意味合いを理解し、自分の業務の中でデータの利活用を実践しながら、データの価値を課題解決につなげていくことになります。現場の取り組みを支えるための環境（システム）、業務プロセス、データ、この3点セットを整備しておくのがデータマネジメントの役割です。言い換えれば、データ利活用を支える手段として、データマネジメントという活動基盤が全社・組織レベルに存在するわけです。逆にデータマネジメントのビューから見ると、必要な環境・業務プロセス・データの3点セットを整備することで、データ利活用という上位目的を達成し、最終的にビジネスの価値の創出にもつながるため、データ利活用とデータマネジメントは切っても切り離せない関係です。

COLUMN データマネジメントの知識体系 "DMBOK" とは

　データマネジメントを体系的に理解する上では外せないのはDMBOKです。DMBOKは "Data Management Body of Knowledge" の略で、データマネジメントに関する知識を体系化したガイドブックです。データマネジメントに取り組むための専門書として、データマネジメントの構成要素を理解することに大いに役立ちます。そのDMBOKでは、DAMAホイール図を用いて、11のデータマネジメントの知識領域を次のように定義しています。

DAMAホイール図は左のように「データガバナンス」を中心にして、その周囲に以下の項目がならんでいます。

・データアーキテクチャ
・データモデリングとデザイン
・データストレージとオペレーション
・データセキュリティ
・データ統合と相互運用性
・ドキュメントとコンテンツ管理
・参照データとマスタデータ
・データウェアハウスとビジネスインテリジェンス
・メタデータ
・データ品質

Copyright© 2017 DAMA International

出典：DAMA INTERNATIONAL「DMBOK 2 Wheel」
(https://www.dama.org/cpages/dmbok-2-wheel-images)

　DMBOKは、プロジェクトマネジメントの領域で普及されているPMBOK（Project Management Body of Knowledge）（プロジェクト管理に関するノウハウや手法を体系的にまとめたもの）との考え方は似ています。要するに、データマネジメントという領域に対して、各企業・団体・個人がそれぞれ定義し、バラバラになっているデータマネジメントの概念や知識、用語を統一することで、グローバルでも通じ合えるデファクト・スタンダード（事実上の標準）として確立することです。確かに、DMBOKのおかげで、データマネジメントに関わる実務者の間では、共通言語を使ってデータマネジメントを議論することが可能になり、データマネジメントに関わる者同士でのコミュニケーションが円滑になったと筆者も実感しています。

　しかしその一方で、DMBOKの各知識領域の執筆者が異なるため、各章の内容で同じ論点に対するダブっている記述も見受けられたり、11の知識領域の網羅性を追求したりするあまりに、それぞれの要点がぼやけているように感じる部分もあります。また、DMBOKには情報技術などの専門用語が多く登場しているため、データマネジメントの入門書にしては難解な側面もあります。本書ではその側面を考慮し、データマネジメントの要点を押さえた上で、専門用語を極力使わずに、DMBOKのエッセンスをかみ砕いて解説するように工夫しています。

4-2 | データマネジメントの全体像

　これからデータマネジメントの全体像という地図を大きく広げて、その全体を俯瞰してみましょう。次の図は、DMBOK のフレームワークをもとに、筆者自身がその内容を整理し、様々なプロジェクトで実践してきたデータマネジメントのフレームワークです。

▶ データマネジメント全体像（3階層8要素）

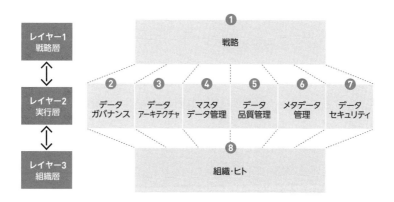

　データマネジメント全体は8つの要素によって構成されています。その8つの要素は次の図のように戦略、実行、組織の3階層に分けられます。戦略、実行、組織の3階層の概要は次の図の通りです。

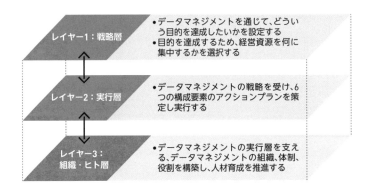

データマネジメントの3階層

レイヤー1：戦略層	●データマネジメントを通じて、どういう目的を達成したいかを設定する ●目的を達成するため、経営資源を何に集中するかを選択する
レイヤー2：実行層	●データマネジメントの戦略を受け、6つの構成要素のアクションプランを策定し実行する
レイヤー3： 組織・ヒト層	●データマネジメントの実行層を支える、データマネジメントの組織、体制、役割を構築し、人材育成を推進する

データマネジメントの戦略層

　戦略層はデータマネジメントフレームワークの最上位の概念として、組織におけるデータマネジメント全体の目的、戦略、アクションプランを策定します。データマネジメントという手段を通して、「どういう目的を達成したいか」「どういう課題を解決したいか」と問いかけて、そのあるべき姿を言語化するのはデータマネジメントの一丁目一番地です。そして、あるべき姿と現在の立ち位置のギャップはどこにあるのか、そのキャップを埋めるには、いつまでにどういうアクションを取れればよいのかという道筋をつける必要があります。つまり、ゴール付近の景色、あるべき姿の状態を想像しながら、ゴールから逆算して道筋を見出していくアプローチとなります。これはスティーブン・R・コヴィー博士の名著『7つの習慣』（キングベアー出版）に書かれている通り、何事も「終わりを思い描くことから始める」ということです。これはデータマネジメントの戦略を考える際にも応用できる思考法です。

データマネジメントの実行層

　実行層は、データガバナンス、データアーキテクチャ、マスタデータ管理、データ品質管理、メタデータ管理、データセキュリティ、この6つの要素によって構成されています。それぞれの構成要素の定義は次の表に示しています。

	構成要素	定義
1	データガバナンス	・企業がデータ資産を効果的かつ効率的に使用するための**全社横断の方針・プロセス・ルール・体制の集合体**
2	データアーキテクチャ	・企業内外のデータの収集、蓄積、処理、分析のプロセスを**標準化するデータ基盤**の青写真
3	マスタデータ管理	・全社共有資源であるマスタデータを**全社的に統合し、その品質を維持**するための活動
4	データ品質管理	・データに品質管理を適用し、その活動をPDCAで行うことで、**データ利用側の目的と品質要求に満たす**ことを担保する活動
5	メタデータ管理	・他のデータを説明するデータを対象とし、**データの生い立ち、関連性、データの流れを追跡するプロセス（データ・リネージュ）**を管理する活動
6	データセキュリティ	・企業のデータ資産を保護し、**データの機密性、整合性、可用性を維持**するために採用される一連の対策

データマネジメントの組織・ヒト層

　組織・ヒト層にはデータマネジメントの実行を担う組織の立ち上げおよび維持、人材の獲得と育成が含まれています。戦略層、実行層の構成要素を現場レベルまで落とし込む主体者は言うまでもなくデータマネジメントの組織とその組織を構成するヒトです。データマネジメントの戦略層、実行層を支えるために、どのようにヒトを獲得して育成するのか、どのようにデータドリブンな組織文化を醸成していくのか、どういった組織構造と体制を作って人を束ねて動かしていくのか、これらの問いかけはデータマネジメント全体の行方を左右する重要な論点です。なぜならば、人のもつ知見、熱意、行動力と組織の一体感がなければ、物事を一歩も前進させることができないからです（第7章で更に解説していきます）。

4-3 データマネジメントでデータ利活用の課題を紐解く

前章で紹介した現場でよくあるデータ利活用の課題に対して、どのように解いていくのか、データマネジメントの各構成要素と紐づけて考えれば、その解決の糸口が見えてきます。典型的なデータ利活用の課題とデータマネジメントの各構成要素との紐づけ関係は次の表の通りです。

▶ **データ利活用課題とデータマネジメント構成要素のマトリックス表**

凡例：●該当

課題概要		データマネジメントの構成要素						
		データマネジメント戦略	データガバナンス	データアーキテクチャ	マスタデータ管理	メタデータ管理	データセキュリティ	組織·ヒト
戦略	データ活用が広がらない	●	●					●
	意思決定プロセスに無関係	●						
	目的·目標設定が不明	●						
	効果検証が困難	●						●
	経営戦略上の位置づけが曖昧	●						●
	プライバシー·セキュリティ意識が低下	●					●	
業務	業務として定着しない		●					●
	関与度が上がらない		●					●
	作業負担が大きい			●		●		●
	データが見つからない			●		●		

	課題概要	データマネジメントの構成要素						
		データマネジメント戦略	データガバナンス	データアーキテクチャ	マスタデータ管理	メタデータ管理	データセキュリティ	組織・ヒト
システム・データ	データ品質が低い			●		●		●
	データが各システムに散在			●	●	●		
	データが不十分			●	●	●		
	データ粒度がバラバラ			●	●			
ヒト・組織	データ活用人材が不足	●				●		●
	データ活用が属人化	●				●		●
	リーダーシップが欠如	●	●					●
	データ活用への理解が不足	●				●		●

上の表の紐づけ関係を見ていただければ分かるように、現実的には多くの課題は複雑に絡み合っているため、データマネジメントの構成要素と1対1の関係では簡単に解決の方向性が見出せません。課題が大きすぎて漠然としている時は、大きな課題から生じる要素を洗い出し、「大きな課題」から「小さな課題」へ小分けにして具体化するアプローチが有効です。データ利活用の課題は多岐にわたる場合が多いため、その課題解決の入り口で勝敗を分けるのは課題の「要素分解」です。

　具体的に、大きな課題はいくつかの要素に分解した上、データマネジメントの各構成要素から複眼的に課題の真因を特定して、解決策を練り上げる必要があります。例えば、「データ利活用が広がらない」といった課題であれば、個々の事業部が強い権限を持っているゆえに、独自の予算で業務の個別最適化に合わせたデータ利活用を事業部内部で閉じて進めてきたケースが多いです。それを要素分解すると、「データマネジメント戦略」における課題もあれば、今まで縦割りの組織文化の下で、表裏一体で作られてきたシステムとそのシステムにあるデータがサイロ化されており、全社横串でデータ活用できないという「データガバナンス」と「組織構造」の課題も明らかになってくるでしょう。

　ここまでデータマネジメント定義、その全体像（3階層8つの構成要素）、データ利活用の課題とデータマネジメントの紐づけ関係を紹介してきました。「レ

イヤー1の戦略層」のデータマネジメント戦略は、全体を通して上から「レイヤー2の実行層」を横串で刺す形になっています。「レイヤー3の組織層」がデータマネジメント全体の土台として、下から「レイヤー2の実行層」（データガバナンス、データアーキテクチャなどの6つの要素）を支えています。次章から、「レイヤー1」から「レイヤー3」までを順に、データマネジメントの戦略論を先に述べて、次に実行層の各構成要素をそれぞれ掘り下げていき、最終章にデータマネジメントの組織・人材論で締めくくるような流れで解説していきます。

では、早速、データマネジメント戦略を見ていきましょう。

データマネジメント
戦略層

第1章ではDX戦略策定について触れましたが、本章はデータマネジメントの戦略そのものに焦点を当てていきます。データマネジメントの戦略のない状態で活動が始まると、現場の社員たちから「データマネジメントがなぜ必要なのか」「データマネジメントはどういうゴールを目指しているのか」「データマネジメントはどういう効果をもたらしてくれるのか」などの疑問が湧いてくるでしょう。明確な戦略を定めることにより、これらの疑問が解消され、現場の社員たちがデータマネジメントの必要性、目指す方向性、ビジネスにもたらす効果などを理解した上で、腹落ち感を持ってデータマネジメント実行層の施策を現場まで落とし込めます。本章は、戦略における基本概念に触れた後に、データマネジメントの戦略策定の手順を解説していきます。

5-1 そもそも戦略とは？

　戦略とは、元々軍事用語として使われていた言葉です。戦略の「戦」は戦うこと、「略」は略すことです。平たく言えば、戦いに勝利するという目的を達成するために、無駄なものを徹底的に略して、「やらなきゃいけない」ことだけを選択することです。ビジネスにおける戦略は次の通りに定義します。

　戦略とは、特定の目的を達成するために、自社の持っている経営資源（ヒト、モノ、カネ、情報、時間、知財など）を何に集中させるのかを選択すること。

戦略の定義における3つの視点

　戦略の定義を要素分解したら、次の図のように「目的」「経営資源」「選択と集中」、3つのポイントが見えてきます。その3つのポイントから逆説的に解釈すると、戦略の概念をより深く理解できます。

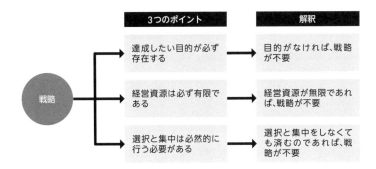

戦略の定義から見えてくる3つのポイント

目的がなければ、戦略が不要

　達成したい目的があるからこそ、戦略が存在するわけです。明確な目的を設定しないと、戦略を定めることができません。目的が曖昧なままで手段だけにこだわり、いざ実行に移すと、途中で進む方向性がぶれてしまい、結局、どこを目指すべきかが分からなくなってきます。

経営資源が無限であれば、戦略が不要

　ヒト、カネ、モノ、情報、時間、知財などの経営資源を無限に持っている企業は存在し得ません。いくらGAFAのような時価総額トップに上り詰めた企業でも自らの持つ「カネ、ヒト、モノなど」に物理的な限りがあります。また、企業のビジネス活動および予期せぬ環境変化（株価の変動、M＆A、不祥事、予期せぬ感染症の流行、自然災害など）によって、その経営資源は増えたり、減ったりしています。企業の経営状況、財政事情は様々ではありますが、経営者が思うままに、無尽蔵に経営資源が使えることはあり得ません。

選択と集中をしなくても済むのであれば、戦略が不要

　物理的に限りある経営資源に対して、企業としてやることを選ぶと同時に、やらないことを選ぶのも「選択と集中」の基本的な考え方です。「選択と集中」とは、企業の経営戦略上、得意とする、あるいは得意としたい事業分野を絞り込み、そこに経営資源を集中することを指します。つまり、多くの事業の中から得意とする事業を選別し、そこの経営資源を集中させることで、大きな利益を生み出し、事業価値を最大化させるという目的です。

戦略展開の基本的な考え方

　本節では、第1章（DX戦略策定）で説明した戦略と戦術の違いを簡単にお
さらいして、戦略の展開における基本的な考え方を解説していきます。戦術は、
戦略に沿って立案される、具体的なアクションプランのことです。ひとつの戦
略に対して、複数の戦術が組み合わされることも多いです。例えば、あなたが
アパレル店員だとしたら、季節ごとに行われるキャンペーンや、店内のポスター
掲示、SNSによる情報発信など、日々の活動がまさにマーケティング戦略に沿っ
た戦術そのものです。また、目的が異なれば、戦略や戦術も変わってきます。
例えば、世界一を目指すのと、日本国内No.1を目指すのと、千葉県内No.1を
目指すのでは、戦略・戦術はかなり異なるはずです。そのため、戦略・戦術を
考える以前に、そもそもどんな目的のために戦略・戦術が必要なのかを明確に
することが重要です。

戦略のカスケーディング

　目的、戦略、戦術の関係を理解したところで、企業内で具体的にどのよう
に戦略を展開して、浸透させていくのか、その答えは「戦略のカスケーディン
グ」という言葉に隠れています。そもそもカスケーディングとは、英語の
「cascading」のことで、連なった小さな滝が落ちるという意味です。連続し
たもの、数珠つなぎになったものを意味する言葉として様々な分野で使われて
います。ビジネスにおける「戦略のカスケーディング」とは、会社の経営層が
設定した目標や戦略が、経営層から末端の社員まで細分化されていくことです。
多くの企業内では経営層だけが企業戦略を理解しており、下位の階層の組織に
伝わり切れていないことは多々あります。これは「戦略のカスケーディング」
が正しくできていないということです。上位の目的や戦略を下層部にしっかり
理解させないと、戦術の実施はうまく行かなくて当然です。企業における「戦
略のカスケーディング」の概念は次の図のように、上層の戦術が下層の目的と
なり、下層はその目的に応じて戦略・戦術が決定されます。全体的な流れとし
ては、全社単位で目的➡戦略➡戦術が先に決定され、全社単位の戦術に基づい
て部門単位の目的➡戦略➡戦術が展開されます。次に、その部門単位の戦術に
合わせて、課単位の目的➡戦略➡戦術が順に落とし込まれ、最終的に、課単位
の戦術をもとに、社員の個人単位の目的➡戦略➡戦術まで浸透していきます。

このように上位から下位へ目的・戦略・戦術が段階的に落とし込まれることで、戦略が連なった滝が落ちていくように、上位組織から下位組織、そして個人まで戦略が展開されることとなります。

━━▶ 戦略のカスケーディング

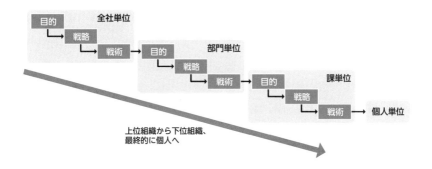

参考：Rock Your Strategy「How To Cascade Strategy To Deliver Excellent Results」
(https://rockyourstrategy.com/how-to-cascade-strategy-to-deliver-excellent-results/)

データマネジメント戦略のカスケーディング

　戦略のカスケーディングをデータマネジメントに応用したものが、次の図に示すデータマネジメント戦略のカスケーディングです。データマネジメント戦略のカスケーディングでは、データマネジメントの上位に事業が位置づけられています。事業ごとに目的（事業目的）、その目的に基づく戦略（事業戦略）、事業戦略に基づく戦術（事業戦術）が決定されます。データマネジメント戦略のカスケーディングのポイントとしては、データマネジメントの目的が事業戦術をもとに決定されることです。言い換えれば、データマネジメントは事業を成功に導くこと、すなわち事業利益の最大化または事業による企業価値の向上を目的とするものであり、単なるシステム・業務の導入を目的とするものではありません。データマネジメントの目的は事業戦術によって導かれて、その目的を達成するために、データマネジメント戦略が策定されるわけです。更に、策定されたデータマネジメント戦略を全社単位➡部門単位➡課単位などの各階層に順次に落とし込んでいく中で、上下の組織階層の「目的・戦略・戦術」が連動し合います。最終的に、データマネジメントの戦略が連なった滝のように、全社単位➡部門単位➡課単位➡社員レベルまで展開され、経営層から中間管理

層、現場の社員層まで浸透されることになります。

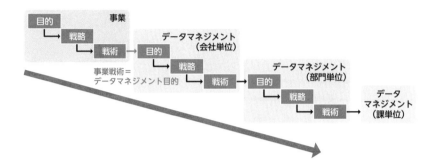

データマネジメント戦略のカスケーディング

5-2 | データマネジメント戦略策定の 4つのステップ

　ここからデータマネジメントの戦略策定の進め方を説明します。その進め方は、大きく分けて4つのステップがあります。ステップ①で企業のデータマネジメントの現在地を「データマネジメント成熟度アセスメント」で把握し、ステップ②で事業戦略または現場の課題などからデータマネジメントの目的・目標という目的地を導き出します。ステップ②まで進められれば、自社のデータマネジメントの「現在地」と「目的地」の両方が見えてくるはずです。その「現在地」と「目的地」の2点を観測し、その間にあるギャップを洗い出していきます。次のステップ③で「現在地」と「目的地」の間にあるギャップをどのように埋めればよいのか、その実行計画（ロードマップ）を策定します。最後のステップ④で実行計画を踏まえ、投資対効果を試算した上、目的地にたどり着くための経営資源（ヒト、もの、カネなど）を確保し、実行のフェーズに移る準備を整えます。これからその4つのステップを順次解説していきます。

▶ データマネジメントの戦略策定4つのステップ

| ❶ 現在地の把握 | ❷ 目的、目標の設定 | ❸ 実行計画の策定 | ❹ 投資対効果試算 |

データマネジメントの戦略策定4つのステップ① 現在地の把握

　日常生活で、ある目的地に向かう場合、今の自分がいる場所（現在地）を把握していないと、目的地までの方角（どの方向・ベクトル）や距離も分かりませんし、当然目的地には到着できません。データマネジメントの活動も同様で、まず「現在地」を正しく知ることが必要です。データマネジメントの全体像および構成要素を理解し、その構成要素を現場に落とし込む前に、自社の現状を客観的に評価し、自社の置かれた状況をより深く理解できれば、次にどのような戦略を練り、どのような対策を講じる必要があるのか、自ずと見えてくるものです。自社のデータマネジメント活動の現状を客観的に評価することには、

DMBOKで提唱されている「データマネジメント成熟度アセスメント」(Data Management Maturity Assessment) という手法が有効です。データマネジメント成熟度アセスメントとは、データマネジメントの各構成要素（データガバナンス、データアーキテクチャ、マスタデータ管理など）がどの程度実現できているか、自分の組織にとって具体的な強みと弱みがどこにあるかを明確にした上で、データマネジメントの成熟度をランク付けする手法です。アセスメントの結果が得られれば、自社がどのレベルに位置するのか、何が足りないのかを現在地として把握できるため、データマネジメントにおける目的設定や課題整理にインプットできるようになります。更に、それをもとに、業界のベンチマークやほかの企業と比較し、自社の改善ポイントを見つけ出すことにもつながります。次の図は、DMBOKで提唱されているアセスメントレベルを参考に、筆者の実務経験を踏まえて考案したデータマネジメント成熟度の各レベルの定義を示したものです。

▶ データマネジメント成熟度レベル0～レベル5

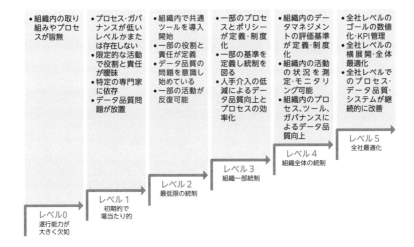

上記のデータマネジメント成熟度を用いたアセスメントは、健康診断に例えると、問診票や血液検査レベルのものです。その結果を見て、自社の遅れている部分、弱い部分、あるいはこれから伸ばしていきたい部分を把握できるようになります。その次に、必要に応じて外部機関による詳細診断（健康診断で言

えば、精密検査のようなもの）を行います。詳細診断のイメージとしては、データマネジメントの各構成要素（データ品質管理、マスタデータ管理など）を対象に、成熟度レベルごとに実施するべき活動・成果物・役割などの項目を予め定義し、その定義された内容と企業の現状を突き合わせることで、構成要素ごとに企業の現在のレベルを測れるようになります。そして、詳細診断の結果が「要治療」になった項目に対して、データマネジメントの推進組織が外部機関（コンサルティング会社など）と連携を取って、問題解決のための対策を検討・実施していくことになります。最後に、データマネジメントを継続的な取り組みとして捉えて、対策を打った後でも、治療後の定期検診のように、成熟度アセスメントを定期的に行い、定点観測で成熟度の向上を継続的に図っていくことが重要です。

▶ データマネジメント成熟度を向上させるアプローチ

データマネジメント戦略策定の4つのステップ② 目的・目標の設定

このステップではデータマネジメントの目的と目標を明確化していきます。ところが、「目的」と「目標」は、似ているようで実は全く異なる意味合いを持つ言葉です。まず、目的、目標の定義とその違いを見ていきましょう。

目的、目標の定義とその違い

目的、目標の定義は以下の通りです。

- 目的：最終的に成し遂げようとする事柄であり、目指すべき到達点
- 目標：目的を成し遂げるために設けた具体的な的（まと）

「目標」と「目的」の違いを山登りに例えるとシンプルです。目標がいつまでにどこまで登るかという具体的な到達点であるのに対して、目的はなぜその

山を登るのかという理由です。例えば、山登りにおける目的、つまり山登りをする理由は「頂上できれいな景色をみること」とします。山頂できれいな景色を見るには、日が明るいうちに頂上へ着く必要があります。往復6時間かかる山の場合は、「8時に登山を開始し、11時に頂上に着いて、14時に下山する」といった目標が立てられます。つまり、掲げた目標に対して、なぜそれを掲げるのかという問いに対する答えが目的です。目的に対して、それを実現するにはどうすればよいかという問いに対する答えが目標です。目的は目標の上位概念であるため、目的がなければ目標は存在し得ません。そのため、大前提としては、データマネジメント自体はあくまでも手段であり、目的にはなり得ないことを念頭に置いてください。データマネジメントの文脈から、「目的」と「目標」の違いについて、下記の例を取って説明します。

- 目的：経営判断のスピードアップを図る
- 目標：グループ会社に散在しているデータを統合し、顧客別取引高、日次の売上・在庫状況をリアルタイムに把握し、具体的な経営アクションを迅速化する

このように、目的が抽象的であり、目標はより具体的です。目的は最終的に目指すべき到達点のことですが、目標は目的を達成するまでの道のりに置かれる指標となるものです。また、目的、目標以外に、ゴールという言葉がありますが、ゴールは目標に含まれる概念として、最終的な目標のことを指します。

▶ 目的と目標の関係

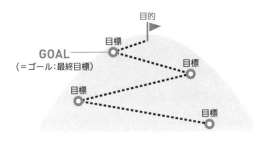

筆者自身、目的設定の際に心掛けていることがあります。それは、目的を極

力シンプルにすることです。目的がシンプルでなければ、ヒトがその内容を簡単に理解できない上、組織内で言語化して、共通言語として共有することも難しくなります。加えて、要素がたくさん複雑に絡み合う目的は、その後の目標、手段まで落とし込む際にうまく機能できません。なぜならば、複雑な目的から逆算して目標を立てて、目標から更に手段を具体化していくプロセスの中で、その複雑さが指数関数的に増していき、往々にしてどうしようもない大風呂敷まで広げられ、手を付けられない状況に変貌してしまうからです。

シンプルな目的を設定できるようになったら、次の仕事は目的から逆算し、目的を達成するための道筋を考えて目標を立てていきます。ここでもひとつの具体例でイメージをつかみましょう。例えば、「サッカーを通じて、子どもに夢を与える」の目的を設定したとしましょう。その目的を達成するため、目的から逆算したら、リーグ優勝という最終目標（ゴール）を設定できるのでしょう。更に、その最終目標（ゴール）への道筋を考えて、具体的な行動を進めるにあたって、「リーグ全試合出場」➡「レギュラー定着」➡「試合出場」のそれぞれの途中の目標が逆算して立てられます。

目的から逆算して目標を設定する

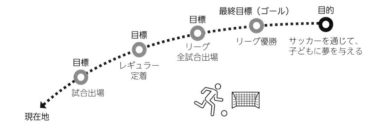

目標の設定で注意しておきたいのは「目標なら何でもよい」というわけではない点です。大切なのは「適切な目標」を設定することです。適切な目標というのは、誰がどう見ても明確となっている必要があります。その目標を明確にするには下記の5つの要素（SMART法則）を含んでいなければなりません。

┃ 目標における5つの要素

SMART法則とはSpecific（具体性）、Measurable（測定可能）、Achievable（達成可能）、Relevant（関連性）、Time-bound（期限）の頭文

字をとったものです。これからひとつずつ簡単に解説していきます。

▶【1】Specific（具体的である）

Specificは「具体的である」という要素です。目標を曖昧なままにしておくと、どのように達成すればよいのかが抽象的になってしまい、目標の達成率を下げてしまいます。従って、誰が見聞きしてもどのような目標なのか、イメージできるようでなければなりません。その目標を設定する時は、5W1Hを明確にしながら考えていくと、具体的な目標を設定することがそれほど難しくありません。

- 5W1H：Who（だれが）、When（いつ）、Where（どこで）、What（なにを）、Why（なぜ）、How（どのように）

▶【2】Measurable（測定可能）

Measurableは、その目標を達成できたかどうかを測定可能なことを指します。本当に達成できたのかどうかが曖昧な目標は適切ではありません。例えば、上司が掲げた目標が「○○を改善する」となっている場合、部下と上司の間で「改善」の定義が異なる可能性があります。その結果、部下は目標を達成できたと思っていても、上司は未達成だと認識するかもしれません。このようなことを避けるためにも「○○を改善する」だけではなく、「先月より生産性を30％向上させて改善をする」といったように、測定可能な数字を用いて目標を設定することが重要です。

▶【3】Achievable（達成可能）

Achievableは、その目標が現実的に達成できることを指します。理想を高く持つことはよいことかもしれませんが、あまりにも高い理想をもとに目標を設定してしまうと、不適切な目標になりかねません。例えば、外部環境や運に大きく依存する目標は不適切だということです。そういった不適切な目標を追っていくと、ヒトのモチベーションが低下したり、途中で脱落したりすることになりやすいです。一方で、達成可能にするとは、難易度を下げて簡単な目標を設定することではなく、努力や工夫によって達成が見込める、現実的にチャレンジできるレベルで設定することを意味します。

▶【4】Relevant（目的との関連づけ）

　Relevantは、所属する組織が目指す方向性や達成したい目的に基づいた目標のことを指します。組織における個人やチーム目標は、企業や組織のビジョンや目的の実現に寄与するものでなければなりません。企業の経営理念・ビジョン➡会社の目標➡部門の目標➡個人の目標のように全体がつながっていてこそ、個人が目標達成すれば部門が達成し、部門が目標達成すれば会社が目標達成するといった形で、個々の目標達成が大きな達成につながることとなります。

▶【5】Time-bound（期限が明確）

　Time-boundは期限が明確であることを指します。あらゆる目標には達成の期限が欠かせません。いくら設定した目標が具体的で可視化できているとしても、期限がなければ、そこから逆算して、いつまでに何をしなければならないという計画が立てられません。期限を意識した目標を設定することで「今何をするべきなのか」という具体的なアクションを明確にすることができます。期限がなくダラダラと仕事をするのではなく、適度な緊張感を持って目標達成に取り組むためにも、期限を設定することは重要なのです。

　最後に、売上目標の設定という具体例をSMARTの法則に当てはめてみましょう。最初に漠然としていた「売上を伸ばす」という目標でも、下記のようにSMARTの法則に当てはめることによって、明確なものにブラッシュアップされます。

- ●最初に設定した目標：売上を伸ばすこと
  - Specific（具体性）：キャンペーンを開催し、商品Aの売上を伸ばす
  - Measurable（計量性）：昨年同月より20％伸ばす
  - Achievable（達成可能性）：先月は昨年同月比15％を達成したため、可能と考える
  - Relevant（関連性）：商品Aの売上を伸ばすとクロスセルで商品Bの売上にもよい影響を与える
  - Time-bound（期限）：今月中
- ●ブラッシュアップされた目標：今月中、キャンペーンを開催し、商品Aの売上を昨年同月より20％伸ばすこと

データマネジメントの目的設定の3つの方法

　目的と目標設定の考え方に触れた後に、これからデータマネジメントにおける目的をどのように設定するのかを見ていきましょう。筆者の場合は、「事業戦略との整合」「現状課題の分析」「他社事例の研究」、この3つの方法を用いて、データマネジメントの目的を設定するようにしています。これから3つの方法の概要を見ていきましょう。

▶【1】 データマネジメントの目的設定の方法① 事業戦略との整合

　データマネジメントの目的を考える上で、最も重要な論点は、その目的を事業戦略と整合させることによって、データマネジメントをビジネスにどう活かしていくのかを明確にすることです。データマネジメントの目的となるデータ利活用、更にデータ利活用の目的となる事業戦略の真意を読み解き、事業戦略上でのデータマネジメントの位置づけや、目的を策定する必要があります。その際に、事業戦略に対応するデータ利活用の機会を洗い出して、そのデータ利活用の機会からデータマネジメントの目的まで導き出すことになります。

　例えば、とある小売り企業の事業戦略として、オムニチャネル戦略を策定したとしましょう。オムニチャネル戦略を具体的に言うと、あらゆる顧客との接点（タッチポイント）を統合的に管理して、一貫性のあるサービスを提供するためのデジタル戦略です。オムニチャネル戦略で使われるチャネルは実店舗、ECサイト、アプリ、SNSなど様々な種類があります。この全ての販売チャネルを連携させ、顧客データの利活用による顧客体験を向上させることがオムニチャネル戦略の目的です。

　そして、オムニチャネル戦略を実現可能にする最も重要なポイントは、全てのチャネルにおける顧客マスタデータやPOS実売履歴などのトランザクション情報を統合し、一元管理することです。具体的に、一瞬の販売機会を逃すことのないよう、外回りの営業担当者、店舗の責任者、ECサイト運営者の誰もが、リアルな購買情報を照会できる仕組みを構築した上、一元に統合された高品質なデータを分析して得られた示唆を各チャネルのマーケティング施策に活かすことです。上記の内容を踏まえて、事業戦略、データ利活用、データマネジメントの順番で整理した結果は以下のようになります。

目的	オムニチャネル戦略
戦略	全ての販売チャネルを連携させ、顧客データの活用による顧客体験の向上を目指す
戦術	全てのチャネルにおける顧客マスタデータやPOS実売履歴などのトランザクション情報を統合し、一元管理する

　データマネジメントの目的と事業戦略を整合させる際に、ひとつの留意点があります。それは合意形成を重要視することです。データマネジメントに関わる社内のステークホルダーが一般的に、広範囲にわたるため、横断的に利害関係を調整する場面が必ず出てきます。その際に、事業戦略、IT戦略それぞれの責任者をアサインし、データマネジメント戦略の実務担当者とともに、データマネジメントの目的に対する合意を形成するのは欠かせません。その理由としては、データマネジメントは往々にしてDX、データドリブン経営の一環として取り組んでいくことが多く、今までの事業戦略の延長線上で既存の業務を改善するだけでできることではありません。

　データマネジメントの目的を客観的に見て、合理的であったとしても、事業部門、IT部門の責任者がリスク回避や不安など主観的な要因によって賛成できないことが多々あります。これは「現状維持バイアス」とも言われています。「現状維持バイアス」によって、組織の現在の状態を維持する方向に働いて、データマネジメントという新しい試みほど組織内から理解を得ることが難しく、反対の意見を唱える抵抗勢力も少なからず存在するわけです。

　とはいえ、「データマネジメントは経営層の指示だから」というトップダウン的に一方的に進めようとすると、ステークホルダーは表面上協力しているように見えても、実際に「同床異夢」になっている場合が多いです。つまり、事業部門、IT部門がデータマネジメントの必要性を認識しているものの、データマネジメントの優先順位がそれぞれの部門によって異なっていることから、その取り組みにコミットメントできない問題があります。そのため、目的に対する合意形成をおろそかにして、データマネジメントの活動を進めても、肝心なところは何も変わっていない（新しいシステムができ上がっても活用されない、新しい業務プロセスが策定されても守らない）といった事態に陥ってしまうのです。従って、データマネジメントを成功に導くには、合意形成のプロセ

スに正面から向き合うしかありません。泥臭い人間関係の調整から逃げたら、それはそれで試合終了です。次の図のように、データマネジメントの活動を合意形成の連続として捉えた上で、目的の合意形成のため時間をかけて、社内調整を丁寧に行っていくのがポイントです。

▮▶ データマネジメントの活動は合意形成の連続

▶【2】データマネジメントの目的設定の方法②　現状課題の分析

データマネジメントの目的を設定するもうひとつの方法は、課題を起点にして、現状の課題を洗い出し、整理・分析することで、目的を明確にすることです。現状ではどのような課題を抱えているのか、どういう影響があるのかを洗い出して、優先順位を付けることで、「データマネジメントを通して、何を一番目指すべきなのか」という目的を明確にしていきます。これからひとつの具体例を用いて、現状の課題からデータマネジメントの目的と目標設定を考えてみましょう。とある企業には下記の課題が顕在化しているとします。

- 課題：顧客データの品質低下によるサービス全体の信頼性低下
  この課題から下記の目的を設定したとします。
- 目的：顧客データの品質改善によるサービス全体の信頼性を向上
  そして、この目的から逆算して、次の図のように目的を達成するための目標を立てていきます。

▶ 目的から逆算して目標を立てる

目的
顧客データの品質改善によるサービス全体の信頼性を向上

目標①
データ品質維持の実現
定量目標：
- 365×24の自動監視
- 日次のデータ補正

目標②
データ品質課題の解決
定量目標：
- 重複データの名寄せ率：100%
- 欠落データ補正率：90%

目標③
データアセスメントによる課題明確化
定量目標：
- 重複データの件数、パターン一覧
- 欠落データの件数、パターン一覧

現状
課題：
各システムに欠落、重複データが散在

　ここの例では、目的から逆算した際に、最初に考え付いたのはデータ品質を維持する目標です。データ品質を考える上で、最も重要なポイントは、データ品質の改善を一回で終わらせる活動ではなく、継続的な取り組みとして認識することです。データ自体は社内の様々なシステム・業務にて生成、蓄積、処理、活用されていくため、特定のシステムから品質の悪いデータが生み出されたら、関連するサービス・システムがその影響を受け続けることになります。

　家庭で使っている水道水を例に説明します。予期せぬ原因で水質の悪化が人々の健康被害に直結する可能性があるため、上流における水質汚染から水道水の水質を守るため、水道局が自動監視装置による24時間監視と職員による水質検査が実施されています。水道水の水質監視と近いイメージで、データのクレンジング処理（水道水の浄水処理に該当する）によるデータ品質を向上させたとしても、新たなデータは絶えずに上流のシステム・業務から生み出されています。そのため、データ品質を日常的に監視し、データ品質基準を満たさないデータを自動に検知した上で、データ修正などの対応を行える仕組みを確立することが必要です。これはデータ品質向上というゴールから逆算して見えてくる最も真っ先に達成すべき目標です。更に、前項で紹介した目標設定の「SMARTの法則」も考慮して、目標を定量的に測れるように、365日×24時間での品質監視および不正データが検出された場合のデータ補正を具体的な指標として定義できます。

　また、今回の例では「顧客データの品質低下（欠落、重複データが散在）によるサービス全体の信頼性低下」になっているため、その打ち手として、重複

データの名寄せと欠落データのデータ補正を課題解決の方向性として定められます。ここでも「SMARTの法則」を踏まえて、具体的に何をもって欠落、重複データの課題を解決したと言えるのか、それぞれの名寄せとデータ補正における定量的な目標（名寄せ率、補正率等）を設けておくとよいでしょう。その打ち手を更に掘り下げていくと、対象データの特徴によって、打ち手の方向性が変わってくることもあり得ます。例えば、重複データが数百件程度であれば、業務担当者が数時間で目検して名寄せ作業をすればよいかもしれませんが、仮に10万件のデータが日々入ってくるとしたら、手作業より専用ツールを活用した方が精度的にも効率的にもよいでしょう。このように目標を深掘りして、現状データの特徴、不正データの件数、不正パターンなどを把握しないと、適切な打ち手にたどり着けません。つまり、目的から目標へ逆算すると、最終的にたどり着いたデータアセスメント（データの現状把握）は、現状の課題を明確化するための最初にして最重要なステップであり、目的達成への第一歩と言っても過言ではありません。

▶【3】データマネジメントの目的設定の方法③　他社事例の研究

　他社事例の研究では、他社におけるデータマネジメントの情報を収集し、ケースを分析することで、自社の実態にマッチする目的に導き出していきます。前章で触れた通り、筆者が支援した企業が抱えているデータの課題を全体俯瞰すると、業界問わず、「データサイロ化」「データ品質低下」「人材不足」など、共通的な課題の方が圧倒的に多いです。他社事例を研究することで、共通的な課題の解決に役立つ手がかりを見つけて、そこから適切な目的を導き出せれば、遠回りせずに近道を進むことにもなります。

　また、データマネジメントの事例を研究し、疑似体験することでリスク回避にもつながります。はじめてデータマネジメントを推進する際に、様々な壁にぶつかり、うまくいかないのが当たり前です。他社事例の研究を通じて、他社が既に経験済みの失敗を回避するための工夫を施し、問題が発生する前に打ち手を先読みして行動できます。更に、自分自身が当事者ならば、他社の課題をどのように対処するかをシミュレーションし、他社の結果と答え合わせをすることで、目的の解像度を上げることもできます。

　最後に、具体的にどのように他社事例を集められるかについては、一般的に次のような方法があります。

- 総務省、経済産業省、デジタル庁、IPA（独立行政法人 情報処理推進機構）、データマネジメント協会 日本支部などの公開資料を活用する
- 日本国内と海外の関連する書籍・雑誌から情報収集
- 国内のデータマネジメント先行企業にインタビューする
- 外部コンサルティング会社を活用する

データマネジメント戦略策定の4つのステップ③ ロードマップの策定

　このステップでは、ステップ①で見えてきた現在地と、ステップ②で設定された目的地とのギャップを洗い出し、「誰がどのような体制で（Who）、どのデータ（What）を対象にして、どのように（How）そのギャップを埋めていくか」という道筋（ロードマップ）を策定していきます。データマネジメントの戦略策定は、一般的な事業戦略・DX戦略の策定と比べて何が違うのでしょうか。結論から言うと、戦略策定における一般的なプロセス、つまり、現状分析➡目的設定➡現状と目的のギャップを埋めるための道筋を見出すことには違いがありません。唯一異なるのは、事業戦略の策定で対象の事業領域を選択・集中することに対して、データマネジメントの戦略策定で事業戦略から導き出された目的に対して、管理対象のデータを定める必要があります。これから対象のデータを明確にするために、どう考えればよいかを見ていきましょう。

対象データの明確化

　設定された目的を達成するには、必要なデータとは何かを着目して問いかけていく必要があります。対象データの選定は目的設定のアプローチと同じく、ここも逆算思考が大いに役立ちます。事業戦略に整合された目的が明確になっていれば、次にやるのはその目的から逆算して下記の3つを順に問いかけて対象データを明確にすることです。

　問いかけQ1：設定された目的を達成するに、必要な情報とは？
　　⬇
　問いかけQ2：その情報を生み出すために、必要なデータとは？
　　⬇
　問いかけQ3：そのデータがどういう状態や構造でなければならないか？

例えば、とある企業の事業戦略はオムニチャネル戦略の推進としましょう。オムニチャネル戦略は小売業を中心に広がっている販売戦略のひとつです。企業の販売活動における顧客との接点を「チャネル」と呼んで、Web・ECサイト・アプリ・リアル店舗などの様々な「チャネル」を連携させ、顧客に対して一貫的にアプローチすることが可能となります。各チャネルを連携させることによって、実店舗（オフライン）とオンラインの区別なく、顧客マスタデータやPOS実売履歴などのトランザクション情報を統合し、顧客データを一元で管理するようにします。その結果として、顧客がそれぞれのチャネルでどのような行動を取っているかを分析し、その分析結果をもとに次の施策を立てるのはもちろん、顧客とのタッチポイントの最適化に活かすこともできます。このオムニチャネル戦略を起点に、次の図のように上位概念の戦略と目的から、下位概念の情報とデータを順に問いかけつつ、掘り下げていきましょう。

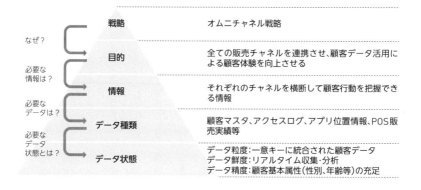

実行計画（ロードマップ）を描く

　データマネジメント戦略のロードマップを描くには、対象データと、第2章で紹介したデータバリューチェーンを軸として、現状から目的を導き出す必要があります。具体的に、対象データの生成、収集、蓄積、前処理、分析、利活用のデータバリューチェーンを経て、段階的にデータの価値を生み出しつつ、いつまでに何の目的を達成するかを示す実行計画を立てることになります。今までのオムニチャネル戦略を具体例に取って、データマネジメント戦略のロードマップ策定を見ていきましょう。そのロードマップを作成するにあたって、

次の図のようにデータバリューチェーンと対象データをインプットして、ハイレベルの施策を考えていくことになります。

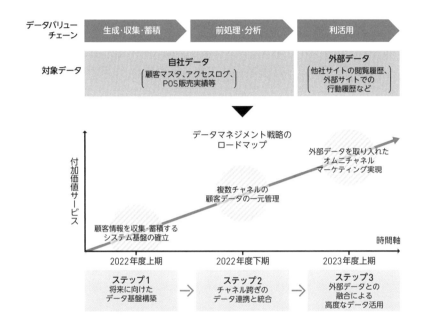

データマネジメント戦略のロードマップ

少し解説すると、オムニチャネルは、EC サイトや店舗などの販売チャネルを単独で考えるのではなく、複数のチャネルをひとつのサービスとして統合するという事業戦略です。チャネルの統合からデータマネジメントの戦略を導き出され、「ステップ1」では EC サイトや店舗だけではなく、スマートフォンや SNS など、オンラインとオフラインの垣根をこえて、社外と社内のそれぞれのシステムからデータの収集・蓄積を行う必要があります。「ステップ1」での具体的な施策としては、データの収集・蓄積を実現するためのデータ基盤（器）という仕組みを作ることになります。次の「ステップ2」ではデータバリューチェーンに沿って、収集・蓄積された顧客マスタデータと購買実績などのトランザクションデータをつなぎ合わせて、顧客データの統合を図ります。複数のチャネルで統合された Single Version of Truth（全社レベルで一貫性担保）の顧客データを周辺のシステムに連携し、全社レベルで高品質の顧客データを

一元化する仕組みを実現します。その後、統合された顧客データを用いて、BIツールなどで統合的な顧客行動などの分析を行い、マーケティング活動に活かしていきます。最後の「ステップ3」でデータバリューチェーンの「利活用」で外部データともデータ連携を図り、自社データと外部データの融合によって、シームレスで一貫性のある顧客体験を生み出すデータ利活用を実現していきます。

データマネジメント戦略策定の4つのステップ④ 投資対効果の試算

　いよいよ、戦略策定の最後のステップ、投資対効果の試算となります。データマネジメントの施策はほかの事業投資と同じように、予算確保のため、どういう目的でいくら投資して、何年でその投資を回収できるかという投資対効果（ROI）を試算する必要があります。効果は、大きく分けて定性的な効果と定量的な効果の2つがあります。データマネジメントにおいては、その定性効果、定量効果はデータマネジメントの目的、目標から導き出すことが一般的です。具体的に、次の図のように、目的（抽象的な上位概念）を定性的な効果に、目標（具体的な下位概念）を定量的な効果に置き換えて考えればよいのです。

データマネジメントにおける定量的・定性的な効果の考え方

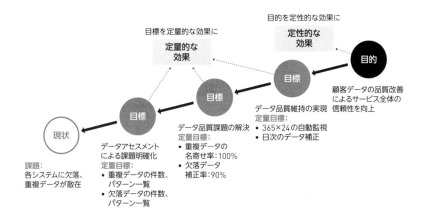

　しかし、ビジネスの現場ではデータマネジメントの投資対効果（ROI）の試算はそう簡単にいきません。なぜならば、データマネジメントが中長期的かつ全社的な視点で取り組まなければならないゆえに、短期間で目に見える効果を

算出することが難しいからです。データマネジメントの予算を確保しようとすると、経営層から理解を取り付けられずに稟議でなかなか通らないケースが少なくありません。その背景に、企業の経営層は、データマネジメントそのものより、投資対効果（ROI）の観点でデータマネジメントが自社のビジネスにどのような財務的な効果をもたらすのかをまず把握しておきたいと思っているからです。これは経営者のビューから見ると、当然のことです。では、投資対効果の算出ロジックを経営層に納得してもらうには、具体的にどうすればよいのか、それに必要なのは「効果の算出」「コストの特定」「回収期間の算出」の3つのアクションです。これから順に解説していきます。

▎投資対効果　効果の算出

　企業が自社の保有するデータを「資産」として活用し、事業活動に測定可能な付加価値を創出していく中で、データマネジメントが主に以下3つの効果をもたらすと考えられます。

▶【1】成長機会

　データマネジメントを実現することにより、営業利益の増加、顧客エクスペリエンス（UX）やコンバージョン率の向上、商品の市場投入までのリードタイム期間短縮、返品率の低減、新しい事業モデルへのスムーズな移行などの様々なビジネス成果を上げることにつながります。

▶【2】コスト削減

　データマネジメントを通じて、データ品質の向上、業務プロセスの最適化、システムを跨ぐデータ連携の清流化を実現し、人間系の手作業や単純な繰り返し作業・バケツリレーなどを低減することで、業務効率化とコスト削減につながります。

▶【3】リスク低減

　データマネジメントの構成要素であるデータガバナンス・データセキュリティでは、EU一般データ保護規則（GDPR）、日本の個人情報保護法などの規則に準拠し、企業の法的、財務的なリスクを適切に評価し、それをコントロールすることで、企業経営のガバナンスおよびコンプライアンスにおけるリスクを

低減できます。

では、上記3つの効果は具体的に、どういう指標で測れるかと言うと、以下のような指標の例が挙げられます。

- 財務指標:売上、利益、EPS(1株あたり利益)等
- 顧客体験(CX)指標:顧客満足度、リテンションレート(定着率、継続率)、ライフタイムバリュー(LTV)等
- 業務指標:データの更新頻度、顧客ID統合のタイミング、新商品市場投入のリードタイム、データ変更時の承認リードタイム等
- 運用保守指標:データ品質指標(精度・鮮度・粒度・正確性等)、ユーザー問い合わせ数・平均対応時間・完了率など

効果の算出はデータマネジメントの存在意義を直接に問われる部分です。上記の指標のいずれも、IT部門のロジックだけで算出できるものではなく、財務、顧客管理、商品管理に係る業務部門など、複数の領域を横断して分析を行わないと明確な値にまでたどり着けません。その効果の算出ロジックと結果を社内のステークホルダーで合意形成し、データマネジメントの大義名分を得られなければ、データマネジメントに対する腹落ち感を全社レベルで持たせることもできません。実際に効果試算を行う際に、財務、業務、IT部門のそれぞれの目線から有力なユースケースを出し合って、全社レベルのデータマネジメントの効果を抽象的な言葉から、明確な定性的・定量的な効果まで落とし込むことが大事です。

投資対効果　コストの特定

投資対効果（ROI）を明らかにするには、コストの部分も試算する必要があります。データマネジメント活動のコストに関しては、大きく分けて下記3つのカテゴリが考えられます。

▶【1】初期コスト

ITツールのシステム初期導入費用、ソフトウェアのライセンス費用、オンプレミス環境のハードウェア費用、データ移行費用、ユーザートレーニング費

用など

▶【2】ランニングコスト

SaaS使用料、クラウド使用料、運用保守費用など

▶【3】機会損失コスト

データマネジメントを導入せず、現状のデータ課題を解決しない場合は、発生した機会損失をコストとして見なすことが必要です。例えば、顧客データが統合されず、実店舗とECのチャネルを跨いでポイントが利用できない場合は、どれぐらい顧客満足度の低下につながるのか、社内の顧客マスタに含まれている個人情報は意図せずに社外に流出してしまった場合は、課せられる罰金以外、社会的なイメージ低下による影響がどれぐらいあるのか、こういう機会損失の面でもコストの試算が必要です。機会損失コストは投資対効果算出の段階でよく忘れられがちですが、これは事業戦略、リスク管理などの観点で将来を見据えた際に考慮すべきコストであるため念頭に置いておきましょう。

▍投資対効果　回収期間の算出

ここまで、投資対効果（ROI）における効果とコストの考え方を理解したところで、どれぐらいの期間で投資を回収できるかを算出しましょう。

例えば、今まで社内の3つの事業部門は毎月2人月の工数をかけて、顧客データの名寄せ・クレンジングを手動で行っているとしましょう。この内容をもとに計算しましょう。

- データ名寄せ・クレンジング工数:2人/月×12カ月＝24人月
- 1人月あたりの人件費：　15.3万/人月

↓

年間のコスト（人件費）は、3（事業部）×24人月×15.3万/人月＝約1100万

来年度、データマネジメントのソリューションを導入し、3つの事業部がそれぞれ持つ顧客データを統合し、名寄せとクレンジング業務のシステム自動化という打ち手を策定したとしましょう。システム自動化によるコスト削減の効果は下記となります。

- コスト：初期コスト＝1800万（初年度のシステム導入費用）、ランニングコスト＝200万/年（次年度以降のツールライセンス費用、システム運用保守費用）
- 効果：1100万/年（年間の人件費100％削減前提での試算）
- ROI：利益 ÷ 投資額 × 100 ＝ ROI(%)

⬇

計算した結果は、次の図のように、ROIが100％になる回収期間が2年になります。

▶ 投資対効果（ROI）

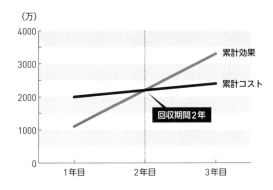

第 6 章

データマネジメント
実行層

6-1 データマネジメント実行層 構成要素①　データガバナンス

　データマネジメントの実行層は、「データガバナンス」「データアーキテクチャ」「マスタデータ管理」「データ品質管理」「メタデータ管理」「データセキュリティ」、この6つの要素によって構成されています。これからそれぞれの構成要素を掘り下げて見ていきましょう。

　データガバナンスとは、直訳すると「データの統治」となります。データ資産を効果的かつ安全にビジネス利活用できる状態に維持する全社レベルの活動を指します。具体的には、データマネジメントの活動に対する全社横断の方針・プロセス・ルールを定めて、データマネジメントを監視・評価・サポートすることで、データ利活用による効果の最大化とリスクの最小化を実現する取り組みです。そのため、データガバナンスの目的は、データ利活用の状態のみならず、データ保護の状態も維持する必要があります。つまり、必要な時・必要なユーザー・必要なデータに限定し、データの保護を実現しなければなりません。

データガバナンスの3つの要素

　データガバナンスは立法、行政、司法の三権分立の観点に置き換えると理解しやすくなります。

データガバナンスの3つの要素

　国全体を統治するために、人々が従うべき法律（ルール）を作る「立法機関」、ルールに則って施策を実行する「行政機関」、ルールに反した場合には処罰を

科す「司法機関」が存在しています。これらの役割が、どれかひとつでも崩れたら、国全体が混乱に陥ってしまいます。これらの政治的な機能を、データガバナンスの観点で置き換えて当てはめてみましょう。

3つの要素① 立法

立法とは、データ管理規約、ルールの策定です。データの取り扱いについて、従うべきルールや考え方を決めることです。つまり、どのようなデータを何に使うのか、どういったルールが必要なのかという点について、方向性を示すということです。

3つの要素② 行政

行政とは、立法で作られたデータ利活用のルールを現場に落とし込んで根付かせることです。行政では立法で決められた方向性をデータマネジメントの戦略に取り入れた上で、データマネジメント実行層の各構成要素（データ品質管理、マスタデータ管理など）で具体的な施策を計画、実行することで、現場にデータガバナンスを浸透させていくことになります。

3つの要素③ 司法

司法とは、ルールが守られているかをチェックと監視すると同時に、現場からの意見・要望などを吸い上げて、既存ルールの継続的な改善を図っていくことです。具体的に、必要なデータが正しく収集・蓄積・加工・分析・利活用がされているのか、データの鮮度・粒度・精度およびセキュリティの面でプロセスやルールの通りに行われているのかをモニタリングすることです。これは、データマネジメント実行層の各構成要素で担保すべき部分でもあり、データマネジメントにおける様々な施策が正しく行われているのかを定期的にチェックすることを意味しています。更に、モニタリングで検知した事象について、そのままでよいのか、更なる改善しなければならないのか、改善が必要ならば、改善の方向性を出す（再び立法の段階に戻る）ということも求められています。

上記の立法、行政、司法が欠かせずに三位一体でサイクルを回すことで、ガバナンスを利かせることになります。データガバナンスとデータマネジメントはしばしば概念として混同されますが、データガバナンスはデータマネジメン

トの全領域に対してルールを定めて、統制しながらデータ利活用がスムーズに進むように管理・監督するものです。つまり、データガバナンスはデータマネジメントの"風紀委員"として、データマネジメントの全ての行為を監督し、問題があれば改善する（方針の転換や追加）活動となります。

なぜデータガバナンスが必要なのか

結論から言うと、データガバナンスは、データを扱うすべての組織に必要です。データガバナンスを取り入れなかったらどうなるのでしょうか。3つのユースケースを取り上げて紹介します。

ユースケース① 膨大なデータが無法地帯

自社内でこれまでに、膨大かつ、様々な種類・形式のデータを収集・蓄積してきたとしましょう。時間もコストもかけて、苦労して集めてきた多種多様なデータに対して、適切なコントロールが何もなされないまま、長期間、放置されてしまうと、「あるはずのデータがどこにあるのか分からない」「収集したデータが間違いだらけで出所も不明、どれを信用していいか分からない」「データの形式があまりにも不統一で、共通的なデータ処理が困難」「システムごとにデータの表現がバラバラ」といった問題が至るところで見受けられるでしょう。しかも、データ量は絶えず増え続けて、社内は無法地帯への一途をたどっていく一方です。時間が経てば経つほど、ますます誰も手をつけられなくなります。

ユースケース② データ利活用がバラバラ

毎月第1営業日に、全社の営業会議があったとしましょう。第1営業部は先月末日に締めたばかりのデータで営業レポートを作ったにもかかわらず、第2営業部は先々月のデータしか揃えなかったとします。その結果として、全社レベルでの営業データの断面が合わず、全社横断で月別の実績を集計しても、意味のない数字になるわけです。ではなぜこんなタイムラグが生じているか、その原因を調べた結果、第1営業部にSFAツールが導入されており、営業担当者が日単位でツールに実績データを入力したら、システムが自動的に計数管理を行っているため、前日までの営業レポートはツールで自動作成できます。それとは対照的に、第2営業部はExcelで営業データを管理しています。毎月の月

末に各営業所から営業本部にデータが集められたら、営業本部のメンバーが手作業でデータ確認・修正などを行った上で、営業実績をExcelで集計してレポートを作っています。そのため、平均的なリードタイムが一週間以上かかる場合が多いです。これは全社レベルで実績データ集計の業務とその手段を揃えていないゆえに、データの利活用がバラバラになり、ガバナンスが効いていない状態になります。

┃ ユースケース③ セキュリティ・コンプライアンスのリスクが高まる

データセキュリティに関するガバナンスをおろそかにすると、特定の社員にとって必要でないデータを閲覧できてしまったり、誰でもデータを持ち出せてしまったりすることになりかねません。つまり、いつデータを不正利用されてもおかしくない状況になります。たとえ悪意がなくとも、「うっかりミス」で情報漏えいを起こしてしまう確率も高くなるでしょう。万が一情報漏えいなどの問題が生じれば、企業全体の信用問題にも発展してしまいます。また、組織内部からの起因だけではなく、外部規制を遵守するため、対象データのライフサイクル全体（データの作成、収集、蓄積から長期保存、アーカイブ、廃棄まで）を通じて、外部規制の基準をクリアできるようにしなければなりません。なぜならば、EU一般データ保護規制（GDPR）、日本の個人情報保護法などの外部規制に違反した場合は、企業側が払う代償は大きく、当局から高額な制裁金を科される可能性があるからです。例えば、GDPRでは、データ侵害により、組織の全世界の年間売上高の最大4％または2,000万ユーロのいずれかの高い方の額が罰金として科せられることになります。

データガバナンスの取り組み方

データガバナンスは具体的に、どのように取り組めればよいのでしょうか。その取り組み方を5つのステップに分けて説明します。

▶▶ **データガバナンス取り組みの5つのステップ**

① 現状と課題の把握	② 目的の明確化	③ 組織の設計	④ ガイドラインの作成と周知実施	⑤ 実施と改善

ステップ1 現状と課題の把握

　前章の戦略策定でも説明したように、ゴールへの道筋を導き出すには、現在地を知ることが必要です。データガバナンスの取り組みも同様で、データガバナンスを取り組む最初のステップは、「現状と課題の把握」です。データガバナンスはデータマネジメントを適切に監視・評価・サポートするためのものであり、「データマネジメントが適切に行われているか」と考えるようになったのには、何かしらのきっかけ、つまり「課題」があるはずです。例えば、「特定の部門のみでのデータ利活用に偏って、企業全体でのデータ利活用を前提としたデータ統合は進んでいない」「改正された法規制（個人情報保護法、GDPR等）への対応が検討されていない」「データセキュリティの監査の仕組みが確立されていない」など、自社のデータマネジメントの現状を把握し、データマネジメントの各構成要素にどんな課題があるのか、明確にしましょう。

ステップ2 目的の明確化

　データガバナンスは、データマネジメントを円滑に進めるための取り組みです。データマネジメントの目的が明確になっていれば、データマネジメントの目的からデータガバナンスの目的を導き出すことが容易です。例えば、データマネジメントの目的は「顧客データのサイロ化を解消し、顧客データを全社レベルで利活用する」であれば、データガバナンスの目的を「データマネジメントを監視・評価・サポートすることで、全社レベルでの顧客データの利活用による効果の最大化とリスクの最小化を実現する」に設定できます。要するに、データガバナンスの目的は、データマネジメントを監視・評価・サポートすることで、データ利活用による「効果の最大化」と「リスクの最小化」を実現することです。もちろん、企業内部の状況は千差万別であり、自社にとって「効果の最大化」とは何か、「リスクの最小化」とは何かを明確にした上で、それを実現するための全社横断の方針・プロセス・ルールを策定していくのがデータガバナンスに欠かせない活動です。

ステップ3 組織の設計

　データガバナンスの現状課題と目的が定まったら、次はその目的達成に向けて、どのような体制をとるべきか、組織構造と人員配置の設計を行います。デー

タガバナンスの組織構造は、中央集権型、地方分権型、ハイブリッド型の3つの組織構造モデルをベースにして検討するのが一般的です。

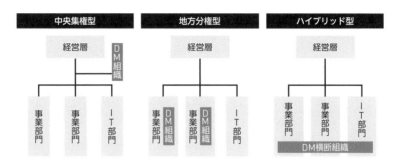

地方分権型モデルではすべての意思決定を「ローカルの部門」に配置する一方、中央集権型ではすべての意思決定は「全社レベル」に集約して一元的に行います。その中間に位置するハイブリッド型の組織構造は、ローカル部門の独自性とコスト効率性を両立させながら、中央集権型のように基本方針・ルールを全社レベルで策定することで、一定のガバナンスも担保可能です。もちろん、自社の実態に合わせて、3つのモデルを組み合わせたり、変化させたりしても構いません。

　例えば、中堅企業の多くは、社内の関連部署・ステークホルダー、周辺システムなどが比較的に少ないです。そこで経営層のトップダウンによるデータガバナンスの確立と定着化を迅速に実現したい場合は、「中央集権型」が適していると言えます。将来的には、自社の規模拡大につれて、ローカル部門のニーズに迅速・柔軟な対応を取る重要性が増すと、「ハイブリッド型」のガバナンス形態へシフトして、段階的にデータガバナンスの組織構造を進化させていくこともできます。（組織構造を設計する上での論点および留意点については、第7章で解説します）。

┃ ステップ4 ガイドラインの作成と周知

　データガバナンスの目的達成に向けて、「どのようなルールが必要か」「どういった組織体制が必要か」「それぞれのステークホルダーの役割分担とは何か」などを具体化して、その内容をガイドラインの形でまとめる必要があります。

全社・各部門に向けて、ガイドラインで明文化された内容を周知しなければなりませんが、ただ内容を周知するだけでは形骸化しかねません。例えば、「社内での顧客データの取り扱いは、来月からすべてこのようにしてください」とルールやペナルティなどを一方的に周知したとしても、部門によっては他人事として捉えたり、新たなルールに反発したりする現場社員も少なからずいるはずです。

　そのため、「なぜ、このガイドラインが必要なのか」「ガイドラインを守った結果、自分たちの仕事はどう変わるか」「具体的にどのような規約を守らなければならないか」「規約を守らない場合は、どういったことが起こり得るのか」、つまり、言語化されたデータガバナンスの意義、目的をまず組織全員に共有しなければなりません。組織内メンバーの一人ひとり、誰もがデータガバナンスを遵守する必要性を理解し、その意義も目的も納得した上で、ガイドラインに沿って業務にあたっていく必要があります。その取り組みには、トップダウンによるガイドラインの周知・展開に加えて、ボトムアップで「トライアル的に段階的に適用してみる」など現場の実体験を積み上げながら、徐々に現場のメンバーに当事者意識を持たせることが重要です。

ステップ5 実施と改善

　データガバナンスを取り組む最後のステップは、「データガバナンスの実施と改善」となります。このステップでは、策定されたガイドラインに沿って推移体制を立ち上げて、人員配置と役割分担を行い、日々のデータマネジメント活動を監視・評価していきます。また、データガバナンスは「仕組みを作ったら終わり」ではなく、「データマネジメントがスムーズに行われているか」「業務運用ルールが遵守されているか」「定義された役割を果たされているか」を定期的に最新の状況を把握しながら、PDCAを回していくことが重要です。また、PDCAを回していく中で、必ずと言ってよいほど、新たな問題点が見つかるはずです。問題点から目を背けるのではなく、それをトリガーとしたPDCA活動を進めることで、データガバナンスの定着化につながっていきます。

データマネジメント実行層 構成要素②
データアーキテクチャ

データアーキテクチャに関連する概念である「データ活用基盤」は次のように定義します。

> データ活用基盤とは、IoT、ビッグデータ、クラウドなどの技術を活用し、社内外のデータを収集・蓄積・処理し、それを分析・利活用することで、企業の競争優位性を確立するためのプラットフォームおよびサービスのこと。

現在、デジタルトランスフォーメーション（DX）の追い風を受けて、製品・サービスのイノベーション、顧客体験向上などの事業機会や新しい価値の創出に着目したデータ利活用がますます活発化しており、データ収集・蓄積・前処理・分析するためのデータ活用基盤の整備がもはやデータ利活用の大前提と言っても過言ではありません。

⬛▶ データ活用基盤イメージ

データアーキテクチャとは

データアーキテクチャとは、データ利活用のプロセス全体（データ収集から蓄積・加工、分析まで）を俯瞰し、データ活用基盤における要件を取りまとめた全体構想として、データ活用基盤を構成する要素を定めたものです。そも

そもアーキテクチャ（architecture）とは、建築学や建築物の設計、建築様式という意味です。ITの世界では建築と同じように、全体構成だけでなく、「architecture」に設計思想という意味が含まれます。建築とITの世界には共通点が多く、ものづくりの観点からその主要プロセスを比較すると、次のようなイメージとなります。

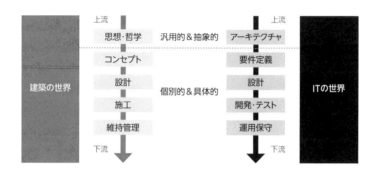

まず、建築もITも上流から下流までのプロセスをおおよそ5段階に分けられます。最初のフェーズとなる「思想・哲学」と「アーキテクチャ」ともに個別のプロジェクトに依存しない、汎用的な思想であり、目で見えない、抽象度の高いものです。建築の世界では、モダン建築主義（合理性や機能性を重視したシンプルで直線や平面で直線的な建築思想）、ITの世界では、データ指向アーキテクチャ（Data Oriented Approach、システムの扱うデータの構造や関係を定義し、それに合わせて処理や手順の流れを決めていく設計思想）と呼ばれているものは、これに該当します。要するに、アーキテクチャとは個別のシステム、個々の実装を指すものではなく、汎用的な設計思想に基づいた構造、構成のことです。建築もITも、下流のプロセスに進むにつれて、抽象度が下がり、個別の要件などへの依存度が高まるため、目で見えるような具体性が上がってきます。言い換えれば、建築もITも最上流である「思想・哲学」や「アーキテクチャ」を土台にしているため、アーキテクチャの構想段階では汎用的な「設計思想」や「アーキテクチャ」を拠り所にする必要があります。

データアーキテクチャの話に戻ると、現在、社内外で取り扱うデータの種類と実現手段が多様化し、クラウドサービスを前提としたアーキテクチャが主流

になりつつあります。その一方、個々のソリューション（データ連携、データ統合など）の選択肢が増えることにより、そのソリューションの組み合わせと機能配置を決める難易度も上がっています。「データ活用基盤の全体像がつかめない」「データ活用基盤の構築をどこから考え始めたらよいか、よく分からない」などの声はよくクライアントから寄せられています。その際に、筆者はデータアーキテクチャの全体像を構想するから始めることを推奨しています。その理由はシンプルです。建築をデザインする際に「研ぎ澄まされた一枚のシンプルな俯瞰図」と「100ページのぎっしりと書かれた設計図」のどちらを優先すべきかと問われたら、その答えは明白です。「木を見て森を見ず」と言われているように、全体像を見据えずに個々の機能・要件にこだわってデータアーキテクチャの構想を進めていくと、全体最適でデータを利活用する目的を見失いがちです。そのため、データ活用基盤を構想する際は、虫の目ではなく、必ず鳥の目になって、ゴールの景色を見渡せるような全体像を描きましょう。

データ活用基盤の全体像

　データマネジメントの目的を踏まえつつ、データバリューチェーンを俯瞰した上で、データアーキテクチャに必要な機能要件を整理してみましょう。データ利活用の各プロセスに沿って、それぞれ必要な機能をまとめると次の6つになります。

データバリューチェーンから必要な機能を導き出す

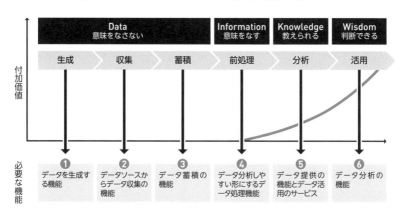

データ活用基盤の全体構想をする際に、この6つの必要な機能を念頭に置きつつ、アーキテクチャを描いていくことが重要です。更に、これらの必要な機能以外、将来的な拡張性や運用保守性を考慮すると、データ利活用の維持継続性の観点も欠かせません。必要な機能と維持継続性を総合し、コアとなる構成要素を取り入れた「リファレンスアーキテクチャ」を検討の起点にした方がよいのです。リファレンスアーキテクチャを出発点に、データ利活用の目的と照らし合わせつつ、自社に適したアーキテクチャにアレンジするアプローチは、データ活用基盤の全体像にたどり着く近道です。筆者がこれまで手掛けてきたデータ活用プロジェクトから共通する構成要素を体系化した全体像は次の通りです。

▬▶ データ活用基盤全体像（リファレンスアーキテクチャ）

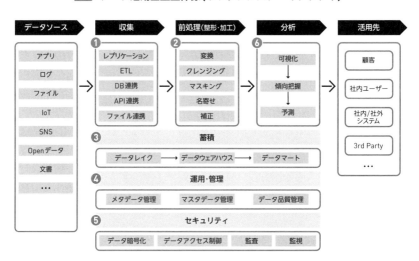

　リファレンスアーキテクチャに具体的にどの機能要素を含めるかについては、筆者自身の導入実績から利用頻度の高い要素を取り入れるようにしています。また、はじめから「全ての機能要素を一気通貫で取り入れよう」と思っても、時間的にもコスト的にも実現するのが難しい場合が多いです。その際に、データ利活用の目的・ゴールに立ち戻って、まず必要最小限の機能（MVP：Minimum Viable Product）から手を付けて、データ利活用の効果を刈り取りつつ、段階的に拡張する、つまり「スモールスタート＆クイックウィン（小さく始めて、早く成功させる）」の考え方が重要になります。これから6つの

構成要素を順に解説していきます。

データ活用基盤の6つの要素① 収集

　データ利活用の起点として、様々なデータソースからデータの収集を行う構成要素です。事業戦略におけるデータ利活用の目的を踏まえて、これまで社内に蓄積されてきたデータに加えて、データの利活用先や顧客にサービス提供した後の利用状況などの社外データを収集します。データ収集の処理には大きく分けて「バッチ処理」と「ストリーミング処理」の2種類の方法があります。それぞれの特徴を見ていきましょう。

▎バッチ処理

　バッチの語源は英語の「Batch」であり、日本語では「一束、一群、一団」という意味です。バッチ処理とは、各データベースやファイルサーバー等から決められた一定量または一定期間のデータを一括で収集と転送する方法です。データソースはWebアプリやデータベース、モバイル、IoT機器など多種多様であり、バッチ処理はそれらのデータソースから一度に大量のデータを収集する際に使われます。定期的に大量のデータを常にデータレイクなどに収集と転送し続ける場合や、業務的に1日1回、週1回、月1回の低い頻度でのデータ収集でも問題ない場合には、データ収集と転送のコストを下げるためにバッチ処理を採用するのは一般的です。

▎ストリーミング処理

　バッチ処理の反対語にストリーミング処理があります。ストリーミング処理とは、短い間隔でデータ収集、転送する方法です。バッチ処理とストリーミング処理の主な違いは次の表の通りです。

■➤ バッチ処理とストリーミング処理の違い

	比較軸	バッチ処理	ストリーミング処理
1	処理のトリガー	・ある決められたタイミングで定期的に処理する	・処理対象のデータに対して何かしらのイベントが発生したら自動で処理する
2	処理の間隔	・「1日に1回」「1カ月に1回」「1年に1回」というように実行間隔が長く開き、定期的に処理を実行する	・「数秒〜数分」レベルの短いタイミングで定期的に処理を実行する
3	実装と運用の難易度	・定期的なデータ収集のため、実装・運用難易度が低い	・短期間での大量のデータ収集が必要なため、実装・運用難易度が高い

　バッチ処理とストリーミング処理のどちらを採用するのか、データの利活用の目的、つまり実現したいことによって判断すればよいです。例えば、Web上のユーザー閲覧や購入のログをリアルタイムに収集し、よりユーザー一人ひとりにマッチしたおすすめ商品をレコメンドする目的であれば、短い間隔のストリーミング処理が適しているでしょう。その一方で、売上集計では前日までの売上合計値を把握する目的であれば、わざわざ1秒1回のデータ収集と転送をする必要性もなく、比較的に実装と運用コストが低い日次のバッチ処理で対応すれば十分です。

▌密結合と疎結合

　データ収集では、データ収集のためのインタフェースを提供する必要があります。データソースとデータ活用基盤の間で受信と配信を司るインタフェース連携をどうするのかは、データ収集での主要な論点となります。インタフェース連携の方式を検討する際に、データソースとデータ活用基盤の依存関係を低くして、互いに独立性が高い状態、つまり、疎結合を保つ設計思想が重要です。

　疎結合の設計思想がなぜ重要なのか、疎結合の反対語である密結合から考えれば分かりやすいです。要素間の結びつきが強くて独立性が低い状態のことは、「密結合」と言います。密結合では、各システムが強くつながっていて、その中のひとつに修正を加える場合や障害が発生する場合、他の部分に広く影響が出てくる可能性が高いです。また、密結合の場合は企業内ではシステムの数が増えていくにつれて、どこがどことつながっているか分かりにくくなるので、システムに修正・追加などが発生するたびに、その影響を分析するにはコストと時間がかかってしまうことが多いです。それと比べて、疎結合とは、システ

ムの構成要素間の結びつきや互いの依存関係、関連性などが弱く、各々の独立性が高い状態のことを指します。一部分の変更が他のシステムに影響を及ぼす度合いが小さいため、互換性や拡張性、責任の分担のしやすさ、不具合発生時の原因追及のしやすさなどの点で優れています。データ収集時の疎結合を実現するために、データ連携ツール（ETL、EAI、データハブ等）の活用が有効です。

データ活用基盤の6つの要素② 前処理（整形・加工）

　前処理（整形・加工）は、収集したデータを分析と活用しやすい形にデータの整形・加工を行う構成要素です。具体的には、標準フォーマットへのデータ変換、表記ルールの統一、正規化に加えて、個人情報の匿名情報加工（マスキング）、重複データの名寄せ、欠落情報のデータ補正など、データ利活用しやすい形にデータを整備していきます。データ活用基盤に収集されたデータをどのように加工処理を行うのか、対象のデータ構造と種類によって、処理方式を分けて検討する必要があります。企業内で扱われるデータのデータ構造は大きく分けると、SCMやERP、CRMなどの業務ソフトウェアのデータベースで利用される「構造化データ」と、社内で作成される契約書、見積書などのWordやPDFファイル、設計図面、画像、動画などの「非構造化データ」の2種類があります。

「構造化データ」と「非構造化データ」のそれぞれの特徴と違い

　「構造化データ」と「非構造化データ」のそれぞれの特徴と違いは、次の表の通りです。

比較軸	構造化データ	非構造化データ
データの性質	定量的	定性的
データモデル	事前定義。一旦定義され、データが保存されると、モデルの変更は困難	特定のスキーマを持たず。データモデルは柔軟
データ形式	使用できるデータ形式は限られている	膨大な種類のデータ形式を使用可能
データベース	SQLベースのリレーショナルデータベースなどを使用	特定のスキーマを持たないNoSQLデータベースなどを使用
検索	データベースやデータセット内のデータを簡単に検索可能	構造化されていないため、特定のデータを検索することが困難
分析	分析容易	分析困難
保存場所	通常はデータウェアハウス	通常はデータ・レイク
代表例	ExcelやCSVファイル、RDB(リレーショナル・データベース)のデータ	Eメール、CADデータ、画像、動画、音声、センサーログ

　近年、DXの拡大に伴い、企業が扱うデータの種類が急激に増加しており、そのデータのうち約8割が非構造化データと言われています。特に、人工知能（AI）を活用し、FAQやクレーム、SNSなどの非構造化データを分析して業務効率化や営業に活かそうという試みも進んでいます。ただし、非構造化のデータをそのまま片っ端から投入すれば、AIが魔法の杖のようにデータを分析して、気の利いた知見を与えてくれるわけではありません。良質なデータこそが良質なAIを生み出すように、AIに投入する学習データを正しく準備しないと、AIの判定結果の精度は期待できません。第3章の「データ利活用の5つのフェーズ　③データの収集・前処理」でも説明したように、「データ分析は前処理の時間が8割」「データサイエンティストの仕事の5〜8割はデータの前処理」など、多少の表現は違いますが、データ分析では前処理に多大な時間と労力が費やされることがもはやIT業界の共通認識です。その中に、特に非構造化データの前処理が難しいという側面があります。

非構造化データの前処理の難しさ

　なぜ非構造化データの前処理が難しいのか、その理由としては、非構造化データが構造定義を持っていないため、そのままではマシンによる処理が難しい（読み取れない）からです。コンピューターが「そのデータは何か」「どんな関係性があるか」を認識できなければ、大量データの集計や分析をしても活用に資する結果は得られません。非構造化データの分析に手付かずの企業が多かった

理由は、構造化データと同じ技術・手法では扱えない難しさにあるからです。また、同じ非構造化データでも、表形式の構造化データに変換して、構造化データと同様の手法で処理できるデータ（規則性があるデータ）と、構造化データへの変換が困難、または変換できないデータ（規則性がないデータ）があります。

　近年のデータ利活用の主な対象は、規則性がある非構造化データです。その代表格としては「XML」や「JSON」があります。XMLもJSONもテキスト形式のデータで単純かつ軽量に扱えることや、データ構造を自由に設計・拡張可能であるのが特徴です。XMLとJSONが扱いやすい理由は書式と文法にルールがあるからです。XMLはデータ内に規則性に関する区切りがあり、JSONも一定のルールに従って記述されます。このような「規則性がある」ものは、表形式の構造化データに容易に変換できるため、データ分析の対象になりやすい非構造化データとなります。

　一方、「規則性がない」非構造化データとは、メール文やWord文書、PDF、音声、動画など、その特性から分析が難しいデータです。これらのデータの利活用には、「規則性がないデータから規則性を見つける」というアプローチが必要です。その代表例には「画像認識」「音声認識」「自然言語処理」といったAI（厳密に言えば、機械学習）分野のテクノロジーがあります。画像認識の仕組みを簡単に説明すると、機械学習で予め大量のデータパターン（教師データ）を学習した上、判定対象が学習したパターンに当てはまるかどうかを判断し、画像データの規則性を見つけ出します。それと同様に、音声やセンサーデータならば波形などの特徴から、文章データならばキーワード、文脈などの特徴から、データ分類や区別を行い、判断や予測を行うための規則性を抽出するようにしています。

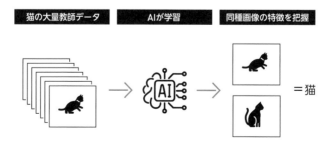

画像認識のイメージ

画像認識、音声認識、自然言語処理のいずれも、収集された大量の非構造化データの中から、必要なデータを素早く見つけ出す必要があります。それを可能にしたのは、AIに欠かせない学習データを作り出す「アノテーション（Annotation）」という作業なのです。アノテーションとは、「注釈」や「注解」という意味で、テキストや音声、画像、動画などあらゆる形態のデータの一つひとつに対して、関連する情報（メタデータ）を注釈（タグ）として付与して意味を持たせることです。アノテーションで作ったものを「教師データ」と呼びます。例えば「柴犬」の顔だけの画像に対して、「イヌ」「顔」「柴犬」「茶色」などのメタデータを付与することで、AIはその画像がイヌ科に分類される哺乳類で、部位は「顔」、犬種は「柴犬」、色は「茶色」と学習できます。このようにアノテーションは、AI開発には欠かせない学習のための「教師データ」を作る重要な作業であり、AIの性能はアノテーションの出来・不出来によって左右されると言っても過言ではありません。

データ活用基盤の6つの要素③ 蓄積

データソースから収集した生データや、整形・加工が済んだデータを保持・保管する構成要素です。データを魚に例えて、次の図のようにデータ蓄積のポイントを説明していきます。最初は魚（データ）がどういった目的と用途で活用されるかを深く考えずに巨大な水槽（データレイク）に保管しておいて、その後に目的ごとにデータウェアハウスに分けて格納し、最後に業務側のニーズに合わせて、用途別にデータを細分化してデータマートで保存するようにします。これからデータレイク、データウェアハウス、データマートの特徴をそれぞれ見ていきましょう。

データ蓄積のイメージ

水槽 （データレイク）	倉庫 （データウェアハウス）	お店 （データマート）
魚 マグロ カツオ 熱帯魚 エイ マンボウ	**食用** マグロ カツオ **鑑賞用** 熱帯魚 エイ マンボウ	**鮮魚店** カツオ **寿司屋** マグロ **水族館** 熱帯魚 エイ マンボウ

データレイク

　データレイクとは、Data lakeであり、文字通りに"データの湖"を意味します。データレイクには取得したままの未加工のデータを格納します。特に顧客情報や会員情報、購買データなどの構造化データだけではなく、画像や動画ファイル、PDF、電子メール、CADデータなどの非構造データをそのままの形で蓄積できます。データレイクの大きな特徴はデータ構造に縛られず、データを格納する際に決まった形式に整える必要がないため、様々な形のデータを格納できることです。生データのままでストレージに保存しておいて、使いたい時にデータを取り出すという使い方もできます。

データウェアハウス

　データウェアハウス（DWH、Data Warehouse）を直訳すると"データの倉庫"です。DWHで格納するのは、意思決定のために、目的別に統合された時系列のデータの集合体です。企業の多くは商品管理、顧客管理などの様々なシステムを用いてデータを管理しています。これらのシステムは別々のデータ種類、データモデルで構築されているため、収集されたデータのままでは分析できません。企業側が何らかのデータ分析（例えば、顧客単位の売上分析）を行うには、業務横断的に数種類のデータ（顧客データ、商品データ、売上実績データなど）をつなぎ合わせて、データを整えておく必要があります。こうした様々

なデータソースからデータを集めて格納し、それらのデータを用いて分析できる環境を提供するのがDWHです。しかしながら、DWHは通常のデータベースと比べて、どこが異なるのでしょうか。まず挙げられるのは、DWHはデータ分析という目的に特化したデータベースという点です。DWHは分析専用の超並列処理アーキテクチャを採用しており、ひとつのクエリ処理を同時並行で行えるため、通常のデータベースより圧倒的に高い検索・分析機能を揃えているわけです。また、DWHで格納するデータも「顧客」「商品」「サプライヤー」「社員」などのようにサブジェクト（主題）ごとに整理されており、効率よくデータ分析を行えます。更に、一度DWHに格納したデータが削除・更新されることなく、時系列に沿って常に蓄積されていくという点も、通常のデータベースと異なるところです。

▌ データマート

　データマート（Data mart）を直訳すると、"データの小売店"です。データマートとはデータウェアハウス（DWH）にあるデータから業務部門や用途ごとに応じて必要なものだけを抽出・集計し、活用しやすい形に格納したものです。そのため、データマートは部門や用途ごとの分析に細分化されているため、業務に必要なデータに素早くアクセスできるという特徴があります。また、DWHが"データの倉庫"、データマートが"データの小売店"、その名の通り、器の大きさも異なります。データウェアハウスは一般的に数TB～ペタバイト級の膨大なデータ量を格納できることに対して、データマートに格納するデータ量は一般的に数GB～数百GB程度です。データマートは格納容量が少ない反面、データ検索・抽出・追記に処理性能が高く、BIツール、広告配信やMA（マーケティング・オートメーション）等の周辺システムと連動してデータマートを作成する際に高いパフォーマンスが得られます。

データ活用基盤の6つの要素④ 運用管理

　運用管理は、データをよい状態に維持管理するための「データ品質管理」「メタデータ管理」「マスタデータ管理」を行う構成要素です。運用管理は継続的な活動であり、3カ月、半年の短期間で完結するものではありません。これをランニングの例に取ると、健康維持という目的に対して、ただ1回、2回走れ

ばよいという話ではなく、継続的に日々走ったりしないと健康維持の目的を達成できません。データマネジメントにおける運用管理は、データの利活用側から求められる要件を満たすデータの状態を維持管理することを指します。データの状態を適切に維持管理するため、データ品質管理、メタデータ管理、マスタデータ管理の3つの領域をデータ活用基盤の「運用管理」の構成要素に配置しています。また、データ品質管理、メタデータ管理、マスタデータ管理がデータ活用基盤の運用管理のみならず、データマネジメント全体の構成要素となるほど、データマネジメント全体においてもコアな領域です。それぞれの詳細については、後述しますが、ここではまず予備知識として、データ品質管理、メタデータ管理、マスタデータ管理の定義と必要な機能を理解しておきましょう。

データ品質管理

DMBOKでは、データ品質管理は「品質管理の技術を応用して、データが目的に適しているかを測定・評価・改善し、その品質保証を行うための各種活動について計画立案、実行、統制を行うこと」として定義しています。つまり、データにも品質管理の考え方を適用した上、品質管理の活動をPDCAで行うことで、データ利用側の目的に満たすデータ品質を担保するという意味です。データ品質管理を実現するため、システム面でデータ活用基盤に求められる機能が以下の「プロファイリング」「クレンジング」「モニタリング」の3つとなります。

■▶ データ品質管理に必要な機能

	機能	概要
1	プロファイリング	**データの品質分析・評価機能** ・データがどのような状態であるかを分析し、データ資産の傾向・品質を網羅的に評価するための機能
2	クレンジング	**クレンジング・変換・標準化機能** ・データ項目の標準化・正規化機能
3	モニタリング	**モニタリング機能** ・一定のルールに基づいて然るべきデータの品質が担保されているかを監視する機能

メタデータ管理

メタデータとは、データについてのデータ（data that provides information about other data）です。つまり、データそのものではなく、

そのデータを表す属性や関連する情報を記述したデータのことです。データを効率的に管理したり検索したりするためには、メタデータの適切な付与と維持が重要です。例えば、文書データであればタイトルや著者名、作成日などが、楽曲を収めた音声データであれば曲名や収録媒体、作曲家、作詞家、実演家、発表（発売）日時などがメタデータとなります。文書や画像、音声、動画など多くのファイル形式では、ファイルの先頭などにメタデータを格納する領域が用意されており、予め決められた形式で、データと一緒にメタデータを保管できるようになっています。ファイル自体もファイルシステムによって作成者、作成日時、最終更新日時、アクセス権などのメタデータとともに管理されています。

　メタデータ管理とは、「どこにどのようなデータがどう存在しているのか」という情報を適切に管理することです。これはデータを資産として捉える上での非常に重要な観点となります。それを実現するために、データ活用基盤に求められるメタデータ管理の機能は、大きく分けて「一元管理」「検索」「メンテナンス」の3つが挙げられます。

▶▶▶ メタデータ管理に必要な機能

一元管理	検索	メンテナンス
メタデータを適切に管理するための項目や関連をリポジトリで一元管理する	柔軟な検索機能と相互にリンクされたメタデータを効率的に参照する	様々な手段によるメタデータのメンテナンス（登録、更新、削除）を実施する
主要機能	**主要機能**	**主要機能**
・アプリケーション、スキーマによるテーブルの階層管理 ・テーブル、データ項目の関連管理 ・異音同義語等の管理 ・変更履歴管理 ・権限管理	・アプリケーション検索、照会 ・スキーマ検索、照会 ・テーブル検索、照会 ・データ項目検索、照会 ・同義語検索、照会 ・ドメイン検索、照会 ・横断した高度な検索	・Web画面によるメンテナンス ・メタデータファイルのファイルダウンロード/アップロード ・テーブル定義書のダウンロード/アップロード ・REST/APIによるメンテナンス

マスタデータ管理

　マスタデータとは企業のビジネス活動を支える最も重要な名詞として、企業が持っている経営資源そのもの（つまり、ヒト、モノ、カネ、情報など）を表

現するデータです。例えば、ヒトという経営資源を表現する時は、顧客マスタ、社員マスタなどが登場しており、企業が提供しているモノとサービスを語る際に、商品マスタなどが欠かせません。

企業の経営資源を表すマスタデータ

ここでマスタデータを名詞として意図的に強調している目的は、トランザクションデータを生み出すアクション（名詞に対する動詞にあたる）を区別するためです。例えば、ECサイトでの買い物を例に取ると、「田中一郎がECサイトで赤Tシャツ1枚を買って、自宅住所への配送をすること」を要素分解すると、田中一郎、赤Tシャツ、自宅住所という3つ名詞が登場しています。実は、これは典型的なマスタデータの例です。田中一郎は顧客マスタ、赤Tシャツは商品マスタ、配送先の住所情報はロケーションマスタとなります。こういう日常で発生しているビジネス活動を「いつ」「どこで」「誰が」「何をした」という5W1Hの要素で表現する際に、名詞となる部分が全てマスタデータとなります。

（例）ECサイトでの買い物（購買トランザクション）

マスタデータを適切に管理するのがマスタデータ管理（MDM）という活動です（MDMの詳細は次節にて説明します）。マスタデータ管理を実現するには、システム面で主に以下の機能が求められます。

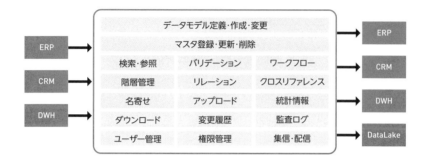

マスタデータ管理に必要な機能（HUB型）

マスタデータ管理の多くはHUB型アーキテクチャを採用しており、各ソースシステムから集信されたマスタデータに対して、バリエーションチェックや重複データの名寄せを行い、バラバラになっているデータ構造と粒度の差異をMDM内のデータモデルで変換・吸収した上、ゴールデンレコード（全社システムへ配信されても問題ない、品質と信頼性が最も高いマスタデータのこと）を作り上げます。その次にゴールデンレコードをBI、CRM、データレイクなどの周辺システムへ配信する形となります。そのため、MDMのシステムでは、周辺のシステムからデータを集信・配信する機能、ゴールデンレコードのデータモデルを構築する機能、バリエーション機能、名寄せ機能などに加えて、業務運用の観点から、UI画面でマスタデータの検索・参照・更新といったメンテナンス機能、承認フロー、データの一括ダウンロード・アップロードという業務オペレーションを考慮した機能を持つことが一般的です。

データ活用基盤の6つの要素⑤ データセキュリティ

データセキュリティはユーザー管理やアクセス制御、認証、監査などのセキュリティ機能を提供する構成要素です。データセキュリティは、承認されていないアクセスからデータを保護し、データの機密性、整合性、可用性を維持するための手段を指します。企業にとって競争優位に関わるデータ（知的資産、顧客情報など）の機密性が高いため、データ利活用の際に、自社のセキュリティポリシーに応じたセキュリティ対策を施す必要があります。また、自社のセキュリティポリシーに加えて、外部の法規制（個人情報保護法など）に沿った適切

なセキュリティ対策の実現も不可欠です。データセキュリティ対策を実現するには、主に「データ暗号化」「データアクセス制御」「監査」「監視」の4つの機能が求められます。これからそれぞれの概要を解説していきます。

データ暗号化

　データ暗号化はデータの中身を他人には分からなくするため、データを読み取り可能な形式から符号化された形式に変換し、復号化しないと読み取りや処理ができないようにする機能です。データ暗号化はデータの盗難、閲覧、悪用を確実に防止する上で最も重要な方法です。インターネットではブラウザーとサーバー間でやり取りされる支払いデータから個人情報まで、ありとあらゆるユーザー情報の秘匿性を保障するために、幅広く使用されており、ほとんどの企業では暗号化を利用してサーバーやデータベースの機密データを保護しています。

　暗号化の仕組みを理解するには、「暗号化アルゴリズム」と「鍵」の2つの概念が重要です。データが送信される時は「暗号化アルゴリズム」を使用して暗号化され、復号化するには適切な「鍵」を使って、復号化することが必要です。暗号化の方式は多種多様ではありますが、イメージをつかんでもらうため、一番シンプルな共通鍵の暗号方式（暗号化と復号の鍵が共通している方式）を次のように示しています。

▶▶ 共通鍵暗号方式のイメージ

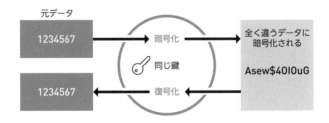

　共通鍵の暗号方式を補足すると、最初に元のデータを暗号鍵で暗号化します。元のデータを暗号化すると、全く違うデータになります。暗号化されたデータは、復号化の際に同じ鍵を使い、元のデータに戻します。暗号鍵が他人に渡ってしまうと、暗号化されたデータの中身が読まれてしまうため、暗号鍵は暗号

化通信に関係のない人に渡ったりすることがないように厳重に管理しなければなりません。こういった暗号技術を応用した技術として、電子署名や電子証明書などがあります。

データアクセス制御

データアクセス制御とは、データにアクセスできるユーザーを制限する機能のことです。データアクセス制御の手段においては、主に「認証」「認可」の2つに分けられます。認証、認可によってユーザーのアクセス権限を細かくコントロールできます。認証と認可の両方の条件を満たさない場合は、最終的にデータにアクセスできない仕組みを確立することが重要です。

▶【1】認証

認証とはログインできるユーザーを識別する機能です。ユーザー自身しか知らない情報を用いて、本人であるかどうかを確認します。認証方法はID・パスワードのほか、クライアント証明書、指紋や網膜を使った生体認証などがあります。

▶【2】認可

認可とはアクセス制御リスト（Access Control List）の条件を参照し、ユーザーがアクセスできる範囲を制限する機能です。アクセス制御リスト（Access Control List）とは、データへアクセス権限を通過させる条件を記したものです。その条件に記述する内容は主に下記の2種類の情報（メタデータ）があります。

・ユーザー自身の属性情報（メタデータ）
　ユーザー自身が持つ属性によるアクセス制御を行います。
　例：ユーザーの役職、所属する実組織また論理組織、ユーザーの権限を表す
　　　フラグ（機密情報アクセス可能フラグ）など

・アクセス対象となるデータの属性情報（メタデータ）
　アクセス対象となるデータが持つ属性によるアクセス制御を行います。
　例：データに設定された機密保持フラグ、個人情報フラグなど

アクセス制御リストにはユーザーの属性とアクセス対象データの属性を組み合わせて設定することもできます。例えば、ユーザーが営業部の課長以上でなければ、機密保持フラグがついている顧客情報にアクセスできないというアクセス制御をかけるイメージとなります。

▶【3】認可のアクセス制御方式

認可を実現するためのアクセス制御方式には、大きく分けて「ユーザーベース」と「ロールベース」の2つの概念があります。ユーザーベースやロールベースでのアクセス制御とは何か、またはどういった違いがあるのかを見ていきましょう。

・ユーザーベースのアクセス制御

ユーザーベースのアクセス制御とは、ユーザーごとに対象データへのアクセス権限を設定することです。次の図の例のように、ユーザー一人ひとりに、「ユーザーAは読み取りしかできません」「ユーザーBは読み書きできます」「ユーザーCは何でもできます」「ユーザーDは読み取りすらできません」という権限の設定を行うイメージです。しかし、ユーザーベースのアクセス制御にはひとつ大きな欠点があります。それは個々の対象データに対して、どのユーザーがどのような操作が可能かを指定する必要があります。今挙げた例では単一データと少数ユーザーではありますが、仮にユーザーが1万、対象データが1万の場合は、ユーザーと対象データの掛け算で組み合わせのパターンが生まれるため、ユーザーベースでアクセス権を制御すると、とてつもなく面倒なことになってしまいます。また、アクセス権制御の初期設定のみならず、個々のユーザー単位でアクセス権のメンテナンス（アクセス権の更新・削除など）を行うのは、運用管理の観点から見ても、現実的なアプローチとは言えません。

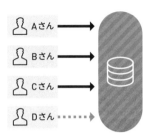

・**ロールベースのアクセス制御**

　ユーザーベースの欠点を克服するため、ロールという概念が生まれてきました。ロールベースのアクセス制御とは、ユーザーはロールに属し、ロールに対するアクセス権限を対象データに設定することです。具体的に、次の図の通りに、アクセスを行うユーザーと、アクセスを制御したい対象データとの間に、ロールという論理的なグループを設けて、「読み取り専用のロールに属しているから、削除はできない」「何でもOKのロールに属しているから、書き込み可能」のように、ユーザー単位ではなく、論理的なグループ（ロール単位）でアクセス制御をかけるようになります。ユーザーは、特定のロールに所属することで、ユーザーが対象データにアクセスすると、ユーザー自身ではなく、そのユーザーが属しているロールがチェックされ、操作が行えるかどうかを判断する仕組みとなります。

■▶ **ロールベースのアクセス制御**

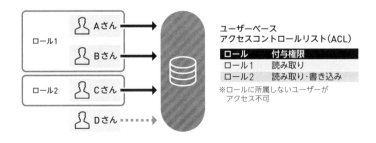

　この仕組みでは、対象データを管理する管理者は、予め対象データに対する

操作をいくつかのロールに分けて定義しておけば、ユーザーの数が増えたとしても、ユーザーに対するロールを設定すればよいという利点があります。特に大規模な組織であればあるほど、ユーザー一人ひとりではなく、そのユーザーがある時点で持っているロール（役割とも言える）をベースにアクセス制御をすることで、効率よくアクセス権の管理を実現できます。

監査

　データセキュリティの監査とはデータのアクセス履歴を記録し、アクセス制限の検証・改善を行うための機能です。アクセス履歴を分析することで、認証、認可で設定されたアクセス制御が正しく行われているかを検証できます。更に、セキュリティ監査の一環として、過去ログをたどって、不正ログインの痕跡や悪意のある攻撃者を特定した上、必要に応じて是正措置を講じることもできます。

監視

　データセキュリティの監視とは、データへの不正侵入を未然に防ぐため、ユーザーのIDS/IPS、ファイアウォールのログなどをリアルタイムで監視する機能です。万一、不正アクセスが検知された場合には、危険度に応じて通報し、迅速な対応を実施できます。

データ活用基盤の6つの要素⑥ データ分析

　データ分析は加工・保管済みのデータを分析する構成要素です。基本的な分析手法は3-2で説明したため、ここでは「データ分析の活用レベル」から必要な機能を見ていきます。データ分析は次の図のように3つの活用レベルに分けられます。一番手を付けやすい「Level1：見える化」から、統計分析をベースとした「Level2：傾向把握」、そして、未来に向けて機械学習を活用した「Level3：予測分析」まで、データ分析の活用レベルが進むにつれて、実現難易度も次第に上がっていきます。

▶ データ分析の活用レベル

タイムライン	レベル	概要	機能	難易度
過去から現在	❶ 見える化	図表作成などを行うことでデータを分かりやすく示す	ビジネスインテリジェンス（BI）	低
	❷ 傾向把握	データの統計分析を行うことでデータの傾向や特徴を把握する		
未来	❸ 予測分析	統計アルゴリズム・機械学習などを活用してデータを解析し、将来の結果を予測する	ビジネスアナリティクス（BA）	高

「Level1：見える化」「Level2：傾向把握」「Level3：予測分析」3つのレベルに対して、それぞれ求められる代表的な機能とツールは次の図の通りです。

▶ データ分析の活用レベルごとに必要な機能とツール

活用レベル	概要	代表的な手法	代表的な機能	代表的なツール
見える化	図表作成などを行うことでデータを分かりやすく示す	・グラフ、表、クロス集計 ・ヒストグラム、地図プロット	・レポーティング機能 ・OLAP 分析機能（多次元分析機能）	BI（ビジネスインテリジェンス）
傾向把握	データの統計分析を行うことでデータの傾向や特徴を把握する	・相関分析 ・回帰分析	・データマイニング機能	
予測分析	統計アルゴリズム・機械学習などを活用してデータを解析し、将来の結果を予測する	・時系列予測 ・機械学習	・予測分析機能	BA（ビジネスアナリティクス）

失敗しないツールの選び方

　本章で紹介したように、データ活用基盤のデータの収集、蓄積、前処理、分析などには必要な機能を揃える必要があります。これらの機能を実現するには、大きく分けて「スクラッチ開発」と「商用ツール活用」の2つの手段があります。現在、従来のスクラッチ開発より、導入期間の短縮、将来的な拡張性や運用保守の容易性などを考慮し、クラウドやSaaSをベースとしたツールの導入や活用が主流になりつつあります。しかし、そのツールを選定する際に、「同じ機能を実現できるツールが多すぎて、どう選べばいいか分からない」、ツール選定の際に十分な検討を行わず、ツール導入後に「こんなはずじゃなかった」という声をよく聞きます。これからツールの選定のステップおよびポイントを見ていきます。ツールの選定は以下のような手順を踏むことが一般的です。

⬛▶ ツール選定の6つのステップ

	ステップ	概要
1	要件整理	・自社の**機能要件と非機能要件をハイレベル**で整理し、重要度づけをする
2	ツールの情報収集	・**外部第三者機関**（Gartner社、Forrester社など）およびベンダーからツールの情報を収集する
3	要件へのアセスメント	・自社要件へのカバレッジをアセスメントし、**自社要件への適合性**を確認する
4	費用見積もり	・自社要件に対して、**コスト（イニシャルコスト＆ランニングコスト）** を見積もって、自社の予算に見合うツールに絞り込む
5	POC（実機検証）	・要件の重要度を踏まえて、**実機にて機能検証**を実施する
6	最終決定	・**要件への適合率と投資対効果（ROI）** が高いツールを最終決定する

　上記のツール選定の手順については、3つのポイントを補足します。

❙ ポイント① 要件の整理が先、ツール選定が後

　ツール選定にいきなり飛び込まずに、ツール選定の前にまず自社が求める機能要件と非機能要件をハイレベルで整理し、自社にとっての重要度を付けておくことがポイントです。例えば、データ連携基盤に対して、整理されたハイレベルの機能要件と非機能要件および重要度は次の図のイメージで示しています。

区分	データ連携基盤 機能要件(ハイレベル)											その他	
	Must機能							Nice to have機能				その他	
要件	多様な接続	多様なデータ形式	データ妥当性チェック	データ変換・集約	多様なデータ格納	ロギング	エラーハンドリング	設定変更用GUI	条件分岐・ループ	FTL上での独自開発	フォルダ処理	メール配信	セキュリティ
重要度	高	高	高	高	高	高	高	中	中	中	低	低	高

区分	データ連携基盤 機能要件(ハイレベル)												その他
	他システム連携			ツール特性						コスト		導入実績		教育・トレーニング
要件	SAPとの連携	SFDCとの連携	SAP、SFDC以外との接続性	対象データ拡張性	機能拡張性	運用容易性	動作環境	応答性	ジョブ実行・起動	初期導入費用	保守運用費用	国内	海外	教育・トレーニング
重要度	高	高	高	中	超高	高	超高	中	中	超高	超高	高	低	高

ポイント② 要件への適合性を見極める

　ツール選定の際に、「こんなことが実現したい」という要件の整理を飛ばして、いきなり複数のツールを横並びにして、機能の比較に没頭する人をよく見かけます。しかし、多くのソリューションについては、ツールの機能性が同質化しており、機能の差異に優劣を付けるのが現実的に難しくなっています。仮に莫大な時間をかけて、微妙な機能の差異を特定できたとしても、その機能の差異が自社で実現したいことと無関係であれば、機能差異の比較は知りたがり屋の「自由研究」にすぎません。機能差異の比較に労力をかけるよりも、本来の目的である「こんなことが実現したい」に目を向けて、自社が求めている要件を整理した上で、その要件に対して各ツールのアセスメントを行い、自社要件への適合性を見極めることに注力した方がよいでしょう。

ポイント③ ツールの生産性をPOCで評価する

　スクラッチ開発より商用ツールを選択する目的のひとつは、ツールを活用す

ることで、システム開発と運用保守の生産性を向上させることです。ツールの機能性が同質化している中で、開発・テスト・運用保守などをサポートする標準機能が揃っているか、それらの機能に対するベンダー側のサービスレベルが十分なのかは、見落としがちな選定項目でもあります。具体的に、ノーコードで開発可能のGUI、テストで処理の途中結果を確認できるプレビュー機能、各種稼働ログの自動集計・可視化機能などの有無を確認する必要があります。加えて、ベンダー側のサポート体制、サービス時間、日本語での問い合わせ対応など、システム開発と運用保守の生産性に大きく影響を及ぼす項目をPOCの実機検証で評価しておくのも重要です。例えば、機能面ではずば抜けたグローバルツールであっても、日本ではサービス・保守支援拠点が存在せず、日本語での問い合わせもできないというケースも多々あります。その際に、自社の運用保守をタイムリーで行うことができるかという評価観点も入れるようにしましょう。

6-3 | データマネジメント実行層 構成要素③ マスタデータ管理

　これからマスタデータ管理（MDM）というテーマを掘り下げていきます。まずエンタープライズデータ構造の全体像を把握した上で、現場でよくあるマスタデータの課題とその打ち手に触れて、マスタデータ管理で統合すべきデータとは何かを考えてみましょう。その次にマスタデータ管理における論点、アーキテクチャおよび導入アプローチについて順を追って解説していきます。

エンタープライズデータ構造の全体像

　マスタデータの位置づけを理解するには、エンタープライズレベル（企業全体）のデータ構造の全体像を把握する必要があります。エンタープライズレベル（企業全体）のデータ構造全体は次の図の通りに、マスタデータを土台としたピラミッド構造になります。

▶ DIKWモデル

DIKWモデル		具体例
Wisdom	・知識を正しく認識して知恵に昇華させたもの	企業理念、事業戦略、方法論等
Knowledge	・情報をまとめて体系化、構造化した情報群とノウハウ	業務ガイドライン、研究論文、プロジェクト報告書、方法論等
Information	・データの意味、相関性、フォーマットが定義された分析用のレポート ・マスタデータを分析軸とし、一定期間のトランザクションデータを要約する	財務諸表、管理会計レポート等
Transactional Data	・マスタデータを参照し5W1Hを記録して生成されるトランザクションデータ ・一時的なデータ	受注伝票、発注伝票、会計伝票、出荷指図等
Master Data (Specific)	・特定業務領域で利用されるマスタデータ ・業務に必要となるトランザクションデータの構成要素	銀行（会計）、資産（会計）、WBS要素（プロジェクト管理）、輸送経路（販売）等
Master Data (Core)	・業務領域横断で利用されるマスタデータ ・業務に必要となるトランザクションデータの構成要素	品目 得意先 仕入先 組織

エンタープライズデータ構造

一番下の土台の部分は、社内の各業務横断的に、共通的に使われるマスタデータです。例えば、品目マスタ、得意先マスタ、仕入先マスタがあります。これらのマスタデータはひとつの事業部だけで管理されているというよりは、サプライチェーンに沿って、仕入れ、製造、出荷、販売まで複数の事業部を跨いで全社レベルで使われているケースが多いです。その一段上には特定の業務領域だけで使われるマスタデータもあります。例えば、経理・会計業務で使われる銀行マスタなどがあります。これらのマスタデータは、特定の業務領域またはひとつの事業部の中で閉じて運用管理されているケースが多いです。

　更に一段上のトランザクションデータに関しては、マスタデータを参照して生まれてくる一時データとなります。企業内の伝票（受注、発注伝票等）と呼ばれているものは典型的なトランザクションデータとなります。トランザクションデータの上に位置するInformation（情報）とは、マスタデータを軸とし、トランザクションデータとつなぎ合わせることで、データを更に意味づけたものとなります。エンタープライズデータ構造はマスタデータ、トランザクションデータ、情報（Information）の3層構造までにしていますが、2-1で説明したDIKWモデルをもとに、情報（Information）の上には情報をまとめて体系化した知識（Knowledge）があり、その知識から昇華された知恵（Wisdom）がトップにあることを改めて認識しましょう。

マスタデータ管理のよくある課題とその打ち手

　筆者が様々なMDMプロジェクトに携わっている中で、現場でどういった課題が起きているのか、それらの課題に対して、どういった打ち手が考えられるのか、3つのケースを取り上げて紹介します。

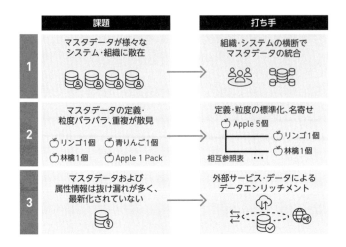

マスタデータの課題および打ち手

マスタデータ管理のよくある課題① データのサイロ化

　現場でよく起きているのは、縦割りの組織で各事業部の権限が強いゆえに、事業部ごとに業務とシステムの個別最適化が進んでいるという課題です。マスタデータも例外なく、事業部ごとに業務とシステムを個別で確立させた結果、社内の異なるシステムで似て非なるマスタデータが散在している（サイロ化）ケースです。この課題の本質は組織の縦割りによる業務とシステムの物理的な分断です。

　その打ち手としては、組織とシステムの壁を取り払って、全体最適の観点で業務とシステム全体を俯瞰し、マスタデータに関わる業務・システム・データの統合を図るという対応が必要です。しかしながら、その打ち手は簡単に聞こえていても、組織の壁はそう簡単に乗り越えられません。なぜならば、MDMは一般的に全社レベルで推進することが多く、社内の関連部署・ステークホルダーも多く登場してくるわけです。異なる部門間の担当者同士の連携だけに頼って、いわゆるボトムアップのアプローチだけでは、部門間の利害関係の調整は大体うまく行きません。今まで現場の皆さんがずっと個別最適なシステムを使って仕事してきたこともあり、慣れ親しんだ業務が変わってしまうことに対して、抵抗があるのは当たり前です。実際の現場では、現行業務の改変にまつわる組織間の利害関係が対立してしまうことはよくある話です。

　従って、ここで重要なのは、強いリーダーシップを取って、トップダウンで

旗振り役を果たす経営層の人間がいるか否かというポイントです。筆者自身の経験から言えるのは、成功まで導いたマスタデータ管理の活動は、例外なく経営層のキーマンがMDM活動のオーナーとして、重要な意思決定と全体の方向性をトップダウンで決めたおかげで、モノ事を大きく前進させたという共通点があります。これはマスタデータ管理を成功に導く鍵とも言えます。

▋マスタデータ管理のよくある課題② データ粒度不揃い・データ重複

2つ目は、データ粒度の不揃い・データ重複によるデータ品質低下の課題です。データ利活用の中で、売上の分析は企業の戦略策定に欠かせない、最も一般的なデータ活用手段です。つまり、「誰がどこでいくら買ったか」を可視化し、それを分析することで、顧客軸、商品軸、地域軸などでの売上の傾向を把握することです。これを「リンゴはいくつ売れたのか」という例に置き換えて考えてみましょう。例えば、リンゴをマスタデータに例えると、カタカナの「リンゴ」、漢字の「林檎」、英語の「apple」という呼び名が違うこともあれば、「青リンゴ」という粒度が違うものも存在し得ます。その次に、「いくつ」という数量の話になると、1個、1パック、ひと箱などの様々な単位も登場してきます。最後に、アップルジュースやアップルパイなどの加工品まで増えてくるとどうでしょう。「リンゴはいくつ売れたのか」は誰も簡単に答えられない難問になるはずです。

実は、これが多くの企業の現場でも起きていることです。とあるクライアントのCEOの方から「この商品はグローバルのどこでどれだけ、誰にいくら売れたか」と社内で問いかけたところ、誰も答えられませんでした。なぜならば、当時、その会社の商品マスタと顧客マスタのデータがバラバラの粒度で管理されて、統合されておらず、全社レベルでの共通的な分析軸が確立できてなかったからです。更に一歩踏み込むと、マスタデータが統合されていないと、このような売上分析の課題だけではなく、グループ全体での集中購買、M＆A（企業の統廃合）に伴う請求一本化、グループ全社の与信管理など、様々なビジネス活動に支障が出てしまいます。しかしながら、そうはいっても、バラバラのマスタデータを無理やりに統一させることもできません。例えば、この世の中のリンゴの呼び名を全てひとつのカタカナの「リンゴ」に強引に統一してもだめです。なぜならば、「apple」などの方言で回っている地域社会、つまり個別業務とシステムがどの企業でも存在しているわけです。

そこで、この課題を解決するには、それぞれの方言はそのまま残しつつも、

異なるコード体系や粒度のマスタデータを共通言語に変換しなければなりません。その変換のためには読み替え表が必要になってきます。リンゴの例に戻ると、カタカナの「リンゴ」＝漢字の「林檎」＝英字の「apple」これらの方言を紐づけて、読み替え表を作るイメージとなります。「リンゴ」「林檎」「apple」を名寄せして作った読み替え表をもとに集計・分析すれば、「リンゴはいくつ売れたのか」は簡単に答えられるようになります。

マスタデータ管理のよくある課題③ データ精度と鮮度の低下

3つ目はマスタデータの精度と鮮度の課題です。例えば、業務上の重要な属性情報（顧客の住所情報、連絡先など）に抜け漏れ・欠落が多く、一回登録した情報はその後、何年立っても更新されないというケースです。この課題に対する打ち手は、マスタデータを社内の閉じた世界で考えるのではなく、外部の2次データを活用して、住所情報、法人情報、行政の統計情報などを取り入れて、社内のマスタデータを拡張させるというデータエンリッチメントの観点が欠かせません。例えば、B2Bの顧客戦略として、自社がまだ開拓できていない顧客のホワイトスペースを見つけて、新規の顧客開拓をするアプローチがよくあります。その際に取引していない顧客データを外部法人情報サービスから購入し、自社の顧客マスタそのものを拡張できます。そのほか、信用調査会社とのデータ連携で既存の顧客マスタに財務・与信情報を取り入れて、取引のリスク管理などに活用されるケースも多いです。

統合すべきマスタデータとは

MDMで統合管理すべきマスタデータとは何かという問いに関して、一緒に考えてみましょう。

まずはひとつの問いかけ

どの会社でも存在する典型的なマスタデータから、商品マスタ、顧客マスタ、銀行マスタの3つを取り上げています。これらのうちに、MDMで統合管理すべきものはどれでしょうか。

A.商品マスタ　B.顧客マスタ　C.銀行マスタ

まず筆者の答えを言うと、統合管理すべきなのは商品マスタ、顧客マスタです。銀行マスタは統合管理対象外です。実は、この質問を様々なクライアントにも聞いてみたところ、多くのクライアントから「うちの社内にあるすべてのマスタデータを集めた上で、MDMで統合管理すべきではないか」という意見が多々ありました。この意見は一見、特に違和感がないように見えます。ところが、今一度、皆さんの周りにある情報システムの業務・運用の実態を思い出してみてください。

▌統合対象データを紐解く

まず、銀行マスタの場合は一般的に取引銀行の銀行名、銀行番号などの情報を保持しており、財務管理系の業務とシステムしか使われていません。また、銀行マスタついては、社内の複数のシステムまたは事業部を跨いで、その情報を共有・連携するケースはどれだけあるでしょうか。更に、その銀行マスタの情報を登録・更新する頻度はどれだけ高いでしょうか。

それに比較して、商品マスタはどうでしょう。例えば、近年、多くの業界では商品のライフサイクルがどんどん短くなってきており、新商品が頻繁に発売される傾向があります。そのため、商品情報をシステム上で登録する頻度が上がっており、現場で商品マスタの業務運用のコストが押し上げられています。筆者が過去に携わったプロジェクトで、某大手小売業のクライアントから「うちの会社では毎日3人を超えるスタッフがひたすら商品のデータを手入力している」という話を聞いたこともあります。

そのクライアントの社内には、仕入れ、在庫管理、販売管理などの商品情報を扱うシステムが複数で存在しており、それぞれの所管部門を跨いで、業務を進めるには、バケツリレーで異なるシステムでそれぞれ商品マスタをメンテナンスしています。つまり、全社レベルで商品データの品質を均一に担保するには、莫大な工数がかかっているのが実態です。こうしたケースであれば、サイロ化されている商品データを一カ所に統合して、商品情報の新規登録・追加・変更の業務を集約させることで、全社レベルでの業務効率化、コスト削減を達成する見込みが十分にあるに違いありません。

MDMと言ったら、「社内のすべてのマスタデータを入れて管理しよう」という印象を受けがちですが、実際には達成したい目的および解決したい課題によって、管理すべきマスタデータも変わってきます。MDMの統合管理対象デー

タについて、まず目的をクリアにした上で、投資対効果の観点で効果を引き出しやすいマスタデータはどれなのかを考えることが最も重要です。

最大公約数を見極める

ここまでの話を要約すると、MDMの統合対象において、「マスタデータの全部盛りではなく、各領域と各組織を跨いで、共通で活用されるマスタデータとは何か」との考え方が重要です。次の図の通りに、敢えて数学的な言葉で表現すると、対象データを定めるポイントは、全部盛りの最小公倍数ではなく、各領域に必要となる共通語として、組織横断で利用する最大公約数を見つけることです。例えば、バリューチェーンで見た時、その共通語と言えば、品目マスタ、商品マスタとなります。グローバルで商品マスタを統合して、それぞれの国・拠点の商品在庫の偏りを集中コントロールすることで、余剰在庫を低減することにつながります。顧客チャネルで見たら、異なるチャネルの顧客マスタを統合した上で、一意の顧客IDで顧客が店舗、ECサイトなどの異なるチャネルで獲得したポイントの共通化を図るなど、オムニチャネルでUX（ユーザーエクスペリエンス）を高めることもできます。最後に、グローバル拠点で見たら、グローバル品目マスタを統合して集中購買などを実現することもできます。

▶ 最大公約数を見極める

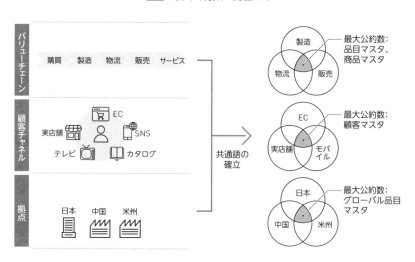

マスタデータ管理導入における5つの論点

では、前述したデータの課題を解決し、マスタデータを適切に管理、活用するために、どういった切り口で考えればよいのかという問いに対して、「戦略」「業務」「ガバナンス」「組織」「テクノロジー」、この5つの論点を念頭に入れる必要があります。

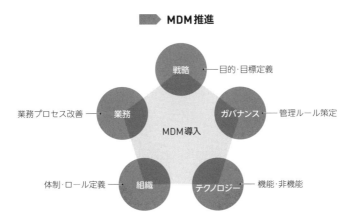

マスタデータ管理導入における5つの論点① 戦略

最初の論点としては、土台となる戦略です。MDMの目的・目標を平たく言えば、MDMを通じて「何を実現したいのか」「どういった課題を解消したいのか」を問いかけて、前章の「データマネジメントの戦略策定」で説明したアプローチでMDMの目的を定めていきます。その目的を達成するためには、「どういった定量・定性的目標を設定したらよいのか」、これはMDMの大義名分を得るための最優先事項と言っても過言ではありません。具体的に、MDMの戦略立案に対して、「戦略策定」「対象データの選定」「費用対効果の試算」、この3つのアクションを実施する必要があります。

MDM戦略立案の主要アクション

	アクション	検討内容
1	戦略策定	・**事業戦略との関連づけ** ・目的、目標の設定 ・ロードマップの策定
2	対象データの選定	・**共通マスタの棚卸し** ・社外データ（地理・法人情報、**オープンデータ等）の活用**、データエンリッチメント検討
3	費用対効果の試算	・MDM利活用による定量的/定性的な効果検討 ・**費用対効果（ROI）試算**、関係部門との合意形成

▶【1】戦略策定

　MDMの戦略を考える上で最も重要なのは、MDMの目的をどのように事業戦略と関連づけるかという問いかけです。MDMが事業戦略を支える位置づけとして、目的やゴールを設定し、その目的・ゴールから逆算して実行計画（ロードマップ）を描いていくというプロセスとなります。ロードマップの策定にあたって、MDMの取り組みを小さくて始めて、大きく育てるという考え方が一般的です。つまり、いきなりビッグバン・アプローチで何もかも多くの業務プロセス・システム機能・マスタデータをすべて一気通貫で導入するのではなく、身の丈にあった目的を設定し、ゴールに向けての途中の目標をマイルストーンで細かく切って、段階的なロードマップを策定することが重要です。途中の目標が小さくても、目に見える効果を確実に刈り取れれば、MDMの意義と有効性が経営層、組織内のメンバーなどに広く伝わって、今後の継続的な予算確保、活動運営などを強く支えることになります。

▶【2】対象データの選定

　目的をクリアにした後に、設定された目的を達成するには、必要なマスタデータとは何かと問いかけていきます。前章の「データマネジメント戦略策定の4つのステップ③ ロードマップの策定」でも説明した通り、具体的に、戦略で設定された目的を達成するには、「必要な情報とは何か」、そして、「その情報を生み出すために必要なマスタデータとは何か」、最後、「そのマスタデータがどういった状態や構造でなければならないのか」、この3つの問いかけに対して答えていけば、対象のマスタデータも自ずと明確になってきます。対象データを定めるもうひとつの論点としては、社内の現状のマスタデータを棚卸しし

て、どのマスタデータが共通語なのか、どれが方言なのかを整理する必要があります。

▶【3】投資対効果の試算

　MDMの初期導入はほかの事業投資と同じように、どういった目的でいくら投資して、何年でその投資を回収できるのかと、効果を試算して予算確保しなければなりません。筆者自身は、前章の「データマネジメント戦略策定の4つのステップ」で説明した通り、「成長機会」「コスト」「リスク」3つの観点から考えるようにしています。

・成長機会

　MDMを通して、自社がどういった成長機会を得られるのか、経営KPI（売上高、利益成長率、顧客満足度など）との相関関係または因果関係から検討することが必要です。例えば、商品データにまつわる業務・システム・データをMDMの活動で統合することによって、新しい商品の市場投入までのリードタイムを3カ月から3週間に短縮できると見込む場合は、自社の財務指標、商品管理の業務KPI、業務プロセスなどにどういったプラスな影響をもたらすのかを試算する必要があります。

・コスト

　マスタデータを統合することで、今までバラバラでやっていたデータの登録・更新作業を一本化して作業負荷を低減することで、コストの削減にもつながります。

・リスク

　リスクの観点から言えば、国や業界の法規制、例えば、日本の個人情報保護法などによって、個人情報などが含まれるデータを対象に、法的リスクを適切に評価し、コントロールすることで、データプライバシーにおけるリスクを低減できます。これもMDMの導入効果のひとつとして挙げられます。

　最後に、ひとつ留意点を挙げるとしたら、投資対効果の算出ロジックはシステムを作る側のIT部門の理論だけで作れるものではありません。投資対効果の試算の際に、MDMを活用する業務部門および、財務指標に対する影響を試

算できる財務部門を巻き込んで、IT、業務、財務の3つの観点から投資対効果の試算を進める必要があります。

マスタデータ管理導入における5つの論点② 業務

業務の論点では、次の図のように4つのステップを踏んで業務要件の整理を進める場合が一般的です。具体的に、「現状業務の整理」「課題の抽出・定義」「課題の打ち手検討」「あるべき姿の設定」という順番で進めることになります。これはMDMだからこそ、必要となるタスクというわけではなく、一般的な業務要件定義の進め方となります。

業務検討の進め方

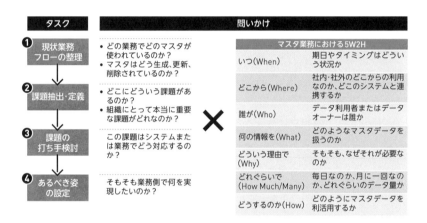

ここでひとつの留意点を挙げるとしたら、マスタ管理の業務における5W2Hを繰り返し問い続けることです。例えば、現状の業務を整理する際に、どういった目的（Why）で何のマスタデータ（What）が使われていて、そのマスタデータをどのように（How）生成、更新、削除しているのか、誰（Who）がどのタイミング（When）、どういった頻度で（How many）そのマスタをメンテナンスしているか、マスタに関わる業務のどこ（Where）に課題があるのか、一通り整理できれば、現状も課題もハッキリ見えてくるはずです。その課題に対して、業務上あるいはシステム上でどういった打ち手が考えられるのかを検討し、あるべき姿を具体化していくこととなります。

マスタデータ管理導入における5つの論点③ データガバナンス

MDMのデータガバナンスに関しては、前節（データマネジメントの実行層要素① データガバナンス）で説明したデータガバナンスの取り組み方を踏まえて進めていけばよいです。次の図の通り、データガバナンスをMDMの世界で解釈すると、立法はマスタデータの管理規約の策定です。行政は策定されたマスタの管理規約を現場レベルに落とし込んで、浸透させることです。司法はマスタ管理規約の遵守状況を監視すると同時に、現場からの改善要望などを吸い上げて、マスタ管理規約の改変を常に図っていくことです。立法、行政、司法の三位一体でサイクルを回すことによって、データガバナンスを利かせることになります。

▶ ガバナンスの検討の観点

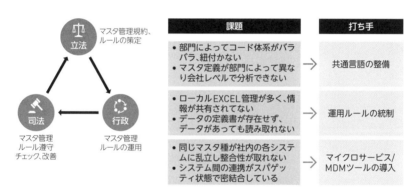

筆者が今まで見てきた現場の中では、マスタコード体系が部門によってバラバラになっており、全社レベルで分析できていないというデータ一貫性の問題もあれば、データのローカル管理が行われていて、そもそも活用の前に情報さえ共有されていないという問題もありました。これらの問題は、すべてガバナンスを阻害する要因になるので、これらの問題を解消するために、全社共通のマスタ運用規則の整備は欠かせません。

マスタデータ管理導入における5つの論点④ 組織

MDMを一過性の活動で終わらせないために、組織としての継続的な取り組みが必要です。組織の取り組みの中でどのように社内の登場人物・ステークホ

ルダーを整理し、どう動機づけするのか、また、MDM活動をどのように組織横断で運営していくのか、これらの問いかけに対して、次の図の通り、5つのアクションをさせていくことが重要です。

組織体制・運営ルールの策定

	概要	詳細
1	データオーナー明確化	• マスタのステークホルダーの明確化 • マスタのデータオーナーの明確化
2	横串の組織設計	• 縦割り・IT部門任せからの脱却 • 業務部門主導のMDM戦略策定、コミット • 要員のスキルセット定義・調達
3	効果重視の投資・検証プロセス整備	• 業務部門主導の投資対効果検証 • 経営・業務・IT部門の役割/ミッション明確化
4	組織運営ルール策定	• 横断組織運営ルールの策定と改善 • 運用実施計画
5	運営状況の把握と改善	• PDCAで運営状況の収集/見える化/課題改善討

一体化して動くための組織体制

MDM バーチャルチーム

経営層 ＋ 業務部門 ＋ IT部門

統合MDM

　その中で、筆者が特に意識しているのは2点目の「横串の組織設計」です。MDMに取り組む際に、よくあるのは業務部門が要望を並べるだけで、MDMの推進は全てIT部門に丸投げすることです。その結果として、マスタデータをどう活用すれば、企業のビジネスに貢献できるのかという本来の目的を見失って、いつの間にか、IT部門主導のMDMシステム導入という目的にすり替えられ、手段の目的化という落とし穴にハマるわけです。

　仮にせっかくIT部門が頑張って、MDMのシステムを導入できたとしても、事業戦略とは無関係で、現場の業務を支えることができなければ、業務部門が積極的にシステムを使って、データ利活用を成し遂げられるわけがありません。MDMシステムもビジネス側の魂が吹き込まれていない高価な箱物になってしまい、最終的に失敗に終わったケースは決して珍しくありません。従って、MDMの活動はシステムを作る側のIT部門の理論ではなく、データとシステムを使う側の業務部門の理論でモノ事を考えないとうまく行きません。業務部門がオーナーシップを取るという大前提の下、経営層、業務部門、IT部門

を横刺すようなバーチャル組織を立ち上げて、経営層から企業戦略の観点、業務部門から事業戦略の観点、IT部門からIT戦略の観点、この3つの観点でお互いの思いをぶつけ合いながら、化学反応を起こしながら、合意形成しながら、MDMの組織運営を進めていくことが重要です。

マスタデータ管理導入における5つの論点⑤ テクノロジー

いよいよMDMの最後の論点、テクノロジーとなります。一昔前、MDM基盤を初期導入するには、1年以上かかることが一般的でした。この数年では、スモールスタート＆クイックウィンの導入アプローチが多く実践されています。具体的に、効果が出やすい顧客、商品マスタなどに初期導入のスコープを絞った上、SaaSサービスをフル活用し、数カ月のスパンでMDM基盤を導入するケースが多くなってきています。そのアプローチを支えるテクノロジーを深掘りすると、次の図の通りに6つの軸が挙げられます。その6つの軸から3点ほど重要なポイントに絞って説明していきます。

▶ MDMテクノロジー6つの軸

④ パフォーマンス・拡張性・可用性
　クラウドネイティブ（自動スケール）

⑤ アーキテクチャ
- SaaS
- APIエコノミー
- マイクロサービス

⑥ 汎用データモデル
　領域別ベストプラクティス（顧客、商品MDM等）

① データ品質
- AI自然言語処理によるデータプロファイリング、クレンジング、名寄せ
- 外部APIサービスによる住所情報の判定・補正、電話番号、メールアドレスバリデーション等

② 統合と同期
- バッチ/リアルタイム連携
- 周辺システム拡張へ対応
- 自動集信・配信

③ 運用保守性・セキュリティ
- DevOps
- アクセス権制御
- プライバシー保護

▶【1】データ品質

英語等と比べて、日本語は独特な表現が多く、ひらがな、カタカナ、漢字、全角、半角などの複雑なパターンが存在し、漢字表記や送り仮名の違い等の表記ゆれが発生しやすいです。そのため、AIの自然言語処理を活用したデータパターンの分析はデータ品質の現状把握に大いに役立ちます。データパターン

を可視化することで、どのようなルールでデータをクレンジング、名寄せする
かを検討する際に、有益な示唆を出せます。更に、外部エコシステムとのAPI
連携を活用し、自社保有しているデータの重要項目（住所、電話番号、メール
アドレスなど）の有効性判定、自動データ補正などを行うことで、データ品質
を向上させる手段としても有効です。

▶【2】汎用データモデル

　MDMのデータモデルに関しては、対象領域（顧客マスタまたは商品マスタ
など）によって、汎用性があるベストプラクティスが存在します。例えば、
B2Bの顧客マスタに関しては、法人グループ、法人、事業所の粒度で分けて3
階層のデータモデルを構築するのは一般的です。最近、MDMソリューション
のベンダー、コンサルティング会社から、対象業界・対象領域に沿ったリファ
レンスデータモデルを提供されています。それを有効活用することで、データ
モデルの検討に費やす時間が大幅に短縮できます。

▶【3】MDMアーキテクチャ

　MDMアーキテクチャについては、SaaS、クラウドベースを採用すること
で、システム全体の拡張性、可用性、柔軟性を一定のレベルで担保できます
し、初期導入の期間短縮にもつながります。オンプレミスの煩雑なインフラ設
計・構築から解放され、SaaSで提供されている画面を見ながら、アプリ層の
要件検討に集中できる利点が大きいです。SaaSベース、クラウドネイティブ
だからこそ、システム開発の難易度も下がり、ノーコードで構築できるツール
が多数存在しています。最後に、コストの面では、MDM初期導入のコストだ
けではなく、導入後の運用保守のランニングコストを含むTCO（Total Cost
of Ownershipの略称であり、システム構築の際にかかるハード・ソフトの導
入費用から、運用後の維持費・管理費・人件費など全てを含む、システムの総
所有コスト）の削減も大いに期待できます。

マスタデータ管理の3つのアーキテクチャ

　MDMアーキテクチャは分析型、HUB型、集中管理型の3つのパターンに分
類できます。それぞれの概要と特徴は次の図の通りです。

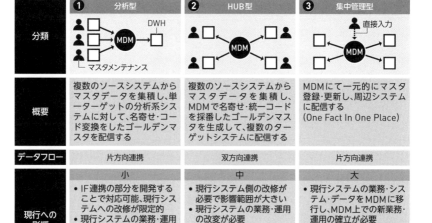

分類	❶ 分析型	❷ HUB型	❸ 集中管理型
概要	複数のソースシステムからマスタデータを集積し、単一ターゲットの分析系システムに対して、名寄せ・コード変換をしたゴールデンマスタを配信する	複数のソースシステムからマスタデータを集積し、MDMで名寄せ・統一コードを採番したゴールデンマスタを生成して、複数のターゲットシステムに配信する	MDMにて一元的にマスタ登録・更新し、周辺システムに配信する (One Fact In One Place)
データフロー	片方向連携	双方向連携	片方向連携
現行への影響	小	中	大
	• IF連携の部分を開発することで対応可能。現行システムへの改修が限定的 • 現行システムの業務・運用への改変が基本的に不要	• 現行システム側の改修が必要で影響範囲が大きい • 現行システムの業務・運用の改変が必要	• 現行システムの業務・システム・データをMDMに移行し、MDM上での新業務・運用の確立が必要 • 連携対象の現行システムへの改修とMDM上でワークフロー・バリデーションの設計・開発が必要
導入難易度	低	中	高
導入ステップ	ステップ1	ステップ2	ステップ3

パターン① 分析型MDM

分析型MDMでは、複数のソースシステムからマスタデータを受信し、MDMで名寄せ・コード変換をした上、ゴールデンレコード（全社で最も信頼できる良質なレコード）に統合し、分析系システム（DWH、BIなど）へ配信するという流れです。データフローは、ソースシステム➡MDM➡分析系システムという片方向となります。現行システムへの影響に関しては、MDMのシステム導入に合わせて、IF連携の部分を開発するだけで対応できるため、現行システムへの影響が軽微です。

パターン② HUB型MDM

HUB型MDMが分析型と最も違う点は、HUB型のMDMでは名寄せ・統合したゴールデンレコードを様々なソースシステムに返却したり、周辺システムへ配信したりすることです。周辺システムから見ると、MDMで統合したゴールデンレコードが唯一の正本データになるため、周辺のシステムがその正本デー

タを集信して、現行のシステム上で新規登録・更新などを行い、業務で利活用することになります。言い換えれば、MDMの導入前と比べて、周辺のシステムと業務で扱われるデータがMDMのゴールデンレコードに変わるわけです。また、データフローも片方向ではなく、HUB（ハブアンドスポーク方式）のように双方向で集信・配信しています。HUB型を採用することで、スパゲッティ化しているマスタデータの連携・同期を解消し、マスタデータ全体のデータフローを清流化するメリットも大きいです。次の図の通りに、特に周辺システムまたは対象マスタ種類が既に多く存在する場合は、HUB形のアーキテクチャを取り入れることで、データ連携の開発および運用保守コストの削減にもつながり、その効果がより一層高まります。

▶ ハブアンドスポーク方式によるデータ連携の効率化

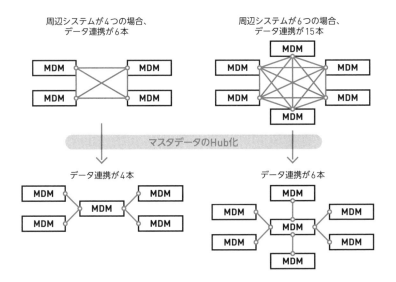

パターン③ 集中管理型MDM

3つ目の集中管理型MDMでは、周辺システムにてバラバラで扱っているマスタデータをMDMに統合し、マスタデータ登録・更新などのメンテナンス業務をMDMに全て集約させることで、MDM上でマスタデータに関わる業務・システム・データの3つを完結できるようになります。MDMのアーキテクチャ

はデータ中心アプローチ（DOA）を土台にしているため、データの構造や相関関係をデータモデルで定義し、それに合わせる形で、システムの処理や業務手順の流れを決めていく設計思想です。データ中心アプローチにおける最も重要なコンセプトが「One Fact One Place」"事実はひとつ、その事実を1カ所に記録する"ことです。集中管理型MDMは全社レベルでの正本となるマスタデータ（ゴールデンレコード）を唯一の場所（MDM）で管理し、そのゴールデンレコードを周辺システムと業務に提供する形となります。

　データガバナンスを利かせる観点で見たら、集中管理型は一番理想的な形ではありますが、導入ハードルも一番高いです。その背景には、MDMと周辺システムは同じタイミングで導入するのではなく、MDMを後付けで導入するケースがほとんどであることを理解しておく必要があります。その際に、全体最適の観点で、数多くの既存システムのマスタデータにまつわる業務・システム機能・データの3つをすべてMDMに統合させる必要があり、導入するハードルは一番高いです。また、この3つのタイプは排他的なものではありません。対象のマスタデータの領域に応じて、MDMシステムの中で異なるタイプのアーキテクチャが共存できます。例えば、MDMシステムの中でドメインを分けて、商品マスタデータは集中管理型、顧客マスタデータは分析型で分けて管理することも可能です。

　まとめると、分析型、HUB型、集中管理型の順番で導入の難易度が上がります。どのタイプを採用するのかを検討する際に、自社の業務・システムの実態や体力を総合的に分析し、自社の現状を踏まえたメリットとデメリットの整理が必要です。筆者が様々なクライアントに推奨しているのは、スモールスタート＆クイックウィンというアプローチです。つまり、始めに難易度が低い分析型またはHUB型から手を付けて、MDM効果の刈り取りをしながら、ヒト・組織としての経験・知見を積みながら、段階的に集中管理型を目指したほうが成功につながりやすいです。

マスタデータ管理の導入アプローチ全体像

　本節の最後に、MDMの導入アプローチの概要に簡単に触れておきます。筆者の場合は、次の図のようなアプローチを踏まえて、構想企画、要件定義、設計・

開発、テスト、運用保守の各フェーズに分けて、段階的に数多くのMDM導入案件を推進してきました。ここのポイントを上げるとしたら、MDMの導入が単なるツール導入だけではなく、ツール導入以外、MDMに関する戦略、業務、データガバナンス、組織、テクノロジーという5つの論点を念頭に置いて、全体タスクの計画、実施、効果検証、改善を行う必要があります。

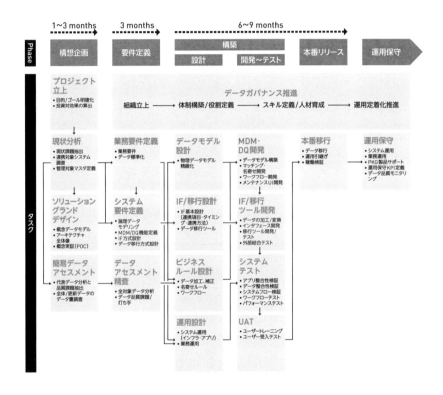

MDM導入アプローチの全体像

6-4 | データマネジメント実行層 構成要素④ データ品質管理

本節では、データ品質（Data Quality）というテーマで、掘り下げて解説します。はじめに「なぜデータ品質は重要なのか」、次に「そもそもデータ品質とは何なのか、それをどのように測定するのか」という基本的な概念を押さえた上で、データ品質管理を導入するアプローチを解説していきます。

なぜデータ品質が重要なのか

そもそもデータ品質はなぜ重要なのでしょうか。筆者が周りのプロジェクトを振り返ってみると、次の図の通り、データソース（データの源泉）のところに多くのデータ品質の問題が顕在化し、データ品質の管理がカオス状態になっている企業が少なくありません。

■▶ データ品質管理の問題

例えば、企業内の各事業部が自分らの業務の個別最適化を追求し、事業部ごとにシステムを作ってしまい、同じ種類のデータにもかかわらず、そのデータ

が異なるシステムの中に散在している問題です。そのデータを扱う業務プロセスも業務ルールも組織によってバラバラです。その結果として、データの整合性を組織横断で取れなくなり、全社レベルでのデータ利活用が広がらないケースです。もうひとつの例を挙げると、データの入力ミスです。フロントシステムの入力画面におけるチェック機能は不十分のため、データの入り口から問題があるデータが混入してしまうケースです。また、自社データのみならず、外部データを自社に取り入れてデータ利活用する場合には、購入した外部データのデータ品質を過信して、外部データの精度、粒度、自社データとの整合性などを評価せず、いざ自社に取り込んでみると、データ間の不整合などが発生し、十分に活用できないケースもあります。

　こういった原因で、社内には不整合、重複、曖昧なソースデータは溢れており、そのソースデータを使うと、汚れた川のように、途中のサービス・システムをどんなに高い品質で作ったとしても、サービス・システム全体がその汚れた水（つまり品質の悪いデータ）の影響を受け続けることになってしまいます。つまり、その途中の処理ロジックはいくら素晴らしくても、「Garbage in, Garbage out」が変えられない鉄則です。データの品質が悪いと、せっかく作り上げたサービス・システム全体の信頼性を失ったり、誤ったデータをもとにした間違った経営判断がされたり、エンドユーザーからクレームを受けたりして、様々な問題が生じる結果となります。また一企業のみにとどまらず、業界全体、社会にも大きなマイナスな影響をもたらすことにもなります。次の図は米国の例ではありますが、その深刻さを物語っているように、「正しいデータが確認できないことによる機会損失」「データの廃棄や追加的な作業によるコスト」「不正確なデータ利用に基づくコスト」などの様々なマイナスな影響が挙げられます。

「品質が悪いデータが生み出すコスト」の米国版

品質の悪いデータがもたらす経営上のコストは、組織の収益の10〜25%にのぼる。

ヘルスケア部門における質の悪いデータによる費用は3140億ドル（→31兆4000億円）となっている。

質の悪いデータによる米国経済へのコストは3兆ドル（→300兆円）であり、2011年の財政赤字の2倍以上となっている。

正しいデータが分からないことで、ある主要な小売業者が被った被害は年間300万ドル（→3億円）となっている。

典型的なIT予算の50%は、使えない情報とその補修に費やされる。

平均的な会社は、不正確なデータのために想定した受取人に届かない郵送料に毎年18万ドル（1800万円）を費やしている。

参考：SOFTWARE AG（https://lemonly.com/work/the-cost-of-bad-data）

データ品質とは

　データ品質とは、事実（世の中のファクト）をどれだけ正確に表現できているかの尺度です。データの品質を測るには、次の6つの主要な基準*があります。

* THE SIX PRIMARY DIMENSIONS FOR DATA QUALITY ASSESSMENT [DAMA UK] より（https://www.gov.uk/government/news/meet-the-data-quality-dimensions）

┃正確性（Accuracy）

　一番重要な基準は、正確性です。正確性とは、現実世界の物事を正確に表しているかどうかの尺度です。それを満たしていない例としては、氏名、商品名、住所などの誤記や測定誤差の大きいデータが挙げられます。

┃正当性（Validity）

　正当性とは、予めに定義されている規則（フォーマット、型、範囲）に正しく準拠しているかどうかの尺度です。その問題例としては、表記ゆれだったり、年齢の欄に0以下の数字が記載されたりするケースです。

┃適時性（Timeliness）

　適時性とは、時間軸で見た時に、データ利用者が要求する時点の現実を表現できているかどうかの尺度です。例えば、利用者が現時点の最新の住所データを要求しているにもかかわらず、市町村の合併前のデータが提供されると、適

時性を満たしていないことになります。それ以外にも、速報性がない調査デー
タも適時性を満たしていないケースです。

一貫性（Consistency）

　一貫性とは、ひとつの定義に対して、複数の表現に相異がないことを指しま
す。例えば、元々のデータに合計値という項目があるにもかかわらず、各項目
の個別の値を集計した合計と一致しない場合やデータの日付項目に「西暦と和
暦」が混在する場合は、一貫性に問題ある例として挙げられます。

唯一性（Uniqueness）

　唯一性とは一意であるべきデータがダブりなく、重複しないことを指します。
例えば、データ定義で指定した一意キーが重複する場合は唯一性を満たしてい
ないことになります。

完全性（Completeness）

　完全性とはデータ利用者から見ると抜け漏れがないことを指します。例えば、
業務上で重要な項目の値が漏れたり、必須項目にもかかわらず、空欄が存在し
たりするケースです。これらのケースのいずれも完全性を満たしていないこと
になります。

データ品質管理の導入アプローチ

　ここからデータ品質管理の導入アプローチについて、解説していきます。筆
者の場合は、次の図の通りに「データプロファイリング」「データアセスメント」
「課題検討・対策実施」「データモニタリング」「データ品質管理サイクルの維持」
という5つのステップに分けて進めるようにしています。

データ品質管理　導入アプローチ

① データプロファイリング	② データアセスメント	③ 課題検討・対策実施	④ データモニタリング	⑤ データ品質管理サイクルの維持
• SQL、Python、EXCELまたは専用プロファイリングツールを使用し、統計的な手法で既存データの傾向と特徴を把握	• 目的の設定と対象業務の特定 • データ品質ルールと基準値を定義 • 定義されたデータ品質ルールと基準値で既存データのアセスメントを実施	• 根本原因分析（RCA*1）による課題の要素分解、課題原因の特定 • 打ち手検討、対策実施	• データ品質スコアカード*2の定義 • データ品質モニタリング	• データ品質管理のPDCAサイクルの維持

*1 根本原因分析（RCA）は、問題の根本原因を見出すプロセス。
　　一般的なテクニックの1つがなぜなぜ分析のアプローチ。
*2 スコアカードとはデータ品質ルールを適用した結果を視覚的に表したメトリック。

データプロファイリング

　データ品質管理の第1歩はデータプロファイリングです。データプロファイリングとはデータの健康診断のように、SQL・Pythonなどのプログラミング言語、Excel、専用のツールを使って、統計的な手法でデータのパターンを分析し、データ品質の傾向と特徴を把握することです。データプロファイリングでは次のようなことを分析できます。

- カラムの値の分布と値ごとのレコード数と割合
- カラムの値のパターン
- 各カラムの一意性
- 親子関係のあるテーブルの整合性（例えば、「ヘッダと明細」のような親子関係があるべきテーブルにはヘッダを持たない明細のレコードがあるか）
- センシティブ情報のデータ検出（個人情報に該当するメールアドレスやクレジットカード番号等が入っているデータ）
- キー項目の検出（主キー、複合キーの項目）

　イメージをつかんでもらうために、Informatica社のDQ　Analyzerというツールでデータプロファイリングを実施した結果を次の図に示します。

データプロファイリング結果のイメージ

カラムプロファイリング：電話番号のパターン分析

パターン＊	頻度	割合(%)	チャート
9999999999b	9	1.80	
XXX:9999999999	56	11.20	
99-9999-9999	82	16.40	
9999-99-9999	89	17.80	
9999999999	254	50.80	
NULL	10	2.00	

＊9: 任意の数字、X: 任意のテキスト、b: ブランク、NULL: 値なし

データアセスメント

データプロファイリングの結果を踏まえて、データアセスメントを進めていきます。データアセスメントとは、データを客観的に評価（アセスメント）することです。その大きな流れとしては、まずデータ品質管理の目的を定めた上で、対象データにまつわる業務、データオーナーなどを特定していきます。その次にデータ品質におけるルールや基準値を定義した上で、そのルールや基準値を用いて、既存データ品質を評価することで、データ品質の現状を把握できるようになります。

▶【1】データ品質管理の目的設定と対象業務の特定

前章「データマネジメント戦略策定の4つのステップ　②目的・目標の設定」でも触れた通り、どういったアクションを取るかを考える前に、まずなぜデータ品質を改善したいのかという目的の設定が大事です。設定された目的から、それを達成するための対象データを逆算し、次にそのデータが使われている業務プロセスを特定していきます。具体的に、データ品質管理の目的から逆算して特定できた対象データを起点に、対象データと関連する業務を逆引きで洗い出すことになります。例えば、次の図のように顧客データのCRUD図（データに対する4つの主要な動作である「作成（Create）」「読み出し（Read）」「更新（Update）」「削除（Delete）」をマトリックスで表現したもの）をもとに、

顧客データに関わるビジネスプロセスを逆引きで洗い出すことで、受注、出荷、請求の業務プロセスが対象として特定できます。

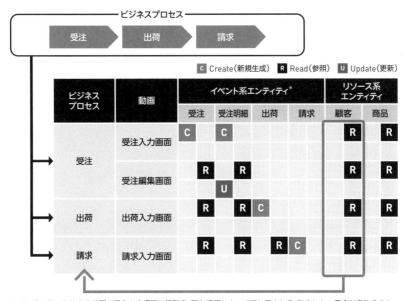

現行CRUD図からビジネスプロセスを逆引き

ビジネスプロセス	動画	イベント系エンティティ*				リソース系エンティティ	
		受注	受注明細	出荷	請求	顧客	商品
受注	受注入力画面	C	C			R	R
	受注編集画面	R	R U			R	R
出荷	出荷入力画面	R	R	C		R	R
請求	請求入力画面	R	R	R	R C	R	R

C Create(新規生成) R Read(参照) U Update(更新)

*エンティティとはITの分野で何らかの標識や識別名、所在情報によって指し示される、独立した一意の対象物のこと。

　その次にはビジネスプロセスから、データの所有者であるデータオーナーを特定していきます。データオーナーとは、「データの所有権をもつ者のこと」であり、データを生み出す組織の管理責任者を指します。多くの日本企業では、ERP導入に合わせて、ビジネスプロセスが確立されて、ビジネスプロセスのオーナーが明確になっている場合が多いですが、ビジネスプロセスのオーナーと比べて、データオーナーを明確に定義できている組織はまだ少ないです。実は、データオーナーを特定することは複雑な話ではありません。なぜならば、どのデータでも、そのデータを生み出した業務が必ず存在するからです。その業務を所管するビジネスプロセスのオーナーがデータオーナーになるのは適切です。例えば、顧客データを生み出す営業領域であれば、営業部門の部門長が顧客データのデータオーナーになることが適切です。

　しかしながら、現場でよくあるのは、IT部門がデータオーナーとなるケー

スです。IT部門はデータを生み出す組織でもなければ、そのデータを使って業務を行っているわけでもありません。それでもIT部門がデータオーナーになっている理由は、システム運用保守の責務とデータの所有権を混同され、システム運用保守の責務からシステムにあるデータの所有・管理の責任にすり替えられているからです。IT部門はシステムの運用保守を担っているだけで、直接にデータを利活用して業務の課題解決と価値創造につなげる主役ではありません。従って、データの所有権はIT部門が持つことはあり得ない話です。ここまでの話はデータオーナーに限ったものではなく、データに関わるステークホルダー（対象データから影響を受ける関係者）の特定も同様に、対象データから逆引きされたビジネスプロセスに関わる業務関係者を特定すればよいのです。

▶【2】データ品質ルールと基準値の定義

　データオーナーとステークホルダーが特定できた後に、前節で述べたデータプロファイリングの結果をもとに、データ品質ルールと基準値を定義していきます。データ品質ルールとは、データ品質の基準（正確性、正当性など）をもとに、業務・システム上で具体に定義されたルールを指します。例えば、顧客データの「生年月日」項目が必須であることをデータ品質ルールとして定めるイメージです。データ品質の基準値とはデータ品質ルールを満たす基準となる値のことです。顧客データを例に取って、今まで述べてきたデータアセスメントの流れを次の例に示します。

▶ 顧客データのデータアセスメント（例）

項目		内容	
目的		・顧客データ品質の問題を改善し、営業効率を向上させること	
目標		・顧客データが一意である、なおかつ、正確な住所情報を持つこと	
関連ビジネスプロセス		・受注、出荷、請求、アフターサービスなど	
データオーナー・ステークホルダー		・データオーナー　営業担当執行役員	・ステークホルダー　営業部、財務部、マーケティング部、カスタマーサポート
データ品質ルールと基準値	ルールと基準値①	・ルール　顧客の名前が一意	・基準値　データルールを満たすデータが95%以上
	ルールと基準値②	・ルール　顧客の住所情報はGoogle Map APIによる検証・補正済み	・基準値　データルールを満たすデータが100%

　前のステップで定義されたデータ品質ルール、基準値を用いて、既存データの評価を実施していきます。実際の評価ではSQL、Python、Excel、専用プロファイリングツールなどを使って、データ品質ルールを適用した際に、そのデータが基準値に満たすかどうかを測ります。測定した値は基準値を下回る場合は、そのギャップに着目して、課題の検討と対策実施を行います。

課題検討と対策実施

　このステップではデータ品質課題の検討と対策の実行となります。前のステップ「データアセスメント」の評価結果から基準値と現状のキャップが見えているため、このステップではそのギャップを生む課題を特定した上、課題の原因を究明して、打ち手を検討していきます。課題の原因を究明する際に、複雑な課題をいくつかのシンプルな課題に分解した上で、根本原因分析（RCA、Root Cause Analysis）の手法（なぜなぜ分析など）でデータ品質低下の根本的な原因を掘り下げていきます。例えば、顧客データの住所情報がビジネス側で定義された基準値をクリアできていない場合は、根本的な原因を掘り下げて、例えば、注文入力画面の住所情報の入力不備なのか、またはその画面の入力チェック機能が不十分なのか、はたまた、注文システムとほかの社内システムでデータ連携する際に誤変換が発生しているのか、その原因を究明するために、システムと業務プロセスの側面から深掘りした上で、いくつかの仮説を立てて、その仮説を検証していくのがこのステップのアクションです。

　根本的な原因さえつかむことができれば、打ち手の方向性も見えてきます。これからデータ品質の課題の中でよく挙げられる表記ゆれを例に説明します。一般的に日本語は英語に比べて、漢字表記や仮名の違い等による表記ゆれが多く、表記ゆれをなくす標準化（クレンジング、名寄せなど）がデータ品質管理の重要なテーマです。これからは住所と会社名の表記ゆれの例を見ていきましょう。

▶【1】住所の表記ゆれ

　住所の表記ゆれの一例として、「霞が関1丁目1番地」だけでも次の図の6種の表記ゆれが考えられます。その打ち手のひとつは、外部から提供されている

商用の住所マスタを辞書として活用し、住所表記を統一することです。現在、これらの住所マスタは既にいくつかの商用データクレンジングツールとSaaSサービスで提供されているため、API連携などでも簡単に使えるようになっています。

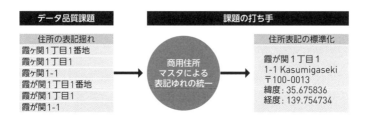

住所表記ゆれの課題・打ち手（例）

▶【2】会社名表記ゆれの例

　会社名の表記ゆれの一例として、ソニー株式会社という法人名だけでも下記の図版では20種の表記ゆれが考えられます。目視で確認すれば、20種の企業表記は同一の企業だと分かりますが、会社名の文字列が異なるため、データ集計時などには、表記ゆれをなくさないと異なる企業として扱われてしまいます。こうした課題の打ち手のひとつとしては、外部の商用企業データベース、国税庁の法人番号等を利用して、一意の企業コードを付与することで、重複データを特定して名寄せすることです。

会社名表記ゆれの課題・打ち手（例）

｜ データモニタリング

データ品質を維持させていくため、課題の対策を一回打ったら終わりではなく、継続的な取り組みが必要です。前のステップで決められたデータ品質ルールと基準値から、データ品質スコアカード（データ品質ルールを適用した結果を視覚的に表したメトリック、次の図に例を示す）を定義して、定期的に品質測定を行い、データ品質を維持されているかを継続的に監視します。モニタリングの結果が基準の範囲内であれば、データの品質レベルが品質目標をクリックできていると判断できます。その一方で、モニタリングの結果が定められた品質を下回る場合は、それを検知した上で、再び前ステップに戻って、課題の検討と対策の実施を行い、データ品質を維持するようにしなければなりません。

▶ データ品質モニタリング　スコアカード（例）

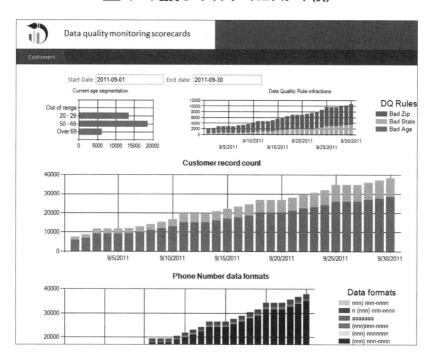

出典：「Data quality monitoring and reporting」(http://www.datamartist.com/data-quality-monitoring-and-reporting)

データ品質管理サイクルの維持

　データ品質モニタリングの仕組みを導入した後、データ品質を作り込み、品質を維持するための継続的な仕組みが欠かせません。データ品質を継続的に維持するため、新たに出てきたデータ品質の問題をトリガーにして、次の図の通りに絶えずにPDCAのサイクルを回していくことがデータ品質管理の基本的な考え方です。

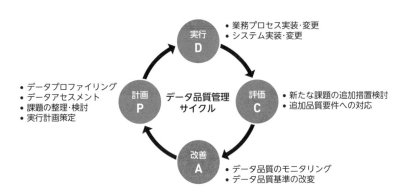

データ品質管理サイクル

　日々PDCAのサイクルを回していく中で、IT部門のコミットメントだけではなく、データを利用する業務部門のコミットメントや、経営層の意識を上げることも必要です。例えば、上流システムでデータ入力を行う業務部門に対して、「データを正確に入力することの重要性」を理解させ、経営層に対して、「データ品質問題がもたらす影響」を認識させることも欠かせません。全社レベルでデータ品質管理の重要性を理解し、経営層も業務部門も納得した上で、IT部門と一丸となって、データ品質管理を取り組める環境を作ることが重要です。

6-5 データマネジメント実行層 構成要素⑤ メタデータ管理

データアーキテクチャの節では、予備知識としてメタデータの定義およびメタデータ管理に必要な機能を紹介しました。これからメタデータ管理というテーマを掘り下げていきます。本節では、いくつかの問いを投げかけながら、メタデータの本質、メタデータ管理の必要性、およびメタデータ管理導入のアプローチについて順を追って解説していきます。

メタデータは何を表しているか

メタデータは次の図のようにデータに関わる5W1Hの情報を網羅的に表しています。

▶ メタデータは何を表しているのか

Who(人・組織軸)
- 誰がこのデータのオーナーか?
- 誰がこのデータのデータスチュワードか?
- 誰がこのデータのユーザーか?
- 誰がこのデータを規制/監査するか?

What(事象・内容軸)
- ビジネス側のデータの定義とは?
- このデータに該当するビジネスルールとは?
- このデータに該当するセキュリティ/プライバシーレベル/規制要件とは?
- 同義語/命名基準とは?
- データモデル定義/テーブル定義とは?

Where(空間・場所軸)
- データはどこに保存されるか?
- データはどこで供給/保存/消費されるか?
- バックアップの場所はどこか?
- テーブルまたはファイルで表しているビジネスエンティティはどこか?

Why(目的・理由軸)
- このデータはなぜ重要なのか?
- このデータを使う目的は?
- なぜこのデータが保存されるか?
- なぜこのデータは監査が適用されるか?
- なぜこのデータの品質を測る必要あるか?

When(時間・過程軸)
- このデータはいつ生成されたか?
- このデータはどういう頻度で更新されるか?
- このデータはいつまで維持されるか?
- 前回の監査と規制チェックはいつ行ったか?
- このデータはいつ削除される?
- このデータはいつ移動されたか?

How(手段・程度軸)
- データソースはどれぐらいあるか?
- このデータソースを使われている周辺システムはどれぐらいあるか?
- このデータは何世代で保持されるか?
- ほかのデータにどう関連されているか?
- このデータはどう結合、ソートされているか?

また、メタデータはビジネスメタデータ、テクニカルメタデータ、オペレーショ
ナルメタデータの3つに分類できます。それぞれの概要は次の図にまとめた通
り、ビジネスメタデータがビジネス（業務）、テクニカルメタデータがシステム、
オペレーショナルメタデータが運用管理にそれぞれ重きが置かれているため、
利用する対象者も異なります。

▶ **3種類のメタデータ**

種類	定義	利用者	例
ビジネス メタデータ	業務に関するメタデータ	・ビジネスユーザー ・ビジネスアナリスト ・ビジネスオーナー	・データ辞書(テーブルと項目定義) ・データにおける業務的な定義、用語集 ・業務ルール(顧客ランクの計算式、商品価格の算出方法等)
テクニカル メタデータ	システムに関する物理的なメタデータ	・システム設計・開発者 ・各システムの管理者 ・データベース管理者	・データリンケージ ・データモデル ・データフォーマット(各種帳票のフォーマット)
オペレーショナル メタデータ	システムを運用する過程で作られるメタデータ	・システム運用保守者 ・各システムの管理者	・バッチプログラムのジョブ実行ログ ・アクセスログ ・データの抽出や更新結果などの履歴情報

なぜメタデータ管理が必要なのか

　メタデータ管理の必要性を論じる前に、逆説的にメタデータを適切に管理し
ない場合はどういった課題が起こり得るのか、「セマンティクス」「オーナーシッ
プ」「ロケーション」の3つの視点から課題感をつかんでみましょう。

	分類	概要	問いかけ	代表例
1	セマンティクス	・人々がデータの真の意味、起源、処理プロセスを理解しようとする努力には、**莫大なコストと生産性の損失**が生じる	・このデータはどういう意味？	・絶えない社内会議・問い合わせ対応 ・場当たり的なレポート、報告 ・ビジネス上の意思決定の遅れ
2	オーナーシップ	・ビジネスプロセス、機能、部門、システムからの**データのオーナー探し**がいつまでも終わらない	・このデータは誰のもの？	・ビジネス部門ごとに複数のオーナー存在 ・ビジネスオーナーが不明な場合は、IT部門に丸投げな姿勢 ・部門間の連携不足、対立
3	ロケーション	・情報源の特定、データアセスメント、データソースの複製に**費やされた時間とコスト**	・このデータはどこから来た？	・同じデータが異なるシステムに存在 ・同じ外部データは異なる部門でそれぞれのタイミングで購入 ・データ辞書が存在しない ・データリンケージが俯瞰できない

　要するに、メタデータを適切に管理しないと、ありとあらゆる社内のデータに対して、「このデータはどういう意味か」「このデータは誰のものか」「このデータはどこから来たか」という3つの素朴な疑問が生じてくるわけです。これはデータを資産として捉える上で深刻な問題となります。想像していただければ分かると思いますが、自社のデータ資産の「意味合い」「持ち主」「成り立ち」の3点が不明のままでは、そのデータを利活用できるのでしょうか。メタデータ管理の必要性を理解したところで、ここからメタデータの具体的な用途を見ていきましょう。

データの検索と分析

　ファイル名、テーブル名、拡張子、作成者、作成日時などのメタデータがあるからこそ、それを対象とした検索が可能となり、大量なデータがある場合も任意のデータを容易に見つけ出せます。図書館での蔵書検索や、Web情報の検索など、身近な検索機能のいずれもメタデータなしでは成立しません。更に、更新日、利用頻度といったメタデータを使って、データの性質を時系列で分析することで、膨大なデータの中から、「価値のあるデータ」を見つけ出すことにもつながります。

データセキュリティ

　データへアクセスする際に、メタデータを用いたアクセス権の制御は欠かせ

ません。例えば、ユーザーのメタデータ（所属組織、役職など）によって、データへCRUD権限を付与するのはデータセキュリティの最も一般的な実現手段です。また、プライバシー保護の面ではGDPR（EU一般データ保護規則）、日本の個人情報保護法などによる個人データの管理がより厳しく求められています。そのため、個人データかどうか、規制対象データかどうかを識別するためにも、メタデータを利用して管理する必要があります。

システム運用管理

第1章の「DXを阻む3つの壁② レガシーシステムの呪縛」でも言及したように、多くの企業では社内の情報システムが複雑化して、各種のデータが増え続けた結果、企業内部のデータ資産が様々なシステムに分散してブラックボックス化する課題が顕在化しています。つまり、どこにどんなデータが存在するのか、誰も分からなくなっていることです。

データ資産のブラックボックス化

こうした状況の下で、業務ユーザーからデータのありかが見当のつくIT部門に一々依頼して、欲しいデータを探してもらうケースが散見されます。その都度のやり取りでコミュニケーションコストが積み重ねていくと、非効率な上にIT部門の担当者の負荷増大になりかねません。逆に、メタデータを適切に

管理できていれば、データ利用者が自分の欲しいデータの所在を把握し、自ら
データへアクセスできるので、業務現場でのデータ利活用が広がりやすくなり
ます。また、データの所在は社内のナレッジとして蓄積することで、情報の属
人化から脱却することも期待できます。データの所在とデータ間の関係性（デー
タとデータの依存関係、相関関係など）を表すメタデータを可視化し、データ
資産の見える化を実現できれば、データ利活用だけではなく、社内のシステム
を改修する際に、周辺システムへどういった影響を与えるかといった影響調査
の精度向上にも大いに貢献できるのでしょう。

　まとめると、メタデータの重要性を認識して適切に管理することで、メタデー
タが会社全体の接着剤になって、様々な組織、業務、およびシステムに分散し
ているデータ資産（たくさんの点と点）を線でつなげるようになり、次の図に
挙げているメリットを享受し、全社レベルでデータ利活用のレベルアップにつ
ながります。

■■▶ メタデータ管理がもたらすメリット

	メリット	概要
1	ナレッジ共有の促進	部門を跨ぐデータに関するコミュニケーションとナレッジの共有を促進
2	データ利活用の加速	単一の一貫したデータ辞書、用語集、およびビジネス定義が部門を跨ぐデータ利活用を加速
3	情報への簡単なアクセス	単一なおかつシンプルなユーザーインタフェースを提供し、データの理解に不可欠な情報へ簡単にアクセス可能
4	レポーティングの信頼性向上	データソースからレポートまでのデータリンケージを可視化することで、レポーティング業務の効率性と信頼性が向上
5	影響分析の高速化	データリンケージによるシステム・業務の変更時の影響分析が高速化
6	データ定義の一貫性担保	全社共通の用語集を確立することで、社内の言葉のずれをなくして、データ定義の一貫性を担保
7	データモデルの整合性担保	データモデル検討の際に、データ全体の相関性を俯瞰することでエンティティとリレーションのあいまいさと不整合を解消

メタデータ管理の導入アプローチ

　これから具体的にどのようにメタデータ管理の仕組みを導入していくのかを
見ていきましょう。その際に、「戦略策定」「要件定義」「アーキテクチャ構築」
「メタデータ作成・配信」「業務運用定着化」の5ステップを踏まえて進めてい
くのが一般的です。

メタデータ管理　導入アプローチ

① 戦略策定 ＞ ② 要件定義 ＞ ③ アーキテクチャ構築 ＞ ④ メタデータ作成・配信 ＞ ⑤ 業務運用定着化

ステップ① メタデータ戦略の策定

メタデータ管理の戦略策定では、前章で紹介した戦略策定のフレームワークを使って、次の図のように、メタデータ管理の「現在地」「目的地」および「現在地から目的地への道筋」の3つを中心に問いかけて、現在地から将来のあるべき姿（目的地）にどのように導くのかを明確にしていきます。これから具体的なアクションを見ていきましょう。

戦略策定における3つの問いかけ

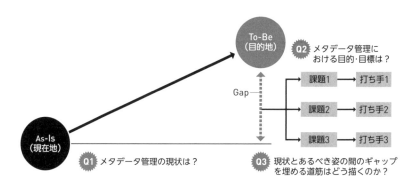

▶【1】メタデータ管理の現状把握

業務、システム、データの3つの軸からメタデータ管理の現状を整理します。業務フロー、データフロー、システム全体図、データモデルなどの主要な既存の成果物をもとに、業務とIT部門の関係者にメタデータ管理の現状をヒアリングして、対象メタデータのスコープと現状の課題を明確にするようにします。現状のヒアリングで特定された対象のメタデータおよび関連の課題をまとめて、それぞれの対象データと課題に対する優先度づけを行います。優先度づけをする際に、システムへのインパクトだけではなく、企業の事業戦略とも関連づけて、ビジネスへのインパクトも考慮する必要があります。

分類	インプット		アウトプット
業務	業務全体像、業務フロー等		
システム	システム全体像、システム構成図等	現状ヒアリング	• 対象のメタデータ一覧 • 課題一覧
データ	データフロー、データモデル等		

▶【2】 あるべき姿とアクションプランの策定

　現状把握でまとめられた管理対象のメタデータと課題に対して、システム上でどういった打ち手があるのか、または業務プロセス、組織体制の面でどういった解決策があるのか、方向性を検討して、それぞれの課題に対するあるべき姿とアクションプランを策定します。最終的に、課題全体を優先度ごとに分類し、それぞれの対応時期を業務部門、IT部門の間で合意した上で、アクションプランを立案します。アクションプランの立案では、最終的なゴールだけではなく、短期（数カ月）、中期（1年〜3年）、長期（3年以上）の目標をそれぞれ設定し、実行計画を立てなければなりません。

ステップ② メタデータ管理要件の定義

　メタデータ管理の戦略策定の次に、メタデータ管理の要件定義を実施していきます。このステップでは、メタデータ戦略の策定で決められたスコープ（管理対象のメタデータ）を踏まえて、課題に対する打ち手をシステム要件と業務要件のレベルまで落とし込んでいきます。メタデータ管理の課題に対する打ち手を検討する際に、次の図のような業務要件とシステム要件を具体化していく場合が多いです。

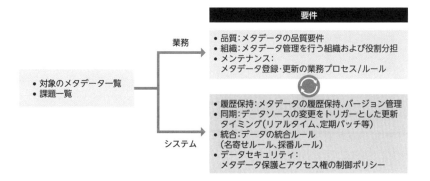

メタデータ管理　業務・システム要件例

要件
業務
● 品質：メタデータの品質要件
● 組織：メタデータ管理を行う組織および役割分担
● メンテナンス：
メタデータ登録・更新の業務プロセス/ルール
システム
● 履歴保持：メタデータの履歴保持、バージョン管理
● 同期：データソースの変更をトリガーとした更新
タイミング(リアルタイム、定期バッチ等)
● 統合：データの統合ルール
(名寄せルール、採番ルール)
● データセキュリティ：
メタデータ保護とアクセス権の制御ポリシー

● 対象のメタデーター覧
● 課題一覧

ステップ③ メタデータアーキテクチャの構築

　システムと業務要件をもとに、データソースからメタデータを抽出し、定期的にリポジトリ（容器、貯蔵庫などの意味。複数のデータや情報などが体系立てて保管されているデータベースのこと）を登録・更新するためのアーキテクチャを設計・構築する必要があります。

　データアーキテクチャの節で説明した通り、メタデータ管理ではユーザーによるメタデータの検索、参照、更新などの機能が求められています。その際に、様々なデータソースからユーザーインタフェースを分離させ、ユーザーがデータソースを意識しなくても、メタデータにアクセスできるのはメタデータアーキテクチャの設計思想です。この設計思想の目的としては、メタデータのアーキテクチャとユーザーインタフェースの相互依存度を低くして、エンドユーザーがより効率よく、より手軽に社内の各種のデータを直接に収集、参照、利用することです。また、メタデータはほかの形式のデータと同様に、データのライフサイクル（データの生成、蓄積、処理、分析、活用）が存在しています。メタデータ管理のアーキテクチャは、データライフサイクルと対応づけられるように、一般的にメタデータの収集を行う「収集層」、蓄積・処理を行う「ストア層」、分析・活用を行う「利用層」、この3層構造から構成されています。これはマスタデータ管理（MDM）のアーキテクチャの考え方と似ており、メタデータ管理のアーキテクチャは「集中型」「分散型」「ハイブリッド型」の3つのパターンがあります。それぞれの概要は次の図の通りです。

メタデータ管理アーキテクチャの3つのパターン

	❶ 集中型	❷ 分散型	❸ ハイブリッド型
利用層	メタデータポータル	メタデータポータル	メタデータポータル
ストア層	全社メタデータリポジトリ	なし	全社メタデータリポジトリ コアメタデータ (ユーザー追加のメタデータ、共通メタデータ等)
収集層	BI ETL モデリング 構成管理 データ品質 各データソース	BI ETL モデリング 構成管理 データ品質 各データソース	BI ETL モデリング 構成管理 データ品質 各データソース
概要	• メタデータポータル(利用層)、全社メタデータリポジトリ(ストア層)、ツール層(収集層)の3層構造 • 各データソースから様々なツールでメタデータを収集し、全社メタデータリポジトリにメタデータを格納する • エンドユーザーによる検索、参照等の利用は、メタデータポータルから全社メタデータリポジトリにリクエストし、その結果が全社メタデータリポジトリに返却される	• メタデータポータル(利用層)、ツール層(収集層)の2層構造 • エンドユーザーによる検索、参照等の利用は、メタデータポータルから直接に様々なツールに渡し、その結果がデータソースから返却される	• 集中型と同様の3層構造 • 各データソースから様々なツールでコアメタデータをのみ収集し、全社メタデータリポジトリにメタデータを格納する • エンドユーザーによる検索、参照等の利用は、集中型と同様。しかし、ユーザーからのリクエストがコアメタデータに存在しない場合は、データソースまで遡って追加のデータ収集を行う

上記の3つのパターンのメリットとデメリットは次の図の通りです。

分類	① 集中型	② 分散型	③ ハイブリッド型
メリット	●データガバナンスのレベルが高い 全社レベルでメタデータリポジトリを共有し、高い整合性を求める集中管理型のデータガバナンスを実現 ●システムの可用性が高い メタデータリポジトリはデータソースシステムと独立しているため可用性が高い ●操作レスポンスが速い エンドユーザーによる操作(検索・参照など)がデータソースまで遡る必要がないため、レスポンスが速い ●収集層に依存しない メタデータリポジトリは物理的に独立しているため、各種ツールおよびデータソースに依存しない ●メタデータの品質向上可能 ソースから収集したメタデータの加工・変換などのメタデータの拡張および品質向上可能	●メタデータが常に最新 直接ソースからメタデータを取得するため、メタデータの状態は常に最新かつ有効である ●メタデータリポジトリのメンテナンス不要 ストア層のメタデータリポジトリが存在しないため、メタデータリポジトリのデータ構造への理解・メタデータリポジトリ側のメンテナンスが不要 ●メタデータの同期処理が削減可能 メタデータリポジトリを介入したメタデータのレプリケーションや同期処理が不要でバッチ処理の本数が削減可能	●集中型と分散型の両方のメリットを享受 ・ソース側に拡張と変更が発生した際にほぼリアルタイムで取得可能 ・コアメタデータは常に最新かつ有効な状態である ・分散型よりソース側への依存度を低減し、可用性を担保 ・幅広いユースケース(メタデータの品質向上、ソース全体のメタデータ利活用など)への対応が可能
デメリット	●導入コストが高い	●システム可用性がソースシステムに依存 ●メタデータの品質がソースシステムに依存 ●データソース跨ぎのメタデータ管理不可 ソースシステム単位でリクエストを発行するため、データソース全体にわたってメタデータ管理(検索・参照・分析など)が不可	●導入コストが高い シンプルな要件しかない場合(メタデータの変換・増加が少ないケース、データソースが少ないケースなど)は投資対効果に合わない

　メタデータ管理のアーキテクチャを検討する際に、どのパターンが業務とシステム要件を過不足なく満たしているかを確認すると同時に、投資対効果(ROI)の観点で検討することも欠かせません。つまり、メタデータ管理を通して実現したいことに対して、メタデータ管理の仕組みを導入するコストがどれぐらいかかるか、どれぐらい経つとその投資がペイできるかを投資対効果(ROI)で試算しながら、自社に最適なものを見出すことが大切です。

　メタデータ管理のアーキテクチャのパターンが決まったら、それに沿った形でメタデータ管理ツール(データカタログ)の導入を進めていきます。データ

カタログはメタデータを一元管理するための様々な機能を提供しています。例えば、市販のデータカタログツールでは、社内外の様々なデータソースからメタデータを抽出する機能、キーワードベースで異なるデータソースを跨いでメタデータを検索・参照する機能、異なるデータソースから収集されたメタデータを加工・変換する機能などが用意されています。

ステップ④ メタデータの作成と配信

メタデータアーキテクチャの構築が完了したら、企業内で対象となるメタデータをデータカタログに収集・整理・統合した上で、利用層に配信するステップに入っていきます。

▶【1】メタデータの作成

データカタログツールを用いて、社内外のメタデータをリポジトリに収集し、データ粒度などを整理した上で、メタデータの統合を行います。メタデータの抽出と統合に関しては、市販のデータカタログツールで提供されているアダプタ、スキャナー、ブリッジアプリケーションが開発なしで対応できる場合がほとんどです。その一方でソースシステム側の要件（非構造データ、リアルタイム連携など）によって、データカタログツールの標準機能ではそのまま対応できず、専用処理のアドオン開発になってくる場合もあります。要件定義フェーズで対象メタデータの特徴を早めに把握しておいた方がよいです。

▶【2】メタデータの配信

統合されたメタデータは、データユーザーおよび利用層のアプリケーションなどに配信していきます。主な配信の手段としては下記の通りです。

- データカタログのメタデータポータルにて直接に検索、レポート、分析を行う
- DWH、データマート、BIにデータの配信を行う
- Webservice/API経由で他システムに配信する
- データ辞書、用語集、データレポートなどのドキュメントを配布する
- ほかの専用ソリューション（ERP、CRM等）にデータの配信を行う

現時点での主流となる手段は、データカタログのメタデータポータルにて直接検索、レポート、分析を行うことです。加えて、データカタログがDWH、BIなどのシステムと接続し、DWH、BIなどに既にあるトランザクションデータとつなぎ合わせてデータセットを作成した上で、エンドユーザーに配信するケースも多いです。

ステップ⑤ 業務運用の定着化

　メタデータ管理の仕組みを導入した後、メタデータは時間が経つにつれて、データのライフサイクルに沿って陳腐化していくものです。従って、データカタログが常に最新のメタデータの登録簿として最新化され続けるべきです。データカタログの導入、メタデータの作成と配信はあくまでも初期的なデータとシステムを作ったことにすぎません。メタデータに関する参照・新規生成・変更・分析などの業務運用プロセスこそが、メタデータの価値を創り出す源泉になるので、社内のメタデータの整理と最新化を継続的な取り組みとして定着させる必要があります。特にビジネスメタデータを生み出しているのはIT部門ではなく、業務部門であるため、業務運用の定着化のポイントは、IT部門からサポートを受けながら業務部門の中でメタデータ管理を推進するチームを立ち上げることです。そのチームが中心になって、業務ユーザーにデータカタログを利用してもらうための啓蒙活動（勉強会・トレーニング・サポートなど）を進めていく中で、業務ユーザーにメタデータの価値とメタデータ管理の必要性を理解してもらい、業務部門全体にまでメタデータの利活用を浸透させていきます。

6-6 データマネジメント実行層 構成要素⑥ データセキュリティ

最後の構成要素となるデータセキュリティの基本概念と適用のアプローチを見ていきましょう。

データセキュリティとは

DMBOKでは、データセキュリティを下記のように定義しています。

> データセキュリティとはセキュリティポリシーや手順を定義、実行し、データと情報資産に対して、適切な認証と権限付与を行い、アクセスを制御し、監査をすること。

平たく言えば、データセキュリティとは、データライフサイクル全体を通じて、セキュリティポリシーや手順を確立した上で、情報セキュリティの「機密性」「完全性」「可用性」（CIAの3要素）を維持するための手段を指します。

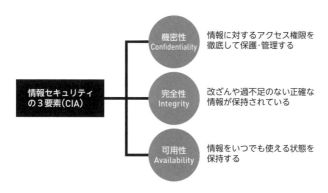

■■▶ 情報セキュリティの3要素

情報セキュリティの3要素（CIA）

機密性 Confidentiality 情報に対するアクセス権限を徹底して保護・管理する

完全性 Integrity 改ざんや過不足のない正確な情報が保持されている

可用性 Availability 情報をいつでも使える状態を保持する

なぜデータセキュリティが重要なのか

データはどの組織にとっても最も重要な資産のひとつです。ありとあらゆる

不正アクセスからデータを保護することが重要です。EU一般データ保護規則（GDPR）や日本の個人情報保護法などの個人情報保護に関する規制や法律が年々厳しくなっています。データ侵害、規制要件への対応漏れなどは会社全体のイメージ低下、顧客の離反、知的財産の侵害などの結果につながります。例えば、日本国内でも個人情報の取り扱いに関する意識の欠如や不適切なデータ利活用による企業イメージの低下を招いた事例が後を絶ちません。例えば、リクルートやJR東日本が、本人の了承を十分に取らずに内定辞退率、Suicaの乗降履歴を無断で販売していた問題はセキュリティポリシーの甘さや倫理観を問われて批判が殺到しました。更に、2022年8月に、EU一般データ保護規則（GDPR）に違反したとして、通信事業者であるNTTデータの海外子会社に6万4000ユーロ（約900万円）の制裁金が科せられたとの報道もありました。データ活用が当たり前になった今、我々に求められるのは過去の失敗事例から学び、不適切なデータ利活用を未然に防ぐデータセキュリティの重要性を再認識することです。これからデータセキュリティを理解する上で欠かせない基本概念を解説し、データセキュリティへの理解を深めていきましょう。

■▶ データセキュリティ・プライバシー意識の希薄

リクルートの内定辞退率販売問題

リクナビ　**AI**　AIを用いて
内定受諾率を予測

企業情報
の閲覧 ← → 予測データ
を販売

学生 ← 企業

**学生データに基づいた
採用活動を行っていた可能性あり**

- 2019年、就職情報サイト「リクナビ」を運営するリクルートキャリアが学生の内定辞退率を予測し、企業に販売していた
- 学生は自身の就職活動のために利用していたサイトから個人情報や閲覧履歴等が内定辞退率となって販売されていることは認知していなかった
- 「法令遵守」のみならず「コンプライアンス」の重要性が再度見直された

JRのSuica利用提供問題

- 2013年、日立はJR東日本から購入したSuica利用データ（乗降駅、利用日時、利用額、年齢、性別など）をいわゆる「ビッグデータ」として分析し、出店計画や広告宣伝などマーケティング支援サービスとして、さらに別企業に販売するサービスを提供開始
- 提供データには名前や連絡先など直接個人を特定できる情報は含まれていないが、ユーザーに十分な事前説明がないまま他社に提供したため、「気持ち悪い」と炎上
- 2013年7月25日、JR東日本はプライバシー面で事前の説明が足りなかったことなどの批判を受け、「大変なご心配をおかけした」と謝罪

データセキュリティの4つの分類

　データセキュリティを適用する対象から「物理セキュリティ」「デバイスセキュリティ」「認証セキュリティ」「通信セキュリティ」の4つに分類できます。それぞれの概要を見ていきましょう。

データセキュリティの4つの分類

① 物理セキュリティ　② デバイスセキュリティ　③ 認証セキュリティ　④ 通信セキュリティ

物理セキュリティ

　物理セキュリティとは、施設や設備、機材等に対する物理的な干渉に備える対策のことです。実体であるサーバーやパソコン、データ保管装置、ルータなどの機器そのものを不審者から守ることです。データセキュリティにおける最初の防衛線として、物理的セキュリティでは正規の権限がない者が施設や機材にアプローチすることを防ぐために、生体認証などを用いた重要施設（例：データセンターなど）の入構管理や入退室管理、共連れ・すれ違い防止、監視カメラの設置、鍵付き筐体やセキュリティワイヤーなどの施策を講じます。その中で、人間が物理セキュリティの中で最もリスクの高い要素として認識するべきです。「2018年 情報セキュリティインシデントに関する調査報告書」 * によると、個人情報漏えいの原因の第1位は「紛失、置忘れ（26.2％）」、第2位は「誤操作（24.6％）」となり、人為的過誤や失敗（ミス）によるものが約半数を占めています。そのため、物理セキュリティの対策を守るには、何より重要なのが企業の社員一人ひとりの意識向上です。社内でセキュリティの教育を強制的に受けさせ、セキュリティの重要性と必要な対策を認識させることで、物理的セキュリティのみならず、セキュリティ全般のリスク低減にもつながる重要なことです。

* https://www.jnsa.org/result/incident/2018.html

デバイスセキュリティ

近年、パソコン、タブレット、スマートフォン、IoTなどのデバイスが爆発的に増えている中で、デバイスが紛失、盗難、不正アクセスなどを受ける危険性が高まっています。デバイスセキュリティとは、デバイス内の情報が外部に漏れたり、ウイルスに感染したり、普段使っているサービスが急に使えなくなったりしないように、様々な脅威からデバイスを守るための対策のことです。デバイスセキュリティのポリシーに下記の要素が含まれます。

- デバイスからの接続に関するアクセスポリシー、デバイスの中にあるデータライフサイクルポリシー（データ生成、蓄積、更新、消去、廃棄）、アンチウイルスと暗号化ポリシー、セキュリティ脆弱性ポリシー

認証セキュリティ

認証とはシステムやデータにアクセスするヒトや機器が正当な者（物）であるかを識別することです。人間の場合はユーザーIDとパスワード、または生体的な特徴（顔、指紋、網膜等）で、機器などの場合はその機器のIPアドレスやMACアドレスで識別するのが一般的です。認証セキュリティとは、認証の仕組みを完全に守るための対策のことです。その構成要素は以下の通りです。

▶【1】ユーザーID

ユーザーIDは一意である原則があります。ユーザーはログオンする際に自分のユーザーIDを使って本人認証を行うと、以後ログオフするまでそのユーザーIDの持ち主としてシステムなどの情報資源を利用できるようになります。もし他人にユーザーIDを使われれば、「なりすまし」による不正な利用が可能なため、ユーザーIDを厳格に管理するのは、最も基礎的かつ重要なセキュリティ対策です。

▶【2】パスワード

パスワードはデータへのアクセスを保護するための重要な手段です。すべてのユーザーアカウントはパスワードを設定する必要があり、そのパスワードはセキュリティポリシーで規定された複雑性ある（強度が高い）ものでなければ

なりません。

▶【3】多要素認証

多要素認証（MFA：Multi-Factor Authentication）とは、PC・サーバー・スマートフォンへのアクセス時やクラウドサービスへのログイン時などに、2つ以上の「認証の要素」を使って行う認証のことを指します。その認証の要素を大きく分けて、「知識要素」「所有要素」「生体要素」の3つがあります。この3つの要素のうち、いずれか2つ以上の要素を使った認証が「多要素認証」となります。

▶ 3つの認証要素

	項目	概要
1	知識要素	・その人本人のみが知っている情報 　例：ID／パスワード、PINコード、秘密の質問など
2	所有要素	・その人本人のみが持っているものに付随する情報 　例：例えば携帯電話やスマートフォンを使ったSMS認証やアプリ認証、ICカード、トークン(ワンタイムパスワードを生成する端末)など
3	生体要素	・その人本人のみが持つ身体的な情報 　例：顔や指紋、虹彩(目の膜)、声紋、静脈など

多要素認証を取り入れる目的はセキュリティを高めることです。例えば、ID／パスワードによる本人認証方式のみを採用しているサービスでは、悪意のある第三者にID／パスワードを知られた場合、不正ログインによって個人情報流出や不正利用などの被害に遭うリスクが高いです。認証の要素を増やすことでそのリスクを低減することにつながります。

通信セキュリティ

誰もがインターネットにアクセスできる今、通信セキュリティへの理解は欠かせません。通信セキュリティとは、安全な通信を実現するための対策のことです。第三者が見ても中身が分からない安全な通信を担保するのが通信セキュリティです。その通信セキュリティに必要な要素としては、次の表の6つが挙げられます。

項目		概要
1	機密性	大切な情報が第三者に見られないこと
2	認証	その人が紛れもなく本人であること
3	完全性	誰かに書き換えられないこと
4	否認不可能性	情報にアクセスしたことを間違いなく証明すること
5	可用性	いつでもどこからも安全に情報にアクセスすること
6	アクセス制御	情報にアクセス可能か、不可かの権限を制御すること

機密データと規制対象データの基本概念

　企業内の多種多様なデータに対して、どういったセキュリティの制限をかけるべきか、「機密」と「規制」の2つの観点から検討する必要があります。その前に、機密と規制の基本概念を理解しておきましょう。

機密と規制の基本概念

セキュリティ制限	定義	判断基準	適用範囲	データとの対応づけ
機密	秘密又はプライベートのこと	知ることが必要あるか	組織内部（会社、部門等）	1データに対する機密性の定義が1つのみ
規制	法律、条約、税関協定、業界規制などの強制力が伴う外部ルールのこと	知ることが許されるか	組織内部と外部（国・地域、業界等）	1データに対する複数の規制がかけられることがある

　ポイントを補足すると、任意のデータの機密レベルを定義する際に、対象データにある最もセンシティブな項目に合わせて、データ全体の機密レベルを設定する必要があります。これは「ゼロトラスト」、つまり性悪説による「何も信頼しない」「限りなく厳しくする」を前提に、セキュリティ対策を講じる考え方です。また、任意のデータに対して、それは機密データか、機密データの場合は機密レベルをどれぐらいにするか、組織として必ず一意で決められます。それと比べて、規制の場合は、ひとつのデータが複数の規制対象に該当する場合が普通にあるので、結果としてひとつのデータが複数の規制によって制限されることになります。例えば、日本国内では、医療・介護関係事業の個人情報に関しては、個人情報保護法と合わせて、医療業界特有の医療法も適用されま

す。そのため、医療・介護関係事業者で保持されている個人情報のデータは、「個人情報保護法」と「医療法」の2つの規制に応じて必要な対応を実施しなければなりません。これから機密データと規制データの詳細を説明していきます。

機密データ

機密データとは、外部に漏えいすると企業や関係者に不利益が生じるデータのことです。組織がどのようなデータを機密データとして扱うべきか、そのデータに対する機密性のレベルを定義する必要があります。企業によっては、機密性のレベルに対する呼び方が異なっているものの、機密データが漏えいした場合の影響度に応じて、機密性を分類するのが一般的です。企業内での典型的な機密性レベルの定義例を次の図に示しています。

▶ 機密レベルの定義例

	概要	データ例
4 (Top Secret)	● 漏えいした場合、企業全体の経営にも影響が及ぶ情報。経営陣などの限られた人のみアクセス可能	未発表の研究結果データや、合併などの特別プロジェクト資料、未公開の経理データなど
3 (Secret)	● 特定部署外に漏えいすることによって、事業への影響がある情報。特定部署の人のみアクセス可能	経営戦略、営業企画、会社方針、社員給与データ、顧客データ、仕入れ価格データなど
2 (Confidential)	● 社外に流出すると信用が失墜し、経済的損失などが想定される情報。社員のみアクセス可能	契約・請求・発注・見積データ、社員データ、秘密保持契約書、就業規則など
1 (Normal)	● 自社サイトなどで社外に公開されている情報。誰でもアクセス可能	商品カタログ、ホワイトペーパーなど

規制対象データ

規制対象データとは外部の法律、業界基準によって規制されるデータのことです。企業はコンプライアンスの要件を満たすために、自社内の規制対象データを特定し、保護措置を講じる必要があります。その際には、国・地域や業種・業界によって、規制対象を特定し、規制対象のカテゴリごとに情報収集した方が効率的です。例えば、グローバルでビジネスを展開している企業から見ると、顧客データは世界中のどこから来てもおかしくありません。その一方で、多くの国には似たような個人情報保護法が実行されているため、社内の顧客データ

に対して、個人識別情報というカテゴリ単位に集約させ、規制対象のカテゴリの要件を遵守することが賢明かつ簡単です。そうすることで、世界中のあらゆる場所から来た顧客データに対する規制の要件を満たすことがより容易になります。グローバルでの代表的な規制対象データを次の図に挙げています。

▶▶ 主要な規制対象データ

	項目	概要	主要規制
1	個人識別情報	・**個人の私的情報**。氏名、住所、電話番号、個人スケジュール、社会保障個人ID、年齢、人種、宗教、民族、生年月日、家族・友人の氏名、雇用情報、報酬情報。単一または複数の情報の組み合わせで個人を一人ひとり識別できる情報を指す	・GDPR（EU一般データ保護法） ・CCPA（カリフォルニア州消費者プライバシー法） ・個人情報保護法およびデータセキュリティ法（中国） ・個人情報保護法（日本） など
2	財務データ	・**センシティブな財務情報**。株主、インサイダーデータ、未公表の現在の財務情報、未公開の将来の事業計画、M＆A、突発的な役員異動、包括的な売上、注文、請求データなどを含む全ての財務情報を指す。これらの全ての情報はこのカテゴリに含まれ、同じポリシーによって保護される	・インサイダー取引法（米国、日本など） ・SOX法（米国、日本など） ・GLBA（米国の金融サービス業界）など
3	医療データ	・**個人の健康や医療に関する全ての情報**。個人の過去、現在、将来の身体的または精神的な健康状況、個人へのヘルスケアの対策などが含まれる。国（米国以外）によって、個人識別情報による制限される場合が多い	・HIPAA（米国　医療保険の運用と説明責任に関する法律） ・次世代医療基盤法（日本）など
4	教育データ	・**個人の教育に関するすべての情報**。学歴、出身校、成績などが含まれる	・FERPA（米国　家庭教育の権利とプライバシーに関する法律）など
5	PCI DSS	・**クレジットカード会員の情報**を保護することを目的に定められた、クレジットカード業界の情報セキュリティ基準。名前、クレジットカード番号、銀行口座番号、有効期限など、金融機関で個人を識別できる情報を対象にしている	・PCI SSC（American Express、Discover、JCB、MasterCard、VISAの5社によって設立）

データセキュリティ適用の3つのステップ

データセキュリティに関する基本概念を理解したところで、これからデータセキュリティを適用するためのアプローチを解説していきます。次の図のように「セキュリティの要件定義」「セキュリティポリシーの策定」を行った上で、システムと業務プロセスなどに対して、具体的な「セキュリティ対策」を適用していきます。ここのポイントは、データセキュリティはデータマネジメントのほかの構成要素（マスタデータ管理、データ品質管理など）と同様に、継続

的な活動であるため、施策の適用後にも監視・監査などの手段を通して、セキュリティ対策が有効であることを担保し続けることが重要です。これからそれぞれのタスクの概要を見ていきましょう。

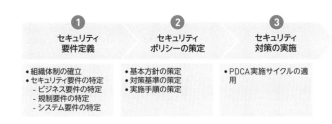

データセキュリティ適用の3つのステップ

データセキュリティ適用の3つのステップ① 要件定義

組織・体制の確立

　データセキュリティポリシーの策定と適用は、会社全体にかかる大がかりな活動となります。そのため、データセキュリティの適用を推進する組織を立ち上げ、体制を整えるのが最初で最も重要なアクションです。データセキュリティの適用を推進する運営組織には経営層の参加が欠かせません。いち早く経営層を巻き込む理由としては、企業がどのようにセキュリティリスクに対抗するか、特定の部署の判断というよりは、全社レベルで意思決定すべきことだからです。その一方で、経営層だけで決めてしまえば、データセキュリティのポリシーおよび対策が現場の状況と乖離し、過剰なセキュリティ対策になってしまい、現場のデータ利活用を阻害することもしばしばあります。組織全体に関わるセキュリティポリシーは経営層によるトップダウンの意思決定が適していますが、それらを実行するための具体的な進め方の策定は現場重視というボトムアップのアプローチが欠かせません。データセキュリティの組織・体制を検討する際に、トップダウン・ボトムアップのどちらか一方に偏るのではなく、両者を組み合わせていくことが何よりも大切です。

　組織・体制の確立にあたって、社内にデータセキュリティの知見をもつ人材がいない場合は外部の専門家に協力を得るようにすればよいでしょう。ただし、ここの留意点としては、外部の専門家の力を借りつつも、社内の責任者が当事

者意識を持って、活動の主体としてポリシーの策定・運用を行う必要があります。なぜならば、内部事情に精通した責任者が旗振り役として行動しない限り、社内の各部門からの協力体制の構築がうまく行かず、全社レベルでの合意形成・部門間の利害関係の調整が往々にして難航するからです。要するに、全社レベルで自社の実情に即したセキュリティポリシーを策定するために、経営層、業務部門、IT部門、法務部などで横断的なバーチャル組織（データセキュリティ委員会）を立ち上げて、横串しで活動を進めていくことが欠かせません。データセキュリティに詳しい外部の専門家はあくまでもアドバイザーとして、第三者の観点でセキュリティポリシーの抜け漏れがあるかをチェックするようなサポート的な役割を担うことが望ましいです。

データセキュリティの組織構造のイメージをつかんでもらうために、次の図の具体例でその全体像を示しています。下記の例では、データセキュリティ委員会という全社横断のバーチャル組織を立ち上げ、データセキュリティの知見と経験を持つ情報システム部門を中心に、経営層、業務部門、法務部門などの組織に横串を通すように事務局を設けています。データセキュリティの責任者には、情報システム担当の役員を据えており、データセキュリティの方向性に関して、外部専門家からの助言をもらいつつ、データセキュリティ委員会の中で合議制を取って行うことになっています。委員会によって決定された方針・ポリシーをもとに、タスクフォースという形でそれぞれの検討テーマを立てた上で、分科会で具体的な施策の検討と実施を行い、「カスケーディング」で上位組織の階層から現場まで落とし込んでいく形になります。

▶ データセキュリティ委員会　全体像

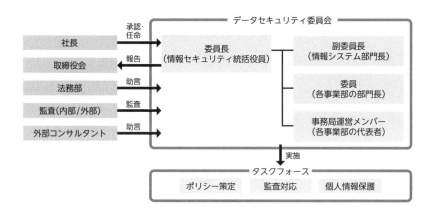

セキュリティ要件の特定

　データセキュリティ適用の組織・体制が確立したら、データセキュリティ要件の特定を進めていきます。その際に、ビジネス要件、規制要件、システム要件の3つの軸で要件の整理を行い、セキュリティ要件を導き出していきます。これからそれぞれのタスクの概要を見ていきましょう。

セキュリティ要件整理の3つの軸

▶【1】ビジネス要件の整理

　自社に適したデータセキュリティ要件を洗い出すには、ビジネス要件を把握することが重要です。企業の事業戦略、所在業界基準などの外部環境を理解した上で、どういったセキュリティ要件がどの程度で求められているかを明確にする必要があります。例えば、ほかの業界と比べて、金融業界の規制が厳しく、金融機関・証券会社に厳重なデータセキュリティ対策を要求されています。その一方で、小売業界のセキュリティ要件は金融・証券業界より簡略化できる場合が多く、更に同じ小売業の企業であっても、グローバルの大手企業とローカルの中小企業に求められているセキュリティ要件には大きな違いがあります。

　ビジネス要件の整理では、現状の業務ルールとプロセスを分析し、その中にデータセキュリティと接点あるデータを洗い出していきます。具体的に、業務プロセスの中で扱っているデータを棚卸しして、それぞれのデータを利用するヒト（データ利用者）に着目していきます。そのデータ利用者のロールがどうあるべきか、利用を許可・許可しない場合の判断基準がどうあるべきかを定義します。次にデータの観点から、業務で扱っているデータの機密性がどうあるべきか、そのデータが規制対象に該当するか、機密性と規制の軸でビジネス要件を整理することが必要です。規制と機密性の2軸で洗い出したマトリックスに対して、データ利用者のロールを当てはめることで、データセキュリティ要件を明確にすることです。例えば、次の例のように、個人情報に対して、マー

ケティング部ロールは、キャンペーン・プロモーション企画の際に、年齢、お住まいの地域、購買履歴などのデータにアクセスできますが、それ以外の個人情報にアクセスできないように制限しています。全ての個人情報にアクセスするには、フルアクセス権限をもつ顧客管理者ロールでないと許可されません。

▶ ロールとデータを起点としたセキュリティ要件の整理

ロール（ヒト）　　　　　　　　データの機密性と規制

セキュリティ要件

データ（規制対象）	データ（機密性）		
	社外秘	制限付き機密	登録者限定機密
個人識別情報	マーケティング部ロール	顧客マーケティングロール	顧客管理者ロール
クレジットカード会員データ	財務部一般ロール	顧客財務ロール	財務管理者ロール
…	…	…	…

　ビジネス要件からデータセキュリティ要件を導き出していく中で、何らかのセキュリティ課題が必ず出てくると言っても過言ではありません。現状のセキュリティの課題を深掘りして、課題の打ち手（あるべき要件）を定義することが重要です。次の表には、どの企業でもありがちな課題例を3つほど挙げており、これらの課題は打ち手を検討するためのインプットにもなります。

▶ データセキュリティの課題例

	項目	課題概要	あるべき要件
1	過剰な権限付与	・**社内のユーザー権限管理が欠如、必要以上にアクセス権が与えられる（過剰な権限）**。職位の要件を満たさない下位ユーザーが悪意のある目的、または不本意でこれらの権限を利用して、セキュリティ事故を起こす場合がある	・データへのアクセスを許可するには、**最小権限の原理原則を適用する**・ユーザー、業務、システムは正当な目的で許可されたデータ（情報）のみにアクセスすることに制限する
2	正当な権限乱用	・**ユーザーは正当な権限を利用して不正な目的で乱用する。**例：金銭目当てで自社の重要顧客リストを持ち出し、競合他社に販売する	・**データへアクセス制御の厳格化を図る。**データ、システム、クライアント端末の各操作におけるアクセスポリシーを制御すると同時に、アクセスログなどによる不正行為の監視・検出・アラート発信を行う。
3	アカウント共有	・**少ないアカウント数を用意し、アカウントを複数人で利用する。**アカウントを複数人で利用する場合、アカウントと利用者が1対1で紐づいていないため、その操作を誰がしたか、特定できない	・アカウント共有を禁止し、**アカウントと利用者が1対1の原理原則でアカウント**管理を実施する

▶【2】 規制要件の整理

　現在、世の中はこれまでにないスピードで変化を続けています。その激しい変化に対応するため、新しいルールの必要性が高まっており、年々、各国で新しい法律と基準を施行されたり、過去の法律が改正されたりしています。それに対応するために、企業がますます多くの法律や規制を把握した上、それを遵守しなければなりません。これらの法規制から影響を受ける対象データを明確にし、規制要件を定義した上で、厳格なセキュリティ対策が企業に求められています。具体的なアプローチとしては、「対象規制の確認」➡「対象データの特定」➡「セキュリティポリシーとの紐づけ」➡「実施済み・未実施要件の整理」の4つのステップを順に実施した上、各ステップで整理された結果をもとに、規制の要件をまとめていきます。特に「実施済み・未実施要件の整理」に関しては、社内で該当するセキュリティ対策が既に実施済みなのかを確認し、未実施の部分のみを抽出した上で、追加の規制要件として定義しなければなりません。医療データを例にとって、個人情報保護法を対象とした規制要件を整理するアプローチは次の図の通りに示しています。

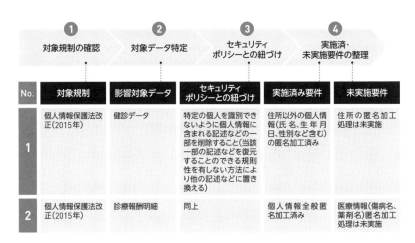

規制要件整理のアプローチ

No.	対象規制	影響対象データ	セキュリティポリシーとの紐づけ	実施済み要件	未実施要件
1	個人情報保護法改正(2015年)	健診データ	特定の個人を識別できないように個人情報に含まれる記述などの一部を削除すること(当該一部の記述などを復元することのできる規則性を有しない方法により他の記述などに置き換える)	住所以外の個人情報(氏名、生年月日、性別など含む)の匿名加工済み	住所の匿名加工処理は未実施
2	個人情報保護法改正(2015年)	診療報酬明細	同上	個人情報全般匿名加工済み	医療情報(傷病名、薬剤名)匿名加工処理は未実施

　規制要件を整理するポイントとしては、類似した規制要件をカテゴライズ(分類)してベースラインを定めることです。世界中では数え切れないほどの規制

があり、ひとつずつを調べ始めるとすぐに規制情報の海に溺れてしまい、いつまでたっても規制要件の整理が終わりません。実は、法規制をカテゴリ単位で見た時に、欧米先行で確立された法規制がベースラインになっているケースがほとんどです。例えば、日本の個人情報保護法はGDPR（EU一般データ保護規則）ほど厳しく改正していませんが、次の図の通りにGDPRと似た内容は定められています。そのため、GDPRにおいては、欧州と日本との間で十分性の認定がされており、日本⇔EUの間で個人情報を移転しやすくなっています。言い換えれば、同じカテゴリの規制に対して、ベースラインとなる法規制（事実上の最大公約数）を起点にして整理していけば、確実により早くゴールに到達できます。

▶ GDPRと個人情報保護法の比較（概要）

	個人情報保護法	EU一般データ保護規則 GDPR
地域	日本	欧州
対象者	個人情報取扱事業者 企業・個人事業主、自治体など	EU居住者全員とEUに拠点を置く組織
対象	氏名、生年月日、マイナンバーカードなどの特定の個人を識別できるもの	識別可能な自然人に関する情報
氏名・性別・生年月日	○	○
メールアドレス	○	○
電話番号	個人情報に該当しない	○
IPアドレス	個人情報に該当しない	○
サードパーティークッキー	○	○
罰金	30万円以下の罰金	高額（数十億円規模）な罰金

　規制データの中で、特に個人情報の利用価値は高いです。従前にもまして、多くの企業の中で幅広く取り扱われるようになってきています。個人情報およびプライバシーという概念が世の中に広く認識されるとともに、個人情報等の不適正な利用等につながるリスクも高まっています。このような背景から、データマネジメントにも個人情報の保護と活用のバランスの取れた取り組みが求められます。

　個人情報の規制要件を考える上で、特に重要となる個人情報保護法に触れておきます。2003年に個人情報保護法の成立以来、度重なる改正が行われ、日本国内の個人情報全般はその法律によって保護されています。個人情報保護法

の最も重要な部分と言えば、個人情報の収集や第三者提供には本人の同意が必要なことです。例えば、百貨店がポイントカードを発行し、顧客に氏名、性別、年齢、住所を登録させて、顧客に配ったとします。顧客がポイントカードを使って買い物をすると、ID-POSデータが記録されるようになります。ID-POSデータは、誰についてのデータか分かるので、個人情報にあたります。そのため、この百貨店がどのようなデータを収集しているのか、何のために使っているかについて、事前に顧客の本人同意を得る必要があります。

　2010年代、AIなどのテクノロジーの普及によって、個人情報の価値が大きくなるにつれて、2015年の改正法で「匿名加工情報」の概念が導入されました。「匿名加工情報」とは特定の個人を識別できない、または個人情報を復元できないように一定の匿名加工処理を施した情報のことです。匿名加工処理で処理したデータは、一定の条件のもとで、本人同意がなくても、データ分析事業者などの第三者に提供できるようになりました。しかしながら、匿名加工情報では、データ分析を行う際に、精度が落ちる場合が多いです。例えば、次の図の匿名加工情報の例では、No.1とNo.4の「藤本 利奈」が同じ人のものにもかかわらず、重複データとして区別できていません。そこで、2020年の改正法で「仮名加工情報」の制度が創設されました。仮名加工情報とは、氏名などの特定の個人情報を識別できる情報を削除し、ほかの情報に置き換えることによって、特定の個人を識別できないように加工を施した情報のことです。仮名加工情報はより詳細なデータ分析ができるため、データ利活用をより便利にした取り組みです。加えて、データを仮名化することで、万が一データが漏えいしたとしても、個人情報の漏えいにならずに済むので、より安全なデータセキュリティ・プライバシー保護にもつながります。

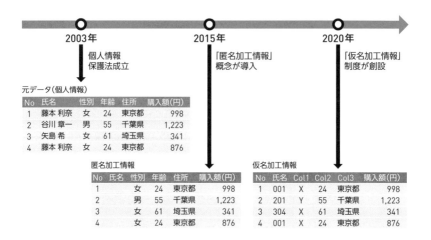

個人情報保護法の改正

2003年
個人情報
保護法成立

2015年
「匿名加工情報」
概念が導入

2020年
「仮名加工情報」
制度が創設

元データ（個人情報）

No	氏名	性別	年齢	住所	購入額（円）
1	藤本 利奈	女	24	東京都	998
2	谷川 章一	男	55	千葉県	1,223
3	矢島 希	女	61	埼玉県	341
4	藤本 利奈	女	24	東京都	876

匿名加工情報

No	氏名	性別	年齢	住所	購入額（円）
1		女	24	東京都	998
2		男	55	千葉県	1,223
3		女	61	埼玉県	341
4		女	24	東京都	876

仮名加工情報

No	氏名	Col1	Col2	Col3	購入額（円）
1	001	X	24	東京都	998
2	201	Y	55	千葉県	1,223
3	304	X	61	埼玉県	341
4	001	X	24	東京都	876

▶【3】 システム要件の整理

　システム要件の整理の前に、前提として押さえるべきなのは、何のセキュリティポリシーも施されていない情報システムがこの世の中に存在しないことです。なぜならば、情報システムとして存在している以上、システム上では既に何らかの形でセキュリティポリシー（ID・パスワードによる認証など）を適用されているからです。従って、システム要件を整理する際に、既に満たしているセキュリティ要件に対して、新たなビジネス要件とセキュリティ要件を突き合わせて、フィット＆ギャップ分析を行う必要があります。フィット＆ギャップ分析とは、利用者のニーズに適合（フィット）している点と乖離（ギャップ）している点を明らかにすることです。フィット＆ギャップ分析を通じて、次の図のように既存システムのセキュリティ要件が新たなセキュリティ要件を完全にカバーできているかを確認し、仮にカバーできていない場合は、そのギャップを埋めるためのセキュリティ要件を新たに追加する必要があります。

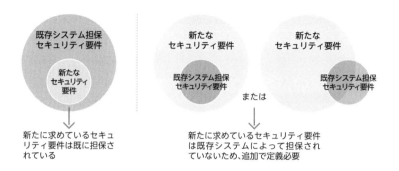

既存セキュリティ要件とのフィット＆ギャップ分析

既存システム担保
セキュリティ要件

新たな
セキュリティ
要件

新たな
セキュリティ要件

既存システム担保
セキュリティ要件

または

新たな
セキュリティ要件

既存システム担保
セキュリティ要件

新たに求めているセキュ
リティ要件は既に担保さ
れている

新たに求めているセキュリティ要件
は既存システムによって担保され
ていないため、追加で定義必要

データセキュリティ適用の3つのステップ② ポリシーの策定

　このステップでは、前のステップで整理されたセキュリティ要件をもとに、データセキュリティのポリシーを作成していきます。データセキュリティのポリシーは一律的なものではなく、企業や組織の持つデータや組織の規模、体制によって、大きく異なってきます。言い換えれば、自社業務、保有するデータ資産の実態を踏まえた上で、その内容に合わせたデータセキュリティポリシーを作成しなければなりません。データセキュリティポリシーの中身は企業や組織に依存するものの、必要な要素としては「基本方針」「対策基準」「実施手順」の3階層に分けられます。これからそれぞれの階層の概要を見ていきましょう。

データセキュリティのポリシーの3階層

基本方針	レイヤー1 組織の基本方針、宣言
対策基準	レイヤー2 基本方針を実施するための具体的な規定内容
実施手順	レイヤー3 対策基準ごとの具体的な手続き・手順

レイヤー1：基本方針

　基本方針は適切なデータセキュリティを実現するための会社の基本的な姿勢や考え方を示すものです。基本方針を策定する際に、「なぜデータセキュリティ

が必要なのか」や「どのような方向性でデータセキュリティに取り組めばよいのか」、この2つの問いをかけてみましょう。基本方針はこれらの問いかけに答えるための上位概念として、下位概念の「対策基準」や「実施手順」の基本的な考え方を示すものでもあります。

　データセキュリティ基本方針の具体例を見てみましょう。下記の例では、特定の組織の方針に依存せず、全社レベルの方針になっています。データセキュリティを適用する目的、つまり「なぜデータセキュリティが必要なのか」に答えるため、「データ資産を守る」と「お客様ならびに社会の信頼に応える」という内容を明確にした上で、次には「経営者の責任」「社内体制の整備」「従業員の取組み」「法令及び契約上の要求事項」「違反及び事故への対応」を順に、5つの観点から「どのような方向性でデータセキュリティに取り組めばよいのか」に答えているわけです。

▶ データセキュリティ基本方針（例）

株式会社○○○○(以下、当社)は、お客様からお預かりしたデータおよび当社のデータ資産を事故・災害・犯罪などの脅威から守り、お客様ならびに社会の信頼に応えるべく、以下の方針に基づき全社でデータセキュリティに取り組みます。

1.経営者の責任
当社は、経営者主導で組織的かつ継続的にデータセキュリティの改善・向上に努めます。

2.社内体制の整備
当社は、データセキュリティの維持及び改善のために組織を設置し、データセキュリティ対策を社内の正式な規則として定めます。

3.従業員の取組み
当社の従業員は、データセキュリティのために必要とされる知識、技術を習得し、データセキュリティへの取り組みを確かなものにします。

4.法令及び契約上の要求事項の遵守
当社は、データセキュリティに関わる法令、規制、規範、契約上の義務を遵守するとともに、お客様の期待に応えます。

5.違反及び事故への対応
当社は、データセキュリティに関わる法令違反、契約違反及び事故が発生した場合には適切に対処し、再発防止に努めます。

▌ レイヤー2：対策基準

　対策基準とは、基本方針を踏まえて、具体的な規定をガイドラインの形でまとめたものです。例えば、レイヤー1の基本方針にて「十分な強度のあるパスワードを用いる」と策定された場合、対策基準では次の例のように、強度の高いパ

スワードとは何か、具体的な規定までブレークダウンした内容となります。

▶パスワード規定（ガイドライン）

- 12文字以上
- 当人の名前、電話番号、誕生日等、他者が推測できるものを使わない
- アルファベット大文字・小文字、数字、記号の全てを含む
- 辞書に含まれる単純な語を使わない
- 過去1年間に使用したパスワードと同一パスワードを使用しない
- ロックアウトのしきい値は3回、時間は6時間に設定する

レイヤー3：実施手順

このステップでは、対策基準ごとに実施するセキュリティ対策の内容を具体的な手順まで落とし込んで、明文化していきます。具体的に、マニュアル・手順書などの形でデータセキュリティを保つための必要な方法や手段を明記することになります。実施手順の策定にあたって、下記の5W2Hを意識し、その目的、対象データ、対象者、対象業務・システム、適用時期、手順、ペナルティを明確に定めて、マニュアル・手順書などを作成していきます。

▣▶ セキュリティ実施手順を詳細化するポイント

	項目	概要
1	目的・ゴール	目的・ゴールを明確にする（Why）
2	対象データ	守るべき対象データ（情報）を明確にする（What）
3	対象者	対象者の範囲、運用や維持体制を明確にする（Who）
4	対象業務・システム	対象業務・システムの範囲を明確にする（Where）
5	時期・期限	実施手順の適用時期、有効期限などを明確にする（When）
6	手順	作業の手順をできる限り具体的に記述する（How）
7	ペナルティ	形骸化を避けるために、違反時の強制力ある罰則を明記する（How much）

ここまでレイヤー1～レイヤー3の基本方針、対策基準、実施手順策定の概要を一通り説明してきました。その基本的な流れとしては、基本方針➡対策基

準➡実施手順の順番で内容をブレークダウンし、最終的に実施手順を導出していくこととなります。次の図の例で示している通りに、例えば、「十分な強度のあるパスワードを用いる」の基本方針から、「パスワードの設定ポリシー」の対策基準を導き出して、その対策基準から更に「パスワードの設定手順」の詳細をマニュアルまで落とし込んで記載することになります。セキュリティ教育とデータの社外持ち出しなどに関しても、同じ考え方で基本方針➡対策基準➡実施手順の順番で実施手順を具体化していけばよいです。

▶ 基本方針➡対策基準➡実施手順の導出イメージ

基本方針	対策基準	実施手順
1 十分な強度のあるパスワードを用いること	パスワードの設定ガイドライン	パスワードの設定手順
2 データセキュリティに関する教育を定期的に実施すること	データセキュリティ教育ガイドライン	E-ラーニング実施手順
3 データ資産の社外持ち出しは必ず許可を得ること	データ資産社外持ち出しガイドライン	データ資産の社外持ち出し申請手順

データセキュリティ適用の3つのステップ③ 対策の実施

　最後に、今まで策定されたデータセキュリティの基本方針、対策基準、実施手順、この3点セットを用いて、全社でデータセキュリティの対策を現場まで落とし込んでいきます。データセキュリティは一過性の活動ではなく、企業や組織の内部的変化、外部から新たな脅威、新しい法律の施行と改正などの外部的変化に合わせて、定期的に見直さなければなりません。次の図のように定期的に実施の状況を評価した上で、セキュリティポリシーを改善するサイクル（PDCA）を回しつつ、常に適切なセキュリティが担保される状態に維持することが大事です。そのPDCAサイクルの概要を見ていきましょう。

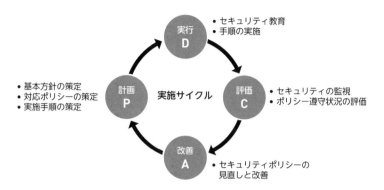

計画（Plan）

　外部要因（法規制など）、内部要因（組織や企業の状況）による変化を対応するために、定期的にデータ資産の棚卸しを行い、最新のセキュリティリスクや課題を整理し、基本方針・対応基準・実施手順の策定または見直しを行います。

実行（Do）

　実施手順をもとに、セキュリティ対策を行います。全社員が現場でセキュリティポリシーと手順に則って常に行動するように、定期的に集合研修などの教育を実施し、社員の理解度を測るようにします。

評価（Check）

　セキュリティポリシーに関連する業務とシステムの監視・監査を定期に行い、セキュリティポリシー適用後の状況を把握しつつも、発生した課題を検知します。また、対象システムの監査ログなどを収集・蓄積・分析することで、セキュリティポリシーの見直しや改善に有益な示唆を示して、セキュリティポリシーの改変にフィードバックできるようにします。

改善（Act）

　評価の内容をもとに、常にセキュリティポリシーの見直し・改善を行います。

データセキュリティとデータ利活用のトレードオフ

　データセキュリティとデータ利活用はトレードオフの関係にあります。トレードオフというのは、何かを達成するためには何かを犠牲にしなければなりません。車の両輪のように、企業のビジネスモデルの変革（DX）を促すデータ利活用を「攻める」と同時に、データセキュリティが様々な脅威やリスクから企業のデータ資産を「守る」ことも欠かせません。この両輪がうまくかみ合うようにデータマネジメントを進めることが重要です。

　データ利活用に大きく舵を切って、活用の範囲を広げると、それに関連するデータ領域のセキュリティのリスクが自ずと高まります。その一方で、セキュリティを強化する方向に行き過ぎて、データ利活用に過剰な制約が課されてしまい、現場のデータ利活用を阻害することもあり得ます。例えば、とあるデータの機密性レベルを「特定部署の人のみアクセス可能」で設定したところ、ほかの部署がそのデータを使った簡単な集計だけでも、データ使用の申請書を書かされる上、部門を跨ぐ権限申請、承認などを通さないとアクセスできないのは多くの現場で起きていることです。そのため、本来日次でやりたいデータ集計・分析は、週次ベースになってしまい、データ分析で得た示唆をタイムリーにビジネスの意思決定に活かすことができません。

　こういう状況を避けるためにも、「攻め」と「守り」のトレードオフの関係を考えた上で、両者のバランスが取れたデータセキュリティポリシーが組織に求められます。つまり、重要度の高いビジネス領域を対象に、データ利活用の利便性を重視しつつ、データセキュリティポリシーはどこまで対応すればよいのかを組織横断で議論し、その判断基準を明確にしなければなりません。加えて、初期段階で決めた判断基準はそのまま上手く運用されることを過剰に期待せず、日々の企業活動の中で、PDCAサイクルを回しながら、攻めと守りのバランスの取れたセキュリティポリシーを、時間をかけて磨いていく心構えが重要です。

データマネジメント
組織とヒト層

最後の章では、データマネジメントにおける組織とヒトのあり方について解説します。データマネジメントが組織的な取り組みであり、組織・ヒトがデータマネジメント全体の拠り所となります。その組織・ヒトを支えるのは組織文化です。組織文化とは、ある組織のメンバーの間で共有される考え方や行動様式のことです。組織文化について考える上で役立つのは経営学の基礎理論である「コングルーエンス・モデル」です。このモデルでは、「組織文化」に加えて、「組織構造（組織における仕組みを表し、役割分担が分かるもの）」や「人材（どんな知識や経験・スキルを持った人材がいるのか）」の整合性がとれて、はじめて組織がうまく機能し、成果の最大化を実現できると提唱しています。次の図のように「組織文化」「ヒト」「組織構造」の3つをどのように整合させて機能させるかは、データマネジメントにおいても重要な命題となります。これからそれぞれのポイントを見ていきましょう。

データマネジメントを支える組織とヒト

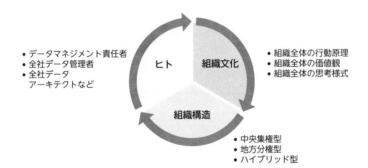

7-1 | データマネジメント組織の3つの要素① 組織文化

　現在、データとAIの技術によるデジタル変革（DX）の波が企業に押し寄せている中で、多くの企業がデータに基づく意思決定（データドリブン経営）の価値を理解しながらも、それを実現するための手段であるデータ利活用、データマネジメントはなぜ実践できていないのでしょうか。これに対して、2020年のハーバード・ビジネス・レビュー（HBR）ではダベンポート氏（バブソン大学の学長）から、それを阻んでいる要因は技術力ではなく、土壌である組織文化にあると指摘されています。ここの組織文化が指しているのはデータを最も重要な経営資産と見なし、課題解決および新たな価値創造にデータを利活用する「データドリブン文化」です。データドリブン文化を醸成する目的は、意思決定プロセスの改善、顧客と市場の理解、より優れた製品とサービス業務の創出、業務効率化、コスト削減など、多岐にわたります。しかし、これらの目的よりも重要なのは、社員の一人ひとりが課題などに直面した際に、「この課題を解決するには、どういったデータが有効なのか」と最初から問いかける姿勢を持つことです。では、データドリブン文化をどのように構築すればよいのか、以下の4つのポイントを押さえておきましょう。

▶ データドリブン文化醸成の4つのポイント

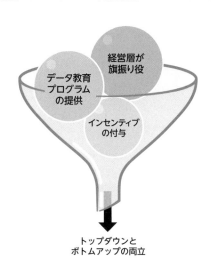

経営層が旗振り役
データ教育プログラムの提供
インセンティブの付与

トップダウンとボトムアップの両立

データドリブン文化醸成のポイント① 経営層が旗振り役

　企業の経営層が自らデータドリブンな意思決定を行うことは、会社全体がデータドリブンな文化にシフトしていく上では最も重要なことです。例えば、「データと数字が嫌い」「経営は長年の経験でやるもの」「経験と直感に従ってここまでやってきた。データに判断を左右されるつもりない」などと公言する経営者が君臨する企業には、データドリブンな文化を根付かせられるとは誰も思わないはずです。データドリブン文化の醸成は組織のトップから始めて、カスケーディングで段階的に下位の階層に広げていくべきです。何事もトップが率先して、範を垂れればこそ、データドリブン文化を組織全体に行き渡らせられるようになります。データドリブン文化のコーチ役はCEO自身でなくても、CDO（最高データ責任者）でもCIO（最高情報責任者）でも構いません。大事なのはその役員自身が役員会などのエグゼクティブレベルの場面でデータドリブン文化の啓蒙活動を行っていくことです。例えば、役員会議の中で経営層が「この提案・稟議には、裏付けとなるデータはあるか」など頻繁に尋ねると、提案を企画する中間管理職もその部門の担当役員も自ずとデータをファクトにしたコミュニケーション（報連相）がいかに重要なのかを理解できるようになります。更に、中間管理職がデータに基づいて現場の意思決定をするようになれば、その下につく社員もそれに倣うはずです。

　データドリブン文化の一例として挙げられるのは、第2章でも取り上げたワークマンの事例です。ワークマンの場合、旗振り役は当時CIOの土屋哲雄氏でした。同氏は真っ先に率先して全ての取引・在庫データを電子化・集約化に取りかかり、「全てを数字とデータに基づいて議論できるようにする」「全員参加型のデータ経営を目指す」と述べていました。更に、同氏は「Excelを使うと、興味のあるデータを自分で加工して分析できる」「分析ソフトの定型分析だけを見ていると、頭の動きが固定され、同じ発想しか出てこない」と述べており[*]、高度な分析ツールに頼るのではなく、身近なExcelを活用する意義を自らの言葉で発信し続けていました。つまり、経営層から絶えず発信する強いメッセージこそがデータドリブン文化の浸透を促す鍵です。その効果が現れて、ワークマンの各店舗の従業員がデータ分析の研修を受けた後、「どんな製品を開発すればよいのか」「どの製品を店舗に配置すれば売上が上がるのか」といった分析を自らExcelで行い、改善を行っていること（いわゆるExcel経営）を実

現しています。確かに高度な分析ツールや機械学習などを使うと、人間の能力だけで解析困難な大量データからの予測分析が容易になります。一方で、機械学習の内部構造やロジックはブラックボックスになる点は否めません。データドリブン経営の本質は、「ビジネスの定数とは何か、変数とは何か、どの変数を変えれば、結果がどう変わるのか」というビジネス現場に隠れている相関関係をデータで考察することです。これはどれだけ高価なツールでも AI でも教えてくれない本物の知恵（Wisdom）です。

＊『ワークマン式「しない経営」── 4000億円の空白市場を切り拓いた秘密』（土屋哲雄 著／ダイヤモンド社／2020）

データドリブン文化醸成のポイント② データ教育プログラムの提供

　組織文化を醸成するには、データ利活用の教育プログラムを、組織のあらゆるレベルで提供しなければなりません。経営層、中間管理層、スタッフ層などの異なる組織階層に、職務に見合ったデータ教育プログラムを提供し、データリテラシーを上げることで、データに基づく意思決定の目的やメリットを広く理解してもらう必要があります。例えば、経営幹部は経営ダッシュボードから経営課題を検討したり、現場の従業員は店舗にある顧客データを分析し、顧客の理解を深めたりするといった具合です。ワークマンの事例でも触れた通り、そもそも「全員データ経営」のワークマンでは、全社員向けのデータ分析講習と、それを修了した社員のみが受講できる中級者向けのデータ分析講習など、レベル別・役職別の教育プログラムが整備されています。現場の社員が基本的な POS データ分析システムの操作方法からスタートし、Excel を用いた初歩的なデータ集計を経て、更に回帰分析、需要予測というデータ分析技術を習得できるようになっています。最後に、社員の習熟度を測るために、「誰でも本気で頑張れば90点くらいは取れる」社内テストも用意されており、社員全員がそのレベルに達することが義務付けられています。

　ワークマンのみならず、筆者自身の経験でも、単純な座学よりは実践的なハッカソン（ハックとマラソンを掛け合わせた造語で、エンジニアや設計者などのソフトウェア開発の関係者がチームを作り、短期間に集中的に開発作業を行って、成果を競い合うイベントのこと）といった体験的な教育プログラムの方が効果的です。筆者が勤める会社で毎年開講している新入社員向けのデータサイエンス講座も、実践的なデータ分析の課題を必ず対象者全員に解いてもらい、

データ分析のプロセスとその効果を肌で感じてもらうようにしています。

データドリブン文化醸成のポイント③ インセンティブの付与

　適切なインセンティブはデータドリブンの組織文化の醸成を強く後押しすることになります。データを巧みに活用した人が、より早い昇進と昇給を享受すれば、ほかの従業員の意識変革とモチベーションアップのきっかけにもなります。データドリブンを「文化」にする以上、その担い手はやはり人しかいません。データ利活用に秀でた社員に対して、インセンティブが用意されていることはデータドリブン文化の浸透には必須と言っても過言ではありません。こうした動きが企業内部にとどまらず、厚遇で外部から人材を呼び込む動きも広がっています。例えば、NTTドコモはAI・データ分析などの専門性を持つ人材に対して、最高で同社の平均年収の3.4倍にあたる3千万円を提示し、昨年から社外からの募集を始めています。更に、AI・データ分析などの非通信分野を対象とする新たな人事制度を導入し、1年契約の年俸制で、採用時に前職での実績などをもとに個別に報酬額を決める上、高額の年俸で優秀な人材を確保するように力を入れています。

データドリブン文化醸成のポイント④ トップダウンとボトムアップの両立

　本節の冒頭で挙げたHBR論説の著者であるダベンポート氏はビジネスへのデータ利活用というテーマで経営学の研究を20年続けており、その彼が今でも「トップダウンでなければ組織にデータ利活用の文化は定着しない」と強く主張しています。言い換えれば、「ボトムアップだけではデータ利活用の文化は組織に定着し得ない」という意味です。つまり、現場の社員がどれほどデータ利活用を取り入れて浸透させようとしても、それだけではデータ利活用文化の定着が難しいということです。これに対して、筆者自身も大いに賛同します。その理由は大きく分けて2つあります。ひとつ目は、データドリブン文化導入の旗振り役の経営者がいなくなった途端に、データ利活用の活動が逆戻りしてしまったことを目の当たりにしてきたからです。例えば、とある名門企業でもCIOの鳴り物入りでデータ分析部門が作られ、データ利活用が現場で力強く推進されて、その効果も出始めた頃にCIOが社内の権力闘争に敗れて退任しま

した。その後、分析部門ごとが取り潰しになって、情報システム部門に吸収されて、データ分析部門のメンバーも散り散りになったという痛い事例がありました。

　もうひとつの理由としては、現場社員からのボトムアップ活動だけでは、現場の課題解決には役立つものの、その成果をより高いレベルの意思決定プロセスに組み込まれないと、活動の効果が局所的で、一部の現場に限定されるわけです。草の根でボトムアップ的な現場努力を大事にして、一つひとつの現場でデータ利活用の足場固めを進めつつも、経営陣のリーダーシップでデータ利活用をトップダウンの形でけん引することも欠かせません。これを航海に例えると、行き先や航海ルートは船長が決めて、船内のメンテナンス・オペレーションなどの具体的な方法と手段はボトムアップで決めていくべきです。なぜならば、現場の課題は現場のヒトしか分からず、現場で気づいた課題や改善点を洗い出すには、ボトムアップのアプローチが適しているからです。少しまとめると、データ利活用やデータマネジメントの戦略・方向性に関する大きな決断はトップダウンで下し、現場のニーズ・課題はボトムアップで吸い上げるという2つの働きが双方向で循環しつつ、トップダウンとボトムアップの両立を図ることで、組織のすべての階層にデータドリブンの文化を浸透させることになります。

▶ トップダウンとボトムアップの両立

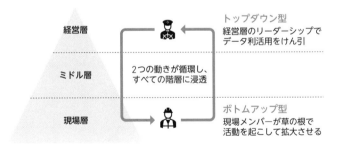

7-2 データマネジメント組織の3つの要素② 組織構造

　組織構造とは組織内の役割、責任、意思決定プロセス、指示系統を含む骨組みのことです。データマネジメントの活動を本格的に推進する前に、自社にとっての最適な組織構造とは何か、明確な答えを出すことがデータマネジメント活動の出発点です。組織構造をハッキリさせないと、組織内の役割、責任、意思決定プロセス、指示系統などが曖昧になってしまい、活動の推進にも組織の運営にも混乱をもたらすことになります。組織構造を考える上では、データマネジメントを担う組織（データマネジメント組織、以降DM組織で略す）を自社の組織体制のどこにどのように配置するかは、重要な論点になります。一般的に、DM組織の組織構造には、3つの基本的な型として「中央集権型」「地方分権型」「ハイブリッド型」が存在します。次の図にそれぞれの概要とメリット・デメリットを示しています。

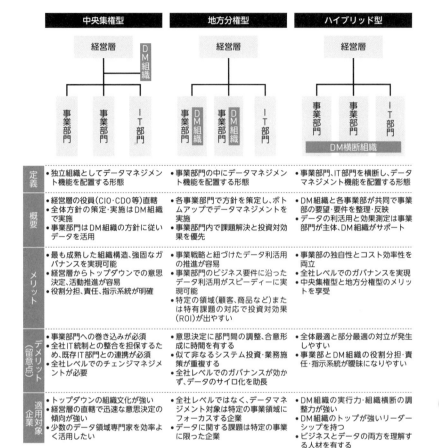

3つの代表的なDM組織構造

	中央集権型	地方分権型	ハイブリッド型
定義	• 独立組織としてデータマネジメント機能を配置する形態	• 事業部門の中にデータマネジメント機能を配置する形態	• 事業部門、IT部門を横断し、データマネジメント機能を配置する形態
概要	• 経営層の役員(CIO・CDO等)直轄 • 全体方針の策定・実施はDM組織で実施 • 事業部門はDM組織の方針に従いデータを活用	• 各事業部門で方針を策定し、ボトムアップでデータマネジメントを実施 • 事業部門内で課題解決と投資対効果を優先	• DM組織と各事業部が共同で事業部の要望・要件を整理・反映 • データの利活用と効果測定は事業部門が主体、DM組織がサポート
メリット	• 最も成熟した組織構造、強固なガバナンスを実現可能 • 経営層からトップダウンでの意思決定、活動推進が容易 • 役割分担、責任、指示系統が明確	• 事業戦略と紐づけたデータ利用の推進が容易 • 事業部門のビジネス要件に沿ったデータ利活用がスピーディーに実現可能 • 特定の領域(顧客、商品など)または特有課題の対応で投資対効果(ROI)が出やすい	• 事業部の独自性とコスト効率性を両立 • 全社レベルでのガバナンスを実現 • 中央集権型と地方分権型のメリットを享受
デメリット（留意点）	• 事業部門への巻き込みが必要 • 全社IT統制との整合を担保するため、既存IT部門との連携が必須 • 全社レベルでのチェンジマネジメントが必要	• 意思決定に部門間の調整、合意形成に時間を有する • 似て非なるシステム投資・業務施策が重複する • 全社レベルでのガバナンスが効かず、データのサイロ化を助長	• 全体最適と部分最適の対立が発生しやすい • 事業部とDM組織の役割分担・責任・指示系統が曖昧になりやすい
適用対象企業	• トップダウンの組織文化が強い • 経営層の直轄で迅速な意思決定の傾向が強い • 少数のデータ領域専門家を効率よく活用したい	• 全社レベルではなく、データマネジメント対象が特定の事業領域にフォーカスする企業 • データに関する課題は特定の事業に限った企業	• DM組織の実行力・組織横断の調整力が強い • DM組織のトップが強いリーダーシップを持つ • ビジネスとデータの両方を理解する人材を有する

上記を踏まえて、3つの組織構造のポイントをそれぞれ補足します。

組織構造の型① 中央集権型

　中央集権型の組織構造は経営層の意向を十分に反映し、スピード感や一体感を持った取り組みが実現しやすいです。また、全社レベルでデータマネジメントの人材を獲得した上で、集中して育成することで、組織横断で人材を活用しやすいというメリットもあります。

組織構造の型② 地方分権型

　地方分権型は、事業部門が発想した取り組みを進めやすいです。その一方で、事業部門だけでテクノロジーの知見などが不足することが多く、単独でデータ人材育成が難しいため、即戦力である外部人材を採用したり、実績あるコンサルティング会社やSIerにパートナーとしてサポートしてもらったりすることが多いです。更に、データマネジメントの活動の性質上、データ品質管理、マスタデータ管理、データセキュリティ対策など、全社レベルで整合性を取らないといけない点が多いため、既存のIT部門、ほかの事業部門と密に連携することも欠かせません。

組織構造の型③ ハイブリッド型

　ハイブリッド型は、業務を熟知している事業部門とデータマネジメントを推進するDM組織が補完する形で、各事業部門を横串しで全体のガバナンスを利かせつつも、事業部門での新しい事業とサービスの創出に合わせて行動しやすい利点が大きいです。その一方で、事業部門とDM組織の役割分担、責任、指示系統などをいかにクリアにするかがポイントとなります。

組織構造の進化論

　3つのDM組織構造におけるメリットとデメリットを理解したところで、結局のところ、自社にとっての最適なDM組織構造はどれなのかという問いかけに立ち戻りましょう。筆者がいつもクライアントに助言しているのは「現状の組織構造をアセスメント（評価）してからスタートラインを決める」ことです。具体的に、全社レベルまたはDM対象の事業領域に対して、現状の組織構造が中央集権型または地方分権型かを自己評価し、自社の組織文化、社風、意思決定プロセスを加味した上で、最も実現可能性の高い組織構造からスタートすることを推奨しています。

　その背景には、日本企業の多くは今までそれぞれの部署を機能的に動かすため、様々なビジネスファンクション（研究開発、調達、生産、営業など）に沿って事業部を縦割りで構成している実情があります。そのため、データマネジメ

ントを取り入れようとする企業の多くは、最初の段階で縦割り組織との親和性が高く、組織文化としても馴染みやすい地方分権型に適していると言えます。DMの対象範囲を絞った上、事業所主導の地方分権型からスタートした方が現場からの抵抗が比較的少なく、地方分権型のDM組織を立ち上げるのは現状を踏まえた合理的な判断です。

　しかしながら、DM組織が地方分権型を起点に、データマネジメントの活動を推進していく中で、いずれ地方分権型のデメリットに直面し、苦労しながら経験を積んでいくことになるでしょう。時間の経過とともに、地方分権型のデメリットによる様々な課題が浮き彫りになってきます。例えば、各事業部内のシステム投資や業務施策の重複・不整合、全社レベルでのデータガバナンスの欠如、部門間調整の非効率性などの課題が顕在化するはずです。それを解消するためには、DM組織が能動的に中央集権型に進化させるように動かなければなりません。中央集権型で全社レベルのガバナンスを利かせつつ、ビジネス側にもよい効果をもたらして、その効果を全社レベルで認識できるようになるのでしょう。最終的に、更なる高みを目指して、中央集権と地方分権の相乗効果をより引き出せるハイブリッド型に移行し、より理想的なDM組織を実現していくことになります。その大きな流れは次の図の通りに、ハードルが低い地方分権型の組織構造からスタートし、絶えず組織構造を改良しつつ、段階的に、中央集権型、ハイブリッド型まで進化させていく道のりとなります。

DM組織構造の進化

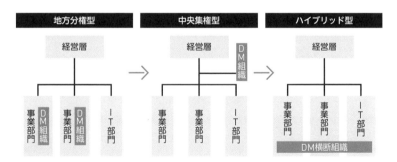

7-3 | データマネジメント組織の3つの要素 ③組織体制と登場役者

　本節では「ハイブリッド型」の組織構造を取り上げて、データマネジメントの組織体制の具体例を提示しながら、そこに登場する主要な役者および求められる役割・スキルを解説していきます。「ハイブリッド型」の組織構造から解像度を上げると、データマネジメントの組織体制全体をトップマネジメントの「経営層」、データマネジメントの戦場である「事業部門およびIT部門」、全社データ戦略と戦術を支える「DM全社横断組織（CoE）」、この3つのレイヤーで分けられます。

▶ **データマネジメントの組織構造と組織体制**

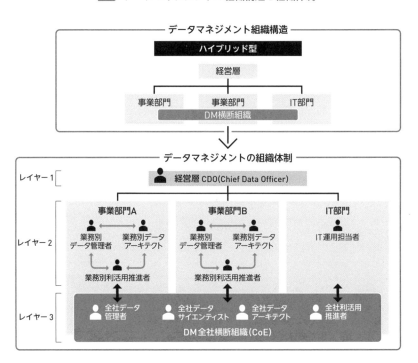

組織体制のレイヤー① 経営層

　経営層には、データマネジメント活動全般に責任を持つ最高データ責任者（Chief Data Officer、CDOで略す）を配置するようにします。CDOとはデータを土台にして企業に変革を起こす際に、データのサイロ化などのデータ課題を解決する「データの番人」であり、全社的な観点からデータ利活用をリードする最高責任者です。CDOに期待される役割とスキルは以下の通りです。

▶ 経営層（レイヤー1）の登場役者

登場役者	主な役割	必要なスキル
最高データ責任者 CDO	・データマネジメント活動の最高責任者 ・全社データ戦略の策定・承認 ・全社データガバナンスの策定・承認 ・全社レベルのデータ課題の設定 ・データマネジメント活動の承認・評価 ・データマネジメント体制の構築および人員配置・育成	・データを利用した事業開発力 ・全社データ戦略の策定力 ・全社レベルのデータ課題の設定力 ・企業内外での調整力 ・組織横断での推進力・行動力

なぜCDOのような役者が必要なのか

　CDOの役割を担うキーマンがいないと、データの利活用がどうなるのかを考えてみましょう。CDO不在の状況でデータ利活用に取り組むのは、司令官なくして烏合之衆のように小規模な部隊がそれぞれの戦いに臨むようなものになります。兵士のそれぞれの思い付きで施策を実施し、その取り組みが局地戦だらけになり、周りからの適切な後方支援も得られません。数多くの小規模の局地戦から場当たり的な成果しか上げられない上に、現場の個別最適化が進み、結果的に業務、システム、データのサイロ化を深めてしまったことになりかねません。これでは全社レベルでの勝利は到底得られません。

　そのため、現場の草の根で生まれたデータ利活用の種火を消さずに、現場の人を強力に支えながら、星火燎原のように全社横断的な活動までに発展させていく司令官がなくてはならない存在です。例えば、多くの企業はデータ統合の課題を抱えています。これは「個別最適化」の考え方のもとで、従来のシステムが個々の業務効率化のために作られたため、業務とシステムの横のデータ連携を考えていなかったせいでもあります。個々の業務は最適化され、効率化できたとしても、組織横断でのデータの収集、利活用に莫大な時間がかかっているのであれば、全社レベルのデータ利活用を大きく阻害している要因と言わざ

るを得ません。それを解消するために、全社レベルでデータの統合を行い、そ
れに伴う業務とシステム統合の施策を打っていく必要があります。しかし、こ
れらの施策のいずれも思い切った投資判断と覚悟が必要です。その際に、全体
最適でデータ統合の重要性を理解し、データマネジメントに舵を切ることがで
きる経営層の人がいなければ、データ統合のスタートラインに立つことすらで
きません。

組織体制のレイヤー② 事業部門

　全社データマネジメントの戦略に沿って、各事業部門が「カスケーディング」
の形で自部門のデータマネジメントの計画立案、実施、効果検証などを推進し
ていきます。事業部門に登場する役者は、「データ管理者」「データアーキテク
ト」「データスチュワード」の3つです。それぞれの役者に求められる役割と
スキルは以下に示しています。

◢▶ **事業部門(レイヤー2)の登場役者**

登場役者	主な役割	必要なスキル
業務別 データ管理者 (データオーナー)	・全社のデータマネジメント活動方針に沿って、担当領域の**データオーナー**として責任範囲内での**データマネジメント活動の立上と維持を主導**する役割と責任を担う	・業務および部門内のデータに対する知見 ・明確なゴール設定、ゴールに向けた計画策定ができる企画力 ・データマネジメント戦略の実行力
業務別 データアーキテクト	・全社のデータマネジメント活動方針に沿って、IT部門の担当者と密に連携し、担当領域で取り扱う**データアーキテクチャの設計・開発・運用管理**に関する仕組みの具体化する ・**データ運用で検出した課題**を全社横断組織に報告・連絡・相談する	・業務および部門内のデータに対する知見 ・データアーキテクチャを設計・構築・運用管理できるスキル
業務別 利活用推進者 (データスチュワード)	・全社のデータマネジメント活動方針に沿って、**事業部門におけるデータ利活用の推進役**として、現場の業務活動にデータ利活用を組み込み、定着させる ・**データコンシェルジェの役割**を果たし、業務担当者から利活用の要望・問い合わせを取りまとめて、データ管理者、データアーキテクトと連携して改善案を策定する ・部門内のデータの**利活用教育**を推進する	・業務および部門内のデータに対する知見 ・業務ユーザーから要望・課題をヒアリングし、整理する力 ・関連データの情報を正しく把握し、ユーザーとスムーズなコミュニケーションができる能力

　事業部の現場は、データ利活用とデータマネジメントの主戦場です。事業部
内でデータマネジメントの責任を負う「データ管理者(データオーナー)」が

中心となり、自組織のデータ利活用の要望を具体化する「データスチュワード」、データ活用基盤を作り上げる「データアーキテクト」が連携し合って、事業部内でのデータマネジメント活動を推進していきます。業務部門から専任された データスチュワードは、業務部門から「こういう分析がしたい」との要望を集約し、事業部内のKPI（重要業績指標）と関係づけた上で、業務部門のデータ 利活用の目的・目標を設定し、実行計画を作成していきます。

　その際に、IT部門は事業部門と連携し、事業部門の要求・課題を理解した 上で、システム導入などの責任を果たすようにします。その中でデータアーキ テクトはIT部門のメンバーが兼任という形で、事業部門側のニーズを反映し たデータ活用基盤を構築するケースが多いです。IT領域が専門ではない業務 部門と、自社業務への理解が足りないIT部門が、混合チームを形成し、役割 的に補完し合いながら、活動を進めていくことがポイントとなります。この活 動を通じて、ITのことを理解できる「データ管理者」と「データスチュワード」、 および業務の理解を深めた「データアーキテクト」が両利きの人材に成長し、 事業部門でデータ利活用の活動をけん引していきます。

組織体制のレイヤー③ データマネジメント横断組織

　レイヤー3は全社横断でデータマネジメントを推進する組織です。CDOの 意思決定を支えるCoE（Center of Excellenceの略で、組織を横断する取 り組みの中核となる組織）という位置づけで、データマネジメントオフィス（Data Management Office、DMO）のようなバーチャル組織の形を取ることが多 いです。この組織に「全社データ管理者」「全社データアーキテクト」「全社利 活用推進者」「全社データサイエンティスト」、4つの役者が登場し、データマ ネジメント横断組織の骨組みになります。それぞれの役者に求められる役割と スキルは次の表に示しています。

▶▶ データマネジメント横断組織(CoE)の登場役者

登場役者	主な役割	必要なスキル
全社データ管理者 (全社データオーナー)	・**全社共通なデータ領域(顧客データ、商品データなど)のデータオーナー**として、データ戦略およびデータマネジメント活動の立上と維持を主導する役割と責任を担う ・業務間での利害関係の調整に関与するとともに、業務データについて、**業務横断的な視点で整合性**を取る ・経営、IT、業務などの組織、人と協業しながらデータマネジメントを推進する	・活動計画の合意、予算取り等、組織間といった異なる立場の関係者と円滑な調整ができる調整力 ・明確なゴール設定、ゴールに向けた計画策定ができる企画力 ・ビジネス的な効果獲得のための作戦を戦略的に立てられる能力
全社データアーキテクト	・**全社データ基盤の設計・開発・運用管理**に関する基本方針を策定し、その遵守状況をモニタリングする ・IT部門の担当者と密に連携し、IT視点から業務横断的に活用するデータの特定、費用対効果の測定を行う ・データ利活用に関する要望・要件に対して、全社横断の視点でサポートする	・データアーキテクチャの企画構想力 ・業務および社内データに対する知見 ・業務ユーザーから要望・課題をヒアリングし、明確化にできるコミュニケーションスキル ・データ利活用に関するガイドライン等の標準化に向けた取り組みの推進力
全社利活用推進者 (全社データスチュワード)	・**全社レベルでのデータ利活用の推進役**として、データ利活用の定着を推進する支援プロセスや支援体制、活動のKPIを設計・整備する ・**各事業部のデータ活用要件の取りまとめ、施策の優先順位づけを行**い、データアーキテクト・データサイエンティストに実現可能性の分析を依頼する ・**重要な案件における投資対効果を検証**し、稟議の起案、経営層への説明を実施する	・業務設計・組織設計できるスキル ・データ利活用に関する横断的知見 ・データアーキテクトやデータサイエンティストなどの専門家に対して、ユースケースの説明力 ・経営層や業務部門に対して、データマネジメントの取り組み内容、進捗、課題等を分かりやすく説明ができる情報伝達能力
全社データサイエンティスト (データアナリスト)	・統計学・コンピューターサイエンス・機械学習などを駆使し、各事業部から上がってきた**データ活用施策の実現可能性**を検証する ・データ分析を行い、**ビジネス上の意識決定を支援するインサイト**を引き出す ・利活用推進者などに対して、**データ分析の教育**を実施する	・幅広いIT知見(データベース、プログラミング) ・統計解析、機械学習などの専門スキル ・データ分析ツールの活用スキル ・データ分析結果を伝えるコミュニケーション能力

　従来の縦割りの事業部に対して、横串を刺すようなCoE組織を構成することで、全社的にデータ利活用の横連携はより効果的に図れます。例えば、事業部から上がってきたデータ利活用の企画に対して、データマネジメントオフィスによる多面的な検討を重ねることで、質の高い企画にブラッシュアップされ、企画元の事業部だけではなく、全社レベルでの横展開も期待できます。

まとめると、「全社データ管理者」が全社レベルのデータ課題の解決策や方針をCDOに提言するとともに、CoE組織の運営を統括します。全社データ管理者の配下の実働部隊に関しては、各事業部から上がってきたデータ利活用の要件を全社レベルで取りまとめる「全社データスチュワード」と、その要件をデータ活用基盤で実現する「全社データアーキテクト」が中心メンバーとなります。

　その中の「全社データスチュワード」が非常に重要なポジションです。業務部門の要望にすべて応えることが現実的に難しいため、全社レベルでの要件整理、利害関係の調整、要件の優先順位づけなどを行います。また、「全社データサイエンティスト」が専門性を活かして、統計学・コンピューターサイエンス・機械学習などを駆使しながら、事業部門からの要件の実現可能性を検証したり、データ分析でインサイトを引き出したりします。加えて、「全社データサイエンティスト」はCoE組織の教育係として、データ教育・トレーニングを行い、CoE組織全員のデータリテラシー（データの読み書き能力など）を向上させる役割も担っています。

データマネジメント組織を成功に導く3つの要諦

　第4章で紹介したデータマネジメントの定義を振り返ってみましょう。データマネジメントとは、データをビジネスに活かすことができる状態を継続的に維持・管理するための組織的な活動です。言い換えれば、データマネジメントの活動を「終わりなき旅」として捉えて、データをビジネスに活かすことができる状態を継続的に維持・管理していかなければなりません。長旅を歩んでいくデータマネジメント組織を成功に導くため、最も大切なポイントは何なのか、筆者自身の経験を踏まえて、「経営層からの関与」「前向きなチェンジマネジメント」「ステークホルダーの成功」この3つの要諦を紹介します。

■▶ データマネジメント組織を成功に導く3つの要諦

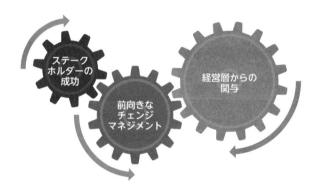

要諦① 経営層からの関与

　ひとつ目は「経営層からの関与」です。新しいデータマネジメント組織を立ち上げて、その活動を社内で推進する際に、様々なステークホルダーが登場してきます。事業部門から見ると、データマネジメントという新しい取り組みによって、自分たちが長年慣れ親しんだ仕事のやり方が変わってしまうため、抵抗感を持つヒトが少なくないはずです。データマネジメントの施策を各事業部に落とし込んでいく中で、各部門の立場の違いによる利害対立・対峙がしばしば発生し、合意形成は一筋縄ではうまく行かないことが多いです。そういう利害衝突を乗り越えて、関係者全体の共通利益を最大化するには、経営層がデー

タマネジメントに深く関与し、全体最適の観点から意思決定を行い、経営層からその結果を全社レベルで発信していくことが重要です。

　また、前章でも説明した通り、データ利活用の最も重要な目的は、意思決定のプロセスにデータを組み込み、データから得られた示唆をもとに経営層の意思決定のスピードと精度を上げることです。現場の日常業務の中でレポートラインを通じて、データ利活用とデータマネジメントの活動状況、課題、表れた効果を経営層に報告・連絡・相談したり、経営会議などの意思決定の場でデータ活用の結果を共有したりすることで、データマネジメントの重要性と効果を経営層に理解してもらい、経営層から強力な支援を取り付けられれば、DM組織の運営に持続可能な活力をもたらすことになります。

　最後に、データマネジメントは性質上、一般的に全社レベルで推進していくことが多いです。社内の利害関係が異なるステークホルダーを巻き込んで、立ち止まらずに活動を推進していくには、強いリーダーシップを取って、旗振り役を果たすキーマンが欠かせません。筆者自身が経験してきた成功事例から言えるのは、企業全体に効果をもたらした取り組みは、例外なく強力なリーダーシップを発揮するキーマンが存在しています。その人の熱意と行動力で数多くの困難を克服し、モノ事を大きく前進させたという共通点があります。

要諦② 前向きなチェンジマネジメント

　チェンジマネジメントとは、組織においての様々なモノ事を変革することを推進させ、最終的に経営を成功に導くというマネジメントの手法です。データマネジメントは今まで企業内の既存業務・システム・データなどに様々な影響をもたらして、データドリブンな企業に変革するため、一種のチェンジマネジメントとなります。多くの大手企業がデータマネジメントに取り組んでいますが、その活動が順風満帆と言える企業はまだ少数派です。データマネジメントがなかなか進まない、定着せずに一過性の取り組みにとどまっているといった実態が多く見られます。データマネジメントがうまく進まない大きな要因のひとつには、「変化に対するヒトの抵抗」の存在が挙げられます。その裏には、長年慣れ親しんできた従来の方法に固執し、現状維持を望み、変化を恐れる人間の本能による起因でもあります。チェンジマネジメントはこのような「ヒトの抵抗」という課題に向き合うために生まれてきたものです。ヒトが変化を早

く受け入れて、新しい状態に移行できるように、個人的な意識、動機づけ、心理の再適応といった人間のソフトな側面に焦点を当てられています。

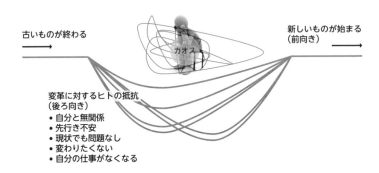

▶▶▶ 「ヒトの抵抗」に向き合うチェンジマネジメント

古いものが終わる

カオス

新しいものが始まる
（前向き）

変革に対するヒトの抵抗
（後ろ向き）
- 自分と無関係
- 先行き不安
- 現状でも問題なし
- 変わりたくない
- 自分の仕事がなくなる

データマネジメントの文脈で解釈すると、企業にとって利活用の効果が大きいデータ領域（例：顧客データ領域、商品データ領域）に焦点を当てて、ステークホルダーの全員が同じ方向を目指して進めるように、目的地を明確に示せるビジョンを描き、それを全員で共有することが大切です。そのビジョンをもって、データ活用基盤を整えて、段階的にデータマネジメントの施策を推進しながらも、啓発、勉強会・トレーニングのデータ教育プログラム、対話などの地道な啓蒙活動を繰り返し行っていくことが求められます。ここでも「戦略のカスケーディング」の考え方を応用し、全社レベル、事業部レベル、課レベルといった実組織に加えて、プロジェクトという仮想組織のレベル、個人レベルのそれぞれに対して、データマネジメントの活動を浸透させることで、個人の意識を少しずつ前向きに変えていくのがデータマネジメントを成功に導く鍵のひとつです。

要諦③ ステークホルダーの成功

ステークホルダーとは、データマネジメントの活動に影響を与えたり、影響を受けたりする全ての個人や組織のことを指します。例えば、経営者、業務ユーザー、システム管理者、エンドユーザー、データマネジメントチームのリーダー、メンバーなど、様々なステークホルダーがデータマネジメントの活動に登場し

ます。これらのステークホルダーをデータマネジメントの「お客様」のような存在として捉えることが必要です。ビジネスの世界においては、お客様の視点でお客様のことを考えて、お客様のことを成功させないと、自分自身の成功にもつながらないのは言うまでもありません。データマネジメントも例外なく、「お客様」から上がってきた要望・相談事などに耳を傾け、「お客様」の問題を解決し、「お客様」を成功させることこそ、データマネジメント組織を真の成功に導くことになります。従って、データマネジメントに本格的に取り組む前に、最初のアクションとしては「誰がデータマネジメントのお客様なのか」「誰を巻き込んで、誰の信頼を勝ち取り、誰を成功させる必要あるのか」を念頭に置きつつ、ステークホルダーを洗い出すことが先決です。その際に下記の問いかけをしながら、整理するようにすればよいのです。

- データマネジメントの影響を受けるのは誰か（もしくはどの部門か）
- 誰がデータマネジメントに影響を与えるか
- そのステークホルダーの役割と責任とは何か
- そのステークホルダーがどういった問題・課題を抱えているか

　上記で整理されたステークホルダーの顔ぶれに対して、「ステークホルダーの影響力」と「データマネジメントに対する関心度」、この2軸で優先順位（お客様ランク）を付けて、次のアクションを取っていきます。その中に、次の図の右上の象限に位置する「データマネジメントに強い関心があり、なおかつ社内で強い影響力を持つ」ステークホルダーの要望と意見などを優先させることが重要です。なぜならば、データマネジメントという手段を取って、最も重要な「お客様」を満足させ、その「お客様」から強力な支援を取り付けるのがDM組織の成功の必須条件であるからです。それと対照に、左下の象限にある、データマネジメントへの関心も社内影響力も低いステークホルダーに対しては、選択と集中の観点から優先度を下げた方が、限られた経営資源を無駄遣いにせずに済むわけです。

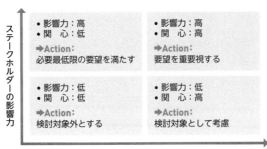

ステークホルダーの優先度づけ

ステークホルダーの影響力	● 影響力：高 ● 関　心：低 ➡Action： 必要最低限の要望を満たす	● 影響力：高 ● 関　心：高 ➡Action： 要望を重要視する
	● 影響力：低 ● 関　心：低 ➡Action： 検討対象外とする	● 影響力：低 ● 関　心：高 ➡Action： 検討対象として考慮

データマネジメントへの関心

　優先度の高いステークホルダーから上がってきた要望（やりたいこと、抱えている問題・課題など）をデータマネジメントの活動に関連づけて、重点的に施策の検討・実施を進めることで、ステークホルダーの動機づけができるようになり、最も重要な「お客様」（例：経営層、コア事業を持つ部門など）にデータマネジメントの効果を示せれば、データマネジメント組織のミッションが自ずと達成され、バリューも見事に示されることになります。

7-5 | データマネジメント人材の獲得と育成

　第1章でも述べた通り、あらゆる産業にDXの波が押し寄せる中、データの専門家である「データサイエンティスト」「データアーキテクト」人材などの需要は高まっており、供給が追いついていない状況です。2021年にはデジタル庁が発足し、日本政府がデジタル人材育成に3年間で4000億円を投じると明らかにするなど、国を挙げての取り組みを急いで進めています。その一方で、日本はデジタル人材の量の課題に加えて、質的にも不足しており、他国に大きく後れを取っているのが現状です。その裏付けとしては、経済産業省が8カ国を対象に行ったITスキルの調査によれば、日本の標準レベルは調査対象の8カ国の中に7位に位置しており、米国だけではなく、アジア諸国の後塵も拝している状況です。

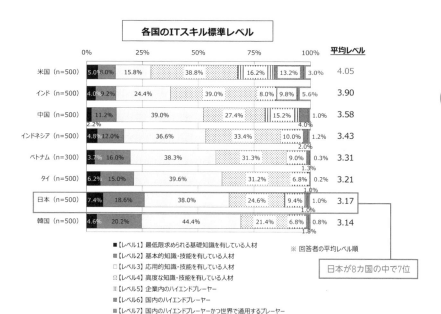

日本のITスキル標準レベル

出典:経済産業省「IT人材に関する各国比較調査」(2016年6月)
(https://www.meti.go.jp/shingikai/mono_info_service/digital_jinzai/pdf/001_s01_00.pdf)

こうしたデジタル人材が量的にも質的に不足している背景の下に、データ分析、データ利活用、データマネジメントのノウハウと経験を持つ専門家の採用と獲得は、ユーザー企業だけではなく、ITベンダー・コンサルティング会社も含めて、競争が激化しています。ただ好待遇だけで必要とする人数の確保は難しいため、技術者を擁するスタートアップ企業のM&A（合併・買収）や社内研修など、採用や育成の手法を多様化しています。これから人材の獲得に関する具体的な手段とそのポイントを見ていきましょう。

人材を獲得する2つの手段

　人材不足を解消するため、採用や外部企業との提携による「外部からの確保」と、既存従業員の配置転換・リスキリングによる「内部からの育成」、大きく分けて2つの手段があります。この2つの手段の概要とポイントは次の図の通りに示しています。

▶ 人材獲得の手段とポイント

	分類	概要	ポイント
1	外部からの確保	外部人材採用 ・社外のデータ人材を社員として採用する	・**必要な人材像を明確**にし、**ジョブ・ディスクリプション（job description）**で業務内容や範囲、難易度、必要なスキルを明文化した上、スキルのミスマッチを防ぐ ・処遇面だけではなく、**自社でしか経験できない機会の提供**と裁量の大きさなどのメリットで動機づける
2		企業連携・買収	・データの分野や技術に強い企業と提携する ・ベンチャー企業の買収による人材獲得	・データ利活用、データマネジメント、データ基盤に精通した人材が多い企業と提携することで、自社のデータ利活用、データマネジメントの活動に**有識者を取り込んで**、データマネジメントの活動をスピーディーに立ち上げる ・有力な**ベンチャー企業を買収**することで、自社に不足している人材を補完
3		業務委託	・コンサルティング会社などの有識者を受け入れ、自社の活動を支援してもらう	・データ利活用の活動を通して、一緒に作業していくことで、データマネジメントの仕組みや工夫、進め方など、有識者が持つ**知見とノウハウを引き出し**、自社に適用 ・外部有識者に自社の特別な事情、**観点や立場への同調圧力をかけない**
4	内部からの育成	配置転換・リスキリング	・社内やグループ企業の人材を選抜し、育成する	・**経営層主導による人材の配置転換やとリスキリングを実施** ・IT部門・IT子会社から事業部門に**社内異動**させ、事業の視点からデータマネジメントの活動を推進 ・ポテンシャル重視で**人材の適材適所の配置や教育を実施**

内部からの育成

　人材を獲得する手段のひとつ目は「内部からの育成」です。企業が環境の変化を受けて、大きな戦略転換を迫られることがかつてないほど増えています。人材という最も重要な経営資源における戦略も同じ考え方です。データドリブン経営を実現し、企業戦略を大きく転換させようとすると、それに合わせて、人的資源の能力やスキルを変えていくことも必要です。その代表的な手段は、配置転換とリスキリング（学び直し）を中心とした能力の再開発です。

　社内に素養のある優秀な人材を現場から発掘し、中長期的な観点でデータ・デジタル関連の再教育を行い、データ活用のリテラシー・スキル、そもそもデータ分析で何を成し遂げたいのかという課題設定力の底上げも含めて、データ活用人材を育成していきます。更に、その人材を社内のデータ利活用、データマネジメントの活動にアサインし、実践を積ませるためのキャリアパスを人事部門も巻き込んで設計した上で、配置転換とリスキリングを全面的にバックアップする環境作りも重要です。

外部からの確保

　人材を獲得する手段の2つ目は「外部からの確保」です。外部からの確保では、即戦力人材の採用、企業買収等による人材獲得の方法があります。特に近年目立ってきたのは、「アク・ハイヤー」と呼ばれる、人材獲得を主たる目的とした企業買収という方法があります。つまり、技術力の高い企業や競争力のあるサービスを展開しているベンチャー企業を丸ごと買収し、人材を確保することです。そのようなベンチャー企業に所属し、データとデジタル技術に精通した人材を自社に取り込み、自社に不足している人材を一気に補完できるという狙いです。日本国内でもこういった動きが活発化しています。例えば、資生堂は画像認識に強みを持つ米国のギアランを、パナソニックは時系列データの解析に強みを持つ米アリモを買収して人材を確保する事例が挙げられます。

　また、海外企業では、CDO、データアーキテクトなどの重要なポジションを外部から人材をヘッドハンティングして、DX、データドリブン経営を加速させていくケースが多々ありますが、日本ではそうした成功事例が圧倒的に少ないです。その理由のひとつとしては、伝統的な日本企業は、外部の人材が活躍できる土壌作りができていないわけです。経営層の判断でせっかく高いポジ

ションで優秀な人材を採用できたとしても、いざ現場に配属すると、周りの古参社員が「お手並み拝見」のモードに入って、外部人材へのフォローアップとサポートなどに抵抗することが決して珍しくありません。その結果、せっかく獲得できた専門家は孤軍奮闘になり、データ利活用の活動まで入り込めず、貴重な人材資産が宝の持ち腐れになってしまいます。

人材の獲得はあくまでも人材育成の起点にすぎません。獲得した外部人材はどれほど実績や経験があっても、孤軍奮闘の状況が長引けば、いずれ燃え尽きてしまいます。外部人材を孤立させないように、継続的なサポート体制を整えることが重要になります。例えば、外部から採用した人材に対しては、上司以外のベテラン社員をメンターなどのサポート役に据えて、社内の仕事の進め方やコミュニケーションの特徴、留意すべき点などの暗黙知を伝授したり、外部人材から悩み事の相談を気軽に受けたりすることで、外部人材を徐々に馴染めるように継続的にサポートすることが重要です。

必要とされるデータスキルとは

データ利活用やデータマネジメントの活動を正しく理解して推進するため、一般社団法人データサイエンティスト協会で推奨された「ビジネス力」「データサイエンス力」「データエンジニアリング力」の3つのスキルを備えることが理想です。具体的に、統計数理、AI、情報科学系の知識を応用する「データサイエンス力」、データサイエンスを意味のある形として扱えるように実装・運用する「データエンジニアリング力」、業務知識とビジネスの知見をもとに課題を抽出した上で、データサイエンス、データエンジニアリングとつなげる「ビジネス力」の3つが必要となります。加えて、近年では特に重要視しているのは、ビジネスとデータの専門領域をつなげる「ビジネストランスレーション（直訳：ビジネス翻訳）」というスキルです。

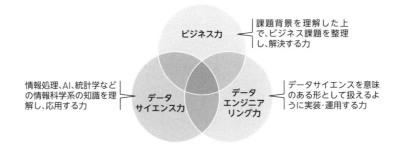

ビジネストランスレーションとは

　ビジネストランスレーションをひと言でいうと、ビジネスの目的、事業戦略および現場の業務課題を理解した上で、データの専門家とビジネスユーザーをつないで、両者の間に立って問題や解決策のやり取りをサポートできるスキルです。このスキルを持つ人をビジネストランスレーター（ビジネス翻訳者）と呼びます。ビジネス領域とデータ専門領域の両方の考えを整理した上で、共通言語に翻訳し、ビジネス領域とデータ専門領域をつなげるパイプ役の人材です。

■▶ ビジネストランスレーション

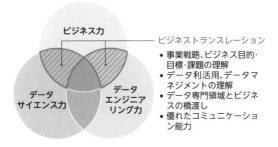

　ビジネストランスレーターが必要とされる背景としては、「データにどのようなビジネス的な意義があるのか」「ビジネス側の課題をどのようにデータに紐づけるのか」「どのような目的でデータを活用してビジネスの価値を生み出

すのか」を突き詰めていかないと、データをビジネスに活かすことができない わけです。データ利活用、データマネジメントの具体的な施策は、すべて業務 の現場まで落とし込む必要があるので、データ専門領域と業務現場をつなぐ橋 渡し役であるビジネストランスレーターが欠かせません。

しかし、現実的にどの企業でもデータサイエンス、データエンジニアリング、 ビジネスの3つの領域の全てに深い知見を有するスーパーマンはなかなかいま せん。スーパーマンを育成しようとしても、大きな労力と長い育成期間が要り ますし、育成対象者の資質、向き・不向きに左右されます。育成対象者の今ま での経験と資質、所属する実組織を加味しながら、3つのスキルのいずれかの 専門性を主軸に置いてリスキルし、「ビジネスをメインに担う人材」「データサ イエンスをメインに担う人材」「データエンジニアリングをメインに担う人材」 と、それらをつなぐ「ビジネストランスレーター」を別々に育成し、それぞれ の役割を担ってもらうのが最適解ではないでしょうか。では、具体的にどのよ うに人材育成を推進していくのか、これから見ていきましょう。

人材育成における基本的な考え方

人材育成の手法などを説明する前に、人材育成の基本的な考え方を押さえて おきましょう。人材の育成をシンプルに捉えると、ヒトのできなかったことを できるようにすることです。従って、前章で紹介した戦略の立て方と同様に、 第一歩として、現時点の人材育成でできていないことを把握し、人材育成の現 在地を定義することが必要です。現在地が曖昧なままだと、人材育成のゴール を立てたとしても、ゴールまでの道筋が明確に描けずに、適切な育成プログラ ムを作ることができません。

言い換えれば、人材育成を考える上で、最も重要なのは、まず「できていな いこと」という現在地や、「これができるようになりたい」というゴールを組 織で定義し、組織に所属する誰でも目指す人材像に対する明確なイメージを持 つことです。例えば、組織から「データマネジメントを担う人材になってほし い」と言われたとします。言われた当の本人から「データマネジメントを担う 人材とは何か」「データマネジメントを担う人材になるには、どういったアクショ ンを取れればよいのか」という疑問が湧くはずです。組織も個人も迷走しない ように、「データマネジメントを担う人材とは何ができる人か」「それができる

ようになるため、どういったアクションが必要か」、これらの定義を定める必要があります。

人材育成の5つの手法

これから5つ代表的な人材の育成手法を説明していきます。

OJT（On The Job Training）

実務経験を通して知識・スキルを身につける育成方法です。実際のプロジェクトで上司や先輩社員の指導を受けながら、適切なポジションで実践を重ねて、新しい知識やスキルを身につけることで、自分自身ができる領域を広げることになります。日常業務から離れた空間での研修ではなく、日頃の業務を通じたスキル開発を重視して、実業務に活かすための育成手法です。

集合研修（講義形式）

実務から離れて受ける研修のことです。基本的に、研修の主催者から用意されたカリキュラムに沿って進めていきます。しかし、集合研修（講義形式）の最大の問題は、研修の中で対象者に知識やテクニックを拙速に詰め込もうとしがちな点があります。

ワークショップ（対話・体験型研修）

ワークショップ（数人の協同作業）形式の研修で、参加者同士の対話を重視した双方向のやり取りを通じて行います。ロールプレイングやケーススタディ、ゲームプレイング、発表等様々な能動的な参加スタイルとなります。

Eラーニング（非対話型）

従業員が自席のパソコンやスマートフォンなどの端末で、動画やテキスト、電子書籍をベースに受講し、理解度テストを受ける形式です。

越境学習

育成対象者が所属する組織を超えて、自らの職場以外で何らかの業務をしながら学ぶことです。社外のワークショップへの参加、ほかの先進的な企業への

出向等様々なものがあります。

上記の代表的な育成手法のメリットとデメリットは、次の一覧に示しています。

各種人材育成手法のメリット・デメリット

	育成手法	メリット	デメリット
1	OJT (On The Job Training)	・ほかの育成手法(研修、ワークショップなど)で**学べないことを身につけられる** ・**個人の課題に合わせた指導**が可能なため、実務に沿っているので行動変化につながりやすい	・OJT指導者の能力に大きく依存するため、質に大きなバラツキが出てしまう ・計画的・体系的に育成することが難しく、時間が掛かる場合が多い
2	集合研修 (講義形式)	・全員が同じ内容を学ぶべき場合に適している ・受講者は講義形式には慣れており、**心理的なハードルが低いため、参加しやすい**	・受け身になりがちで主体的な参加を促すのが難しく、実務をイメージできない ・実際の現場での行動変化にはつながりにくい
3	ワークショップ (対話・体験型研修)	・疑似課題の解決を通じて学ぶため**理解しやすい** ・参加者同士のコミュニケーション、**人間関係が促進される**	・疑似課題と実務との間にはギャップがあり現場で適用するのが難しく、行動変化にはつながりにくい ・参加者のレベルが一定でないと効果が薄い
4	Eラーニング	・**好きなタイミングで、好きな場所で学びたい内容を学ぶことができて、繰り返し学習・復習が可能** ・**トータルコストが安い**	・本人の意欲に左右され、習熟率にバラツキが出る ・本人が学びたいことと、本人が学ぶべき課題が合致しているとは限らないため効果的な運用が難しい
5	越境学習	・自社の課題に気づくことができて、固定観念を解き、**より広い視野**で物事を考えることができる ・他社の先進的な取り組みからノウハウを吸収し、**自社の変革につながる可能性がある**	・他社のビジネスパーソンとの交流により、自社固有の常識に嫌気がさす場合がある ・人生の転機となるケースもあり、越境学習がきっかけで転職してしまう人材流出のケースも多い

　人材育成が進んでいる企業の共通点を挙げるとしたら、それぞれの目的に合わせて、代表的な育成手法を組み合わせ技で実施しているケースがほとんどです。研修、OJT、越境学習を組み合わせて、対象者の特徴を考慮した育成手法こそ、人材育成プログラムの最適解になります。

組み合わせ技の人材育成プログラム

人材育成プログラム ＝ 研修（集合、ワークショップ、Eラーニング） × OJT × 超境学習

　では、具体的に人材育成に向けて、どのように取り組めばよいのか、KDDI社の育成プログラム「KDDI DX University」の例を見ていきましょう。次の図で示しているように、育成プログラムは、全受講生が受ける「DX基礎研修」を受講したのち、DX推進に必要な「ビジネスディベロップメント」「コンサルタント＆プロダクトマネージャー」「テクノロジスト」「データサイエンティスト」「エクスペリエンスアーキテクト」という5領域別に用意された「コアスキル集中研修」及び、「専門スキル研修」といったカリキュラムを受講するようになっています。最初に、対象者全体が全職種共通の「DX基礎研修」を通じて、デジタル人材としての基礎知識を習得します。その次にその社員の過去の経験・スキル・今後の配置転換などを考慮し、それに合わせた「コアスキル集中研修」を行ったのち、社内プロジェクトにそれぞれ配属され、学習したことをOJTの場で活かしつつ、必要な「専門スキル研修」を受けさせます。こういった取り組みを通じて、育成対象者がOJTと専門スキル研修を行き来して、実践と学習をつなげることで、特定分野の専門性と実践力を継続的に高める好循環になります。

育成プログラム例

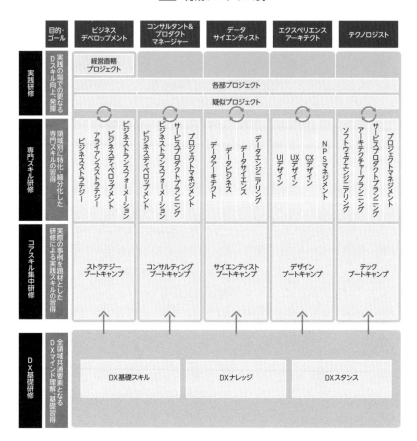

出典：KDDI DX University 研修プログラムの全体像
（https://iotnews.jp/digital-transformation/dx-resource/dx-resource-interview/197626/）

参考文献

- 『データマネジメント知識体系ガイド 第二版』(DAMA International 著／DAMA 日本支部、Metafind コンサルティング株式会社 翻訳／日経BP／2018)

- 『データマネジメント概説書(JDMC版)Ver2.0』(一般社団法人日本データマネジメント・コンソーシアム　データマネジメントの基礎と価値研究会著／一般社団法人日本データマネジメント・コンソーシアム／2018)

- 『ワークマン式「しない経営」──4000億円の空白市場を切り拓いた秘密』(土屋哲雄 著／ダイヤモンド社／2020)

- 『未来ビジネス図解 DX実践超入門』(内山悟志 著／MdN／2022)

- 『DXレポート ～ITシステム「2025年の崖」克服とDXの本格的な展開』(経済産業省／2018)

おわりに

　最後まで本書を読んでいただき、ありがとうございました。本書の中で、DX、デー
タドリブン経営、データ利活用、データマネジメントの4つのテーマを取り上げて、
基本的な概念、実践的なアプローチ、留意点などを一通りに盛り込みました。本
書の内容は、私自身の今までの経験、仕事を通じて出会ったいろいろな方々から
いただいた意見と示唆、またこれまで私が読んだ書籍・論文から得た知見、自分
が練り上げた方法論などをまとめたものです。本書をきっかけに、データ利活用
とデータマネジメントに興味を持つ人が増え、データ利活用とデータマネジメン
トの普及が広がることで、日本企業のDXそしてデータドリブン経営の加速につ
ながり、グローバルな競争に勝つための一助となればと願っています。

　本書を読んでくださった読者の中から、データマネジメントの実践者が続々と
立ち上がる姿が私には想像できます。千里の道も一歩から、ぜひ勇気を持って最
初の一歩を踏み出しましょう。どんなに遠く見える目標でも一歩踏み出せば、必
ずその目標に一歩近づくのです。データの力で社会、地域、会社、身近な生活を
よりよくしたいという、真っ直ぐな気持ちで果敢に進むと、その熱量は必ずほか
の誰に伝わります。そして、あなたの周りに同じ志を持つ仲間たちが集まり、現
状を変える原動力になってくれるはずです。その変革こそ、真のトランスフォーメー
ションとなります。その全ての方々に、東芝株式会社元社長の土光敏夫さんのお
言葉を借りて、心からのエールを送りたいと思います。

　　私たちのまわりには、ごくわずかだが「火種のような人」がいる。
　　その人のそばにいると、火花がふりかかり、熱気が伝わってくる。
　　実は職場や仕事をグイグイ引っ張っているのはそんな人だ。

　最後になりましたが、編集担当の関根さんをはじめとする翔泳社の皆様、本書
の出版の機会をくださりありがとうございました。そして、私をデータマネジメ
ントの道に導いてくださった前職の先輩たちや上司、現職で私を鍛え上げてくださっ
た恩師の黒田亮さん、本書の執筆に背中を押してくださった、上司の三原哲さん、
菊地文人さん、眞貝晋平さん、金谷洋平さん、山下克幸さんに感謝を申し上げます。
あなたたちの温かい理解や応援なしには本書の執筆・発行は実現できなかったは
ずです。更に、限られた週末の時間までを犠牲にしていながら、私の執筆を理解し、
応援し続けてくれた、最愛の家族に心の底から感謝したいと思います。ありがと
うございました。

大川真輝

大川真輝（おおかわ まさき）

大手コンサルティングファーム データコンサルティング部門 シニアマネージャー。海外の大学卒業後、大手精密機器メーカー、システムインテグレーターを経て、大手コンサルティングファームに入社。同社の日本法人におけるマスタデータ管理（MDM）領域の第一人者、認定データアーキテクト（DA）。データマネジメントの導入方法論やベストプラクティスを熟知し、20年以上にわたり製造業、小売業、商社等の様々な業界のクライアントに対して、データマネジメントを中心とした情報システムの構想企画、アーキテクチャ設計・構築から運用保守までの全工程をワンストップで支援した実績が多数あり。現在は、システム導入のみならず、クライアント企業のデータマネジメント組織の立上げや人材育成などまで幅広く支援。

ブックデザイン・作図：宮嶋章文
組版：BUCH⁺
編集：関根康浩

ディーエックス
DX時代のデータマネジメント大全

DX、データドリブン経営、データ利活用から理解する

2023年4月 7日　初版第1刷発行
2024年2月20日　初版第2刷発行

著　者	おおかわ まさき 大川 真輝
発行人	佐々木 幹夫
発行所	株式会社 翔泳社（https://www.shoeisha.co.jp）
印刷・製本	日経印刷 株式会社

ISBN 978-4-7981-7860-8　　　Printed in Japan